1,50

Knaur
MensSana

*Über den Autor:*

Hans Kreis stieg nach einer steilen Karriere in der Kommunikations-
branche aus, um sein psychologisches und spirituelles Wissen zu vertie-
fen. Aufgrund seiner langjährigen Erfahrung und seiner kreativen Begabung ist er heute ein gefragter Berater und »Visions«-Coach.

# Hans Kreis

# Wahre Liebe leben

## Wie Sie gemeinsam glücklich werden

Knaur
MensSana

Herausgegeben von Hans Christian Meiser

Besuchen Sie uns im Internet: www.droemer-knaur.de
Alle Titel aus dem Bereich MensSana finden Sie im Internet unter
www.knaur-mens-sana.de

Originalausgabe Februar 2009
Copyright © 2009 Knaur Taschenbuch.
Ein Unternehmen der Droemerschen Verlagsanstalt
Th. Knaur Nachf. GmbH & Co. KG, München
Alle Rechte vorbehalten. Das Werk darf – auch teilweise – nur
mit Genehmigung des Verlags wiedergegeben werden.
Umschlaggestaltung: ZERO Werbeagentur, München
Umschlagabbildung: FinePic, München
Satz: Adobe InDesign im Verlag
Druck und Bindung: Norhaven A/S
Printed in Denmark
ISBN 978-3-426-87386-1

2  4  5  3  1

# Inhalt

Liebe lässt uns leben. Liebe lässt uns wachsen. Liebe lässt uns
einzigartig werden. Liebe lässt uns frei und zugleich mit allem
tief verbunden sein. Wenn es die wirkliche Liebe ist. Lernen
Sie mit Hilfe dieses Buches die wirkliche von der falschen zu
unterscheiden. Finden Sie zu Ihrem eigenen und echten Liebesbewusstsein, das ich den achten Himmel nenne. Erkennen
Sie, warum Ihr Traum vom siebten Himmel nur eine Fata
Morgana ist, in die sich Ihre Sehnsucht auf der Suche nach
Liebe immer wieder verirrt.

Es gibt einen alten Konflikt in Ihnen, den wir uns auf dem
Weg in den achten Himmel zuerst anschauen, weil er noch
immer auf Erlösung wartet. Es gibt aber auch eine Zauberkraft, die diesen Konflikt für immer erlösen kann. Diese heilsame Kraft ist ein Geschenk der Götter, das nur für Sie bestimmt ist.

Wenn Sie gelernt haben, Konflikte im Licht eines neuen Bewusstseins zu erkennen, dann können Sie sich jetzt auch Ihrem zweiten großen Konflikt vertrauend widmen. In dem Maß, in dem Sie ihn erlösen, werden Sie wie ein starker Baum in neue Bewusstseinsräume von Liebe hineinwachsen.

Weil Sie lernten, zu sich zu stehen, können Sie sich auch sehen lassen. Sie brauchen sich vor nichts und niemandem mehr zu verstecken und erst recht nicht zu verstellen. Was Sie jetzt brauchen, sind die staunenden Augen eines Kindes, das soeben entdeckt, dass alles Fremde tief mit dem eigenen Herzen verbunden ist.

Die Erfahrungen Ihres Lebens und die Geschichten, die Ihnen zu Ohren kamen, bündeln Sie seit dieser Zeit in Vorurteilen. Diese Vorurteile behindern Sie, wenn Sie sich und andere Menschen wieder lieben lernen wollen. Werden Sie deshalb zu einem wahrnehmenden Menschen. Wer wahrnehmen kann, kann auch würdigen. Wer würdigen kann, wird wieder frei und liebesfähig.

Wenn Ihnen Beziehungen zu wichtig und zu wertvoll für Machtspiele geworden sind, dann ist es jetzt an der Zeit, mit

Worthülsen und Phrasen radikal aufzuräumen. Lernen Sie stattdessen sich selbst und den anderen in einer neuen Tiefe verstehen. In dem Maß, in dem Sie sich achtsam und liebevoll auf den anderen einschwingen können, erlösen Sie Ihre Gefühle von Einsamkeit.

Weil Sie immer bewusster erkennen, was Menschsein wirklich heißt, erkennen Sie jetzt auch die Dimensionen menschlichen Daseins in jedem Ihrer Mitmenschen. Zwischen Ekstase und Angst, zwischen Zerstörung und Verschmelzung sucht er wie Sie in der Dämmerung seinen Weg, um wieder durch die Kraft der Liebe zu leben.

Endlich in Ihrem neuen siebten Himmel angekommen, fühlen Sie sich wie ein Reisender, der nach langer Zeit mit einem neuen Blick auf seine Heimat sieht. Diese Heimat ist wie eine Oase in einer großen Wüste. Im Bewusstsein dieser Wüste erkennen Sie in einem liebenden DU Ihre eigenen Projektionen, Sehnsüchte und Hoffnungen als das, was es ist: ein kleines Paradies auf Zeit.

Jetzt, da die Krone Ihres Liebesbaumes den achten Himmel erreicht, löst sich Ihre Einsamkeit für immer in einem neuen Liebesbewusstsein auf. Ihre Konflikte und Sorgen sind zu weißen Wolken an einem unendlich blauen Sommerhimmel ge-

worden. Sie wissen jetzt, dass Sie Schöpfer und zugleich Geschöpf Ihrer Liebeswelten sind, bereit, wieder alle und alles zu
lieben.

Der neue Mensch wird ein bewusst Liebender sein oder er
wird nicht mehr sein.

*»Mancher Mensch hat ein Feuer in seiner Seele,
und niemand kommt, um sich daran zu wärmen.«*

VINCENT VAN GOGH

# Lieben macht glücklich

Wer liebt, ist glücklich. Gehören Sie zu diesen Glücklichen? Wenn Sie wirklich lieben können, haben Sie schon eine Ahnung davon, was dadurch alles möglich wird. Nicht zuletzt durch die Erkenntnisse der modernen Forschung wissen wir, dass der Mensch zum Lieben geboren ist und nur durch die Liebe zu dem wird, was er ist.

Aber lieben können ist das eine, bewusst zu lieben ist die zweite große Herausforderung der Evolution. Wer lieben kann, der kann auch durch die Kraft der Liebe in Bewusstseinsräume hineinwachsen, die ich den achten Himmel nenne.

Es gibt jedoch immer wieder Phasen im Leben, da sieht es so aus, als hätten wir vergessen, dass wir zu großer und bewusster Liebe fähig sind. Für Hirnforscher, Ärzte und Psychologen sind dies wichtige Reifephasen auf dem Weg zu einer neuen und tieferen Einsicht in das Geheimnis der Liebe.

Wenn Sie in so einem wichtigen Reifeprozess sind, dann ist es klug und weise, diesen auch im Sinne einer neuen Liebesfähigkeit zu nutzen. Dabei können Sie sich auf eine innere Kraft verlassen, die direkt in die Liebe führt. Diese innere Kraft nennen wir Sehnsucht.

Viele bewährte Übungen und Praxisbeispiele aus meinem Alltag als Coach werden Ihnen helfen, die Kraft der Sehnsucht wie die ersten Sonnenstrahlen zu nutzen, durch die ein neuer Frühling möglich wird.

Es kann aber auch sein, dass Ihnen dieses Buch zufällig in einer Zeit begegnet, in der große Enttäuschungen, Trennungen oder Verrat den Blick auf das große Glück trüben wie bei einer Sonnenfinsternis.

In solchen Zeiten spüren wir oft auch die Sehnsucht nicht mehr, höchstens Nostalgie, und die verstärkt nur das Leid. Wir verklären dann unsere erste große Liebeserfahrung und trauern der Vergangenheit nach, statt uns dem Neuen zuzuwenden. Zurück bleiben Leere und ein lebensbedrohliches Ungenügen.

Dieses Ungenügen kann allerdings auch wie ein sanfter Lichtstrahl den Weg durch Ängste, Sinnkrisen und Krankheiten zeigen, wenn Sie es zu nutzen wissen. Ungenügen ist der Humus für den Samen einer neuen Sehnsucht, aus der heraus eine kräftige Liebesblume wachsen kann.

Sie werden in diesem Buch deshalb Geschichten von Menschen lesen, die wie ein Gärtner hinter dem eisigen Winter schon die ersten Frühlingsboten erkannten, weil sie es wagten, den Blick nach vorn zu richten.

In meinen vielen Jahren als Beziehungscoach begegnete ich immer wieder Paaren, die gerade in Zeiten der Entfremdung und inneren Leere erkannten, dass sie die Schlüssel für ein neues Liebesglück schon in sich trugen. Mehr noch: Sie glaubten vor einer Wand zu stehen und übersahen, dass dies in Wirklichkeit eine Tür war, die in neue Räume führte.

Auch Sie tragen die Schlüssel für ein erfülltes Liebesleben in sich. Die neuesten Erkenntnisse der Neurobiologen und Psychologen, aber auch das uralte Wissen der Mythen und Märchen helfen Ihnen, diese vergessenen oder verloren geglaubten Schlüssel wiederzufinden. Ihre Sehnsucht zeigt Ihnen dann den Schlüssel, der in das jeweilige Türschloss passt.

## Das Ende der Einsamkeit

Es geht für uns alle nicht nur darum, Schlüsselkompetenzen wiederzuentdecken, die ein liebevolles Miteinander möglich machen. Es geht vor allem darum, sich zuerst selbst wesensgemäß zu verwirklichen, damit die große Liebe auch ein liebevolles DU findet. So erlösen Sie ein weiteres Missverständnis:

In dem Maße, in dem Sie sich selbst verwirklichen, können Sie auch andere in ihrem Bemühen unterstützen, ganz sie selbst zu werden. Dies aber ist ein offener Lernprozess, den ich in den folgenden acht Kapiteln beschreibe.

Vieles von dem Leid, das Sie in der Vergangenheit erlebten, ist das Ergebnis von Lebenslügen im Namen der Liebe. Selbst Ihre Erinnerung an Ihre erste große Liebe, an diesen rosaroten siebten Himmel, ist eine Lebenslüge.

Spätestens dann, wenn Ihnen dies bewusst geworden ist, sind Sie dort, wo Sie wirklich hingehören: im achten Himmel, an dem Ort, wo sich Sehnsucht in ein großes Liebesbewusstsein verwandelt hat.

*Hans Kreis*

# Liebe Dich frei

*Liebe lässt uns leben. Liebe lässt uns wachsen. Liebe lässt uns einzigartig werden. Liebe lässt uns frei und zugleich mit allem tief verbunden sein. Wenn es die wirkliche Liebe ist. Lernen Sie mit Hilfe dieses Buches zuerst unterscheiden. Finden Sie dann zu Ihrem eigenen und echten Liebesbewusstsein. Erkennen Sie, warum Ihr Traum vom siebten Himmel nur eine Fata Morgana ist, in die Sie sich auf der Suche nach Liebe immer wieder verirren.*

Wo ist Ihr Ort, an dem ein Koffer voller sehnsuchtsgefärbter Bilder auf Sie wartet? Wo ist der Ort, der umso magischer wird, je einsamer und unglücklicher Sie sind? Wo ist der Ort Ihrer ersten großen Liebe?

Mein magischer Ort, der zeitlos im Innern auf Erlösung wartet, heißt bei mir »Garten der Liebe«. Sie werden ihn auf keiner Landkarte finden. Aber für mich ist er genau so wahr wie der Ort, an dem ich geboren wurde, oder der Kindergarten oder die Schule, die ich besuchte.

Immer dann, wenn ich mich besonders einsam oder unglücklich fühle, zaubert mir eine geheimnisvolle Kraft diesen Ort mit all seinen Bildern, Eindrücken und Gefühlen so klar und deutlich aus der Seelentiefe nach oben, dass ich jedes Mal überzeugt bin, direkt vor dem Eingangstor zu sein, um kurz darauf enttäuscht festzustellen, dass alles nur eine Fata Morgana ist.

## Für immer verloren?

Wenn ich mit anderen Menschen über solche Erfahrungen spreche, stelle ich fest, dass es nicht nur mir so geht. Manchmal glauben wir sogar, das Tor zu diesem rosaroten siebten Himmel wiederzufinden, wenn wir an den äußeren Ort unserer ersten großen Liebe zurückkehren und zu suchen beginnen. Meist bleiben wir dann unnötig im Suchen stecken. So wie ich, als ich feststellen musste, dass aus meinem »Garten der Liebe«, diesem kleinen, stillen Park, mitten im Großstadttrubel, ein Einkaufszentrum geworden ist.

Vom Zauber vergangener Zeiten ist heute in meinem »Garten der Liebe« äußerlich nichts mehr zu spüren. Die Suche nach dem Eingangstor, den lauschigen Ecken, den Bäumen, Sträuchern und Blumen wird für immer erfolglos bleiben. Die kleine Espressobar am Rande des Parks, in der wir unseren ersten italienischen Kaffee tranken, ist jetzt eine Dönerbude geworden. Die Gebäude, Geschäfte und Straßen sind zweckmäßig angelegt, auf Basis der Marktforschung auf die Kundenbedürfnisse ausgerichtet, aber trotzdem fehlt mir etwas ganz Entscheidendes. Dieses Eingangstor zu meinem siebten Himmel.

Ich denke manchmal an einige meiner erfolgreichen Klienten, deren Leben auch auf Nutzen, Zweck und Erfolg ausgerichtet ist, wie bei einem Einkaufszentrum. Das Geld bestimmt, was jetzt für sie wichtig ist. Ein dichtes, gut durchorganisiertes

Beziehungsnetzwerk sorgt dafür, dass auch die sozialen Bedürfnisse erfüllt werden. Und doch kommt mir bei all den guten Argumenten, warum das alles wichtig und richtig sein solle, so viel Einsamkeit entgegen. Warum diese Einsamkeit und woher kommt sie? Was fehlt in solch einem Leben? Braucht es vielleicht doch die Fähigkeit, sich wieder wie beim ersten Mal zu verlieben? Oder braucht es etwas ganz anderes? Ein neues Bewusstsein von Liebe?

## Liebesübung

*Wo immer Sie in diesem Augenblick sind, halten Sie einen Atemzug lang inne, um sich zu fragen: Wie war das bei mir, als ich das erste Mal glücklich verliebt war? Was verbinde ich mit dieser Zeit? Welchen Ort, welche Erfahrungen? Wie geht es mir, wenn ich an diese Zeit denke? Auch wenn Sie keine Antworten bekommen sollten, bedanken Sie sich bei Ihrem Leben für die Zeit Ihrer ersten großen Liebe.*

## Alles nur Theater

Als ich im Coaching einen dieser lieben Menschen auf seine traurigen Augen ansprach und ihn nach dem Grund seiner Traurigkeit fragte, führte er mich an den Ort seiner ersten großen Liebe, wissend, dass auch sein äußerer Ort nichts mehr mit den inneren Bildern zu tun hatte, die in ihm mit diesem Fleckchen Erde verbunden waren. Beim Spielplatz blieb er stehen. Wir setzten uns schweigend in den Sandkasten und schauten den Kindern beim Spielen zu.

Irgendwann stand er auf und stellte sich vor den Brunnen in der Mitte des Platzes. Eine große Marmorkugel drehte sich auf einem dünnen, sprudelnden Wasserfilm. Dann fiel ihm auf, dass sich die Kugel immer nur um sich selbst drehte. Plötzlich ein kurzes, leises Stöhnen: »Jetzt verstehe ich etwas mehr vom Geheimnis meines Leidens«, flüsterte er in meine Richtung, als ob er mir etwas streng Vertrauliches mitteilen wolle. »Viele Probleme hängen wohl damit zusammen, dass ich glaube, alles müsste sich nur um mich drehen. Im Leben und in der Liebe.« Eine leise Frage schwang in den Worten mit. Aber es brauchte keine Antwort. Wir gingen langsam ein paar Schritte weiter. Dann blieb er wieder stehen.

Vor uns saß ein Liebespaar auf einer Betonbank. Der Mann war still und verzückt neben ihr. Sie hatte eine kleine rote Rose in der Hand und schaute glücklich und zufrieden in die Welt. Ein anderer Mann kam dazu, brachte der Frau eine große rote Rose und küsste leidenschaftlich ihren Hals. Die Frau folgte ihm zu einer anderen Bank. Der Verflossene blieb traurig zurück. Dann kam von irgendwoher wieder ein anderer Mann mit einer noch größeren Rose und überreichte sie gestenreich der Frau. Die Frau tat ganz entzückt und folgte nun ihm. Das Spiel wiederholte sich. Die Rose wurde immer größer und der Abstand zum nächsten Mann immer kürzer. Die Frau aber schaute mit jedem Wechsel immer trauriger aus. Fast schien es so, als wäre sie das eigentliche Opfer in diesem seltsamen Spiel.

Bei genauerem Beobachten erkannten wir, dass hier Schauspieler ihren Auftritt probten. Nach einer Weile fragte mein Klient, ob alle Beziehungen ein Leben lang nach so einer »Mehr-des-Gleichen-Dramaturgie« abliefen oder ob jeder von uns seine ganz eigene, geheimnisvolle Dramaturgie habe, nach der er die großen Tragödien seines Lebens abspiele. Ich wollte nicht sofort antworten und genoss die Pause. Erst dann antwortete ich: »Vielleicht leiden wir Menschen lieber, statt auf die Idee zu kommen, unseren Spielplan irgendwann zu ändern.«

Mein lieber Kunde schüttelte bedächtig den Kopf. »Vielleicht wissen wir auch nicht, wie wir diesen Spielplan so verändern können, dass wir wieder glücklich sind. Wüssten wir es, dann bräuchten wir keiner Fata Morgana mehr nachtrauern«, antwortete er leise und bescheiden. »Vor allem könnten wir dann das, was wir beim Verliebtsein nicht können: Wir könnten wirklich lieben und müssten nicht mehr nur geliebt werden. Wie viel Lebenszeit vergeuden wir, nur um geliebt zu werden? Wie viel Lebenszeit vergeuden wir mit den zum Scheitern verurteilten Versuchen, uns wieder wie beim ersten Mal zu verlieben?« Mein Gegenüber schaute mich mit großen Augen an.

»Kann ich bei Ihnen wieder lieben lernen, statt mich nur zu verlieben und danach noch zu bekriegen?«, fragt er. »Ich rufe Sie an.« Meine Antwort hatte er gar nicht abgewartet.

### Exkurs: Wissen

*Seit Aristoteles sind wir davon überzeugt, dass Denken und Fühlen in unserem Herzen zu Hause sind. Die Erkenntnisse der modernen Hirnforschung konnten nur wenig an dieser Überzeugung ändern. Gleichzeitig wächst aber das Interesse an deren Forschungsergebnissen so rasant wie nie zuvor.*

*Beschränkte sich vor einiger Zeit unser Wissen um das Gehirn noch darauf, dass es aus zwei Hälften besteht und dass links die sprachlichen und analytischen Prozesse ablaufen, wäh-*

*rend rechts unsere »weichen« Fähigkeiten wie Kreativität oder Musikalität entwickelt werden, wissen wir jetzt schon viel mehr.*

*Wir wissen, dass unser gesamtes Körpergefühl untrennbar mit dem Gehirn verbunden ist. Wir wissen, dass unser Selbstbewusstsein die Leistung von 100 Milliarden Neuronen ist. Wir wissen, wo bestimmte Emotionen zu Hause sind. Wir wissen, dass moralische Fragen im Stirnhirn verarbeitet werden. Selbst für sogenannte Nahtoderlebnisse kennen wir den verantwortlichen Sitz im Gehirn.*

*Wir wissen sogar, dass sich unser Gehirn permanent neu verschaltet und dass es bis ins hohe Alter lernfähig bleiben kann, wenn wir im Austausch bleiben. Das Wie bestimmt dabei die Verschaltungen im Gehirn. Somit hat die Qualität unserer Beziehungen nicht nur Einfluss auf die Entwicklung unseres Gehirns, sondern auf unser gesamtes System Mensch. Weil es keine tiefere und intensivere Beziehungsqualität gibt als eine Liebesbeziehung, hat eine von Liebe geprägte Beziehung auch einen entsprechenden Einfluss auf die Entwicklung unseres Gehirns.*

## Ein Lehrplan für die Liebe

Mir war die Dimension einer Frage, wie der meines Klienten, sehr wohl bewusst, als ich plötzlich alleine auf dem Spielplatz stand und um eine gute Antwort rang. »Lieben lernen statt sich nur zu verlieben? Ist dieser Mensch vielleicht des Kämpfens müde? Will er in dem anderen mehr als nur einen Feind sehen? Welches Leid versteckt sich hinter seiner Frage? Welche Sehnsucht will sich zuerst aus diesem Leid befreien? Sehnt sich dieser Mann vielleicht nach einer neuen Beziehungskultur? Einer Beziehungskultur, die es jedem der Beziehungspartner möglich macht, zu wachsen, zu reifen und ein liebesfähiger Mensch zu werden? Sehnt sich dieser Mann vielleicht danach, wieder »bewusster« lieben zu können? Was braucht ein Mensch, der ein »bewusst Liebender« werden will? Und vor allem: Wie findet er, was er sucht? In diesen Fragen öffneten sich meine Gedanken und wurden weit und weiter: Wenn es zum Menschsein gehört, lieben zu können, wie nennt man dann ein Wesen, das nicht mehr lieben kann? Und wie wird dieses Wesen wieder zum Menschen?

Langsam wurden die Dimension solcher Fragen und das Leid meines Klienten überdeutlich. Dann geht es für Menschen wie ihn, so meine Überlegung, um einen Lehrplan, der Kompetenzen vermittelt, die es ermöglichen, wieder Mensch zu werden, oder noch genauer: ein liebesfähiges Wesen, das sich zu Recht Mensch nennt und das sich noch dazu seines Glücks, Mensch zu sein, bewusst ist.

Dieser Lehrplan wäre dann, ähnlich einem Behandlungspfad in der Medizin, ein Pfad, der die Entwicklung eines Liebesbewusstseins unterstützt und all das nach und nach gesunden lässt, was durch unglückliche Beziehungen und deren Folgen erkrankte.

Ich fragte weiter: Wenn wir als »Liebesmenschen« angelegt sind, dann wäre unser Gehirn, ja unser ganzes System auf dieses größere, komplexere Wesen angelegt. Dann würde es in der nüchternen Sprache der Wissenschaftler in diesem Lehrplan darum gehen, sich an diesem »Liebespfad« entlang immer bewusster zu einem liebesfähigen Menschen hin zu entwickeln, dabei Ressourcen im Gehirn aktivieren zu lernen, neue Verschaltungen zu initiieren, zu differenzieren, zu integrieren und neu zu vernetzen, ganz im Sinne einer neuen Liebesfähigkeit.

Das könnte ein Lehrplan leisten, antwortete es in mir. Mutig fragte ich deshalb noch einmal weiter: Könnte es sein, dass dieser Pfad, an dem sich so ein Lehrplan orientieren müsste, sogar schon in uns angelegt ist, wie ein Straßennetz, das auf einem Routenplan einprogrammiert ist, egal, ob wir es befahren oder nicht? Wenn wir dann der Sehnsucht die Routenplanung überlassen, würde sie unser Navigationsgerät auf Liebe programmieren. Dann würde sich dieses innere Navigationsgerät umso mehr bemerkbar machen, je mehr wir uns auf dem Weg zur Liebe verfahren. Wenn wir der Programmierung folgen, dann kämen wir nach jeder integrierten, krisenhaften Erfahrung durch ein neues Bewusstseinstor. Was wir durch eine Krise lernten, wäre wie ein Schlüssel, der dieses Tor öffnen kann, um uns den Blick in immer größere Räume, in immer leichtere und freiere Himmel, mit immer helleren und bunteren Farben freizugeben. Nachdem dann der scheinbar letzte, vielleicht rosarot gefärbte Himmel endlich überwunden wäre, könnte sich auch die letzte große Sehnsucht erfüllen.

## Die zweite Geburt

Seit dieser Zeit nutzte ich jede Gelegenheit, um mich mit Ärzten, Psychologen, Hirnforschern, Quantenphysikern und Kollegen über meine Ideen und Erfahrungen auszutauschen. Ich erfuhr, dass wir jederzeit imstande sind, uns immer wieder neu zu erfinden. Ich erfuhr, dass wir energetisch und essenziell alle miteinander verbunden sind und dass wir Menschen uns genetisch wenig unterscheiden und deshalb alle auf das gleiche kollektive Wissen der Evolution zurückgreifen. Ich erfuhr, dass alle wesentlichen Lebensimpulse vom Kopf ausgehen. Ich erfuhr viel darüber, was in unserem Gehirn geschieht, wenn wir uns verlieben. Ich musste erfahren, dass eine Glücksfabrik in unserem Kopf darüber entscheidet, ob und wie verliebt wir uns fühlen. Ich lernte eine Menge darüber, wie wir zum Chef dieser Glücksfabrik werden können. Ich lernte den Unterschied zwischen »verliebt« und »lieben« kennen. Ich lernte, was uns hindert, in guten Beziehungen zu leben. Ich lernte, warum wir oft so klein und unbedeutend bleiben wollen. Ich lernte aber auch, wie viel Energie uns zur Verfügung stünde, wenn wir in guten Beziehungen lebten. Ich lernte vor allem, dass wir auf Dauer nur wirklich lieben können, wenn wir uns bewusst für die Liebe entscheiden. Ich lernte nicht zuletzt, wie wichtig die Sehnsucht für unsere Entwicklung zum Menschen, in diesem neuen Verständnis, ist.

Das Wichtigste aber war, dass die Sehnsucht in mir so stark wurde, dass ich nicht anders konnte, als diesen Weg selbst und immer bewusster zu gehen, um die verloren geglaubten Schlüssel und Türen zu finden.

Eine Zeit des Findens wechselte bald mit einer Zeit des Verlierens. Einem Verirren folgte ein Ankommen. Einer Phase des Zauderns folgte eine Phase des Scheiterns. Die Fragen mischten sich mit Antworten. Ich studierte jahrelang die alten Mythen, forschte in den Märchen und Träumen, diskutierte auf Kongressen und Symposien, in Workshops und auf Seminaren.

Immer zog es mich nach all dem Sammeln und Sichten zum Klären und Innehalten in die Einsamkeit zurück.

Viele, viele Jahre wanderte ich auf diesen geheimnisvollen Liebespfaden, durch scheinbare Gärten der Liebe ebenso wie durch Angst machende innere Wüsten. Durch siebte Himmel und tiefe Höllen. Mit rosaroter Brille und verbundenen Augen. Immer wieder mit neuen Schlüsseln zu immer mehr Bewusstsein beschenkt. Wie an eine Perlenkette reihten sich irgendwann meine Schlüssel, die ich immer wieder ausprobierte und nacharbeitete.

Dann kam die Zeit des Staunens. Es schien, als hätte ich alle Schlüsselkompetenzen gefunden, die wir brauchen, um in ein neues Liebesbewusstsein und dadurch in ein wirkliches Menschsein zu wachsen.

## Die acht Schlüssel

In meiner Arbeit mit Menschen, die Beratung suchten, stellte sich bald heraus, dass es immer wieder um acht Schlüsselkompetenzen ging, die es wiederzuentdecken und zu entwickeln galt. Mal sollte hier, mal dort etwas stärker nachentwickelt werden. Aber immer baute eine Schlüsselkompetenz auf die andere auf, verstärkte ein Erkennen das andere, machte erst der eine Schritt einen nächsten Schritt möglich. Dabei glich bei aller Gemeinsamkeit kein Prozess dem anderen.

Es war wie das Erzählen uralter Heldengeschichten: Dieselbe Geschichte und die gleichen Bilder machen mit jedem Menschen etwas anderes.

So werden auch die Geschichten in diesem Buch, die vielen Übungen und Fallbeispiele bei Ihnen etwas anderes bewirken als bei den Menschen, denen Sie dieses Buch vielleicht weitergeben. Es ist allerdings ziemlich sicher, dass Sie vieles in Ihrem Leben in einem menschlicheren, also liebevolleren Licht sehen werden.

## Der siebte Himmel wartet auf Erlösung

Wenn es Ihnen zum Beispiel bis jetzt leichtfiel, sich immer wieder neu zu verlieben, werden Sie sich vielleicht bald nicht mehr damit begnügen. Sie werden mehr wollen und auch bereit sein, mehr zu geben. Wenn Sie bis jetzt, warum auch immer, lieber ohne feste Beziehung leben wollten, werden Sie vielleicht bald durch ein neues Bewusstsein liebevolle Beziehungen eingehen. Ihre Fähigkeit, Beziehungen auch würdevoll zu beenden, wird vielleicht in dem Maß wachsen, wie Sie lernen, mit sich achtsamer umzugehen.

In dem Maß, in dem Ihnen beim Lesen dieses Buches der rote Faden Ihres Leidens bewusst wird, werden Sie plötzlich erstaunt feststellen, dass sich Ihre Beziehungen freier und zugleich liebevoller gestalten. Manches wird sich wie eine zweite Geburt anfühlen, anderes wird Ihnen das Gefühl geben, erst jetzt wirklich erwachsen zu sein.

Es kann sein, dass Sie bei diesem neuen Erwachsenwerden, das manche Menschen auch ein Erwachen nennen, immer wieder auf alte Muster stoßen. Eines Ihrer alten Muster könnte sein, dass Sie plötzlich wieder glauben, geliebt werden zu müssen. Dadurch kommt ein altbekanntes Gefühl in Ihnen hoch, zu viel zu geben und zu wenig zu bekommen. Dahinter steckt eine Lebenslüge. Diese Lebenslüge werden Sie als Täuschung enttarnen, so wie viele andere Lebenslügen aus längst vergangenen Tagen. Es wird Ihnen immer leichter fallen, ein liebesfähiger, wirklicher Mensch zu werden.

Seit dem Siegeszug der Neurobiologie wissen wir, dass unser Gehirn eine lebenslange Baustelle ist. Und die Quantenphysiker werden nicht müde, uns daran zu erinnern, dass wir jeden Augenblick uns und unser Leben neu erfinden können. Wenn wir diesen Wissenschaftlern glauben, dann ist alles eine Frage des Bewusstseins. Machen Sie die Entwicklung Ihres Liebesbewusstseins ab jetzt zur wichtigsten Aufgabe. Lernen Sie lieben, statt sich nur zu verlieben.

## DIE ACHT SCHLÜSSEL

Wenn Sie wirklich lieben lernen wollen, anstatt sich immer nur neu zu verlieben, ist dieses Wollen schon der erste Schritt zu einem neuen Liebesbewusstsein. Am Ende eines jeden Kapitels finden Sie eine Zusammenfassung und ein Schlüsselwort, das Ihnen hilft, einen neuen Bewusstseinsraum zu betreten und dadurch immer liebesfähiger zu werden. Nutzen Sie diese Zusammenfassung auch als Vorspiel für den jeweils nächsten Bewusstseinsschritt.

Versuchen Sie auf Ihrem Weg immer langsamer zu werden, damit Sie noch schneller ankommen.

# KAPITEL 1

# Das Geschenk der Götter

*Es gibt einen alten Konflikt in Ihnen, den wir uns auf dem Weg in den achten Himmel zuerst anschauen, weil er noch immer auf Erlösung wartet. Es gibt aber auch eine Zauberkraft, die diesen Konflikt für immer erlösen kann. Diese heilsame Kraft ist ein Geschenk der Götter, das nur für Sie bestimmt ist.*

## Zum Lieben geboren

Wo würden Sie ein Geschenk verstecken, das so einmalig und wertvoll ist wie die Liebe? Wo würden Sie dieses Geschenk verstecken, wenn es nicht jeder finden soll, sondern nur der, für den es bestimmt ist? Vor der gleichen Frage standen auch die Götter, die im achten Himmel wohnen. Selbst für diese Götter war die Antwort schwierig. Eine liebe Freundin erzählte mir dazu eine Geschichte.

Die alten Götter wussten ganz genau, dass es die Kraft der Liebe ist, die sie von normal Sterblichen unterschied. Deshalb wussten sie auch, dass die Menschen alles unternehmen würden, um in den Besitz dieses Götterschatzes zu kommen, damit sie den Göttern gleichen. Wie also verhindern, dass dieses göttliche Geheimnis von Menschen missbraucht wurde?

Der Gott der Lüfte schlug vor, die Liebe auf den fernsten Stern zu fliegen. Dort käme kein Sterblicher hin.

»Denke an den Erfindungsdrang der Menschen«, warnte der Gott des Verstandes. »Verstecken wir sie lieber in der Dummheit.«

Das wollte der Hüter der Liebe nicht. »Das ist respektlos. Verstecken wir sie besser unter dem höchsten Berg.«

Großer Widerspruch kam da vom Gott der Berge. »Die graben mir ja jetzt schon Löcher durch die Gebirge. Versteckt sie lieber mitten im Vulkan. Dann werden sie sich verbrennen.«

Jeder der Götter kam mit einem anderen Vorschlag. Immer gab es einen Grund, der dagegen sprach. Bis sie sich ganz plötzlich alle über das Versteck einig waren, und dort liegt die Liebe noch heute und wartet darauf, vom richtigen Menschen zur rechten Zeit gefunden zu werden.

### Exkurs: Sehnsucht und Erinnerung

*Erst durch unsere Wurzeln werden wir beflügelt. Die Wurzeln, das sind für Psychologen unsere Erinnerungen, die Flügel, das sind unsere Sehnsüchte. Zwischen Erinnerung und Sehnsucht, in der ewigen Gegenwart, erfüllt sich unsere Liebe.*

*So wie ein Mensch, der sich nicht erinnern will, abflacht und damit seinen Halt verliert, so wird ein Mensch, der seine Sehnsucht nicht mehr spürt, verkümmern, statt zu wachsen.*

*Emotionen machen aus Erinnerungen einen Schatz und aus der Sehnsucht einen Weg, auf dem uns die Liebe entgegenkommt.*

*Sehnsucht ist wissenschaftlich nicht messbar und doch kann sie unser Leben entscheidend prägen.*

*Wenn Sehnsucht in die Vergangenheit reicht, ist es Nostalgie.*

*Die absolute Sehnsucht reicht weit über uns hinaus in die Unendlichkeit.*

*Wollen Sie wieder liebesfähig werden, dann gilt es, die in Leid und Angst gefangene Sehnsucht zu erkennen und zu befreien. Dies ist, gerade in Krisenzeiten, oft genug ein Geschenk der Gnade. Moderne Lebensberatung empfiehlt deshalb, um die tägliche Sehnsucht zu bitten und so über die Hoffnung wieder an positive Emotionen und schließlich an die eigene Sehnsucht zu kommen.*

Als ich in einem Workshop mit den Teilnehmern über Sehnsucht und Erinnerung redete und in diesem Zusammenhang die kleine Liebesübung zu Beginn des Buches anbot, war die Gruppe schnell einverstanden. Ich schlug vor, nach der Übung einige der Fragen offen zu besprechen: »Welche Bilder kamen in Ihnen hoch, als ich Sie bat, an Ihre erste große Liebe zu denken?«, fragte ich im Anschluss und fragte dann weiter: »Wem hatten Sie einen ersten, vorsichtigen Blick in das Versteck Ihrer Liebe erlaubt? War es überhaupt die Liebe, die sich zeigte und wenn nicht, was war es dann? Was ist daraus geworden?«

Sofort meldete sich eine Teilnehmerin, die schon zu Beginn ausführlich über ihre permanenten Probleme mit Männern erzählt hatte. Sie glaubte, im Bett immer noch nicht gut genug zu sein, obwohl sie schon viele Kurse besucht hatte, um ihre Techniken zu verfeinern. Ihr Outfit glich dem der Models aus einem dieser glänzenden Modejournale und beruflich war sie nach eigenen Aussagen sehr erfolgreich.

Die Frau begann sofort mit einem Traum, der ihr seit Tagen nicht aus dem Kopf ging: Sie war auf der Suche nach ihrem Kind. Da kam sie zu einem großen schlossähnlichen Haus.

Sofort wusste sie, dass in diesem Haus ihr Kind versteckt war. Sie wusste sogar, in welchem Zimmer. Sie ging in das Haus, fand auch das Zimmer. Ein Zimmer, so schön, wie sie es sich als kleines Kind erträumt hatte. »Komm sofort aus deinem Versteck raus«, hörte sie sich rufen. »Du bist schuld, dass mir die Männer immer davonlaufen«, schrie sie in den leeren Raum hinein. Kein Kind war da, nur ein großer Spiegel, wie er in ihrem Schlafzimmer über dem Bett angebracht war.

Ich erfuhr, dass die Frau diesen Traum schon öfter geträumt hatte, »... und das, obwohl ich gar kein eigenes Kind habe!«

»Seit wann wiederholt sich dieser Traum?«, fragte ich.

»Seit damals, als ich das erste Mal verliebt war. Ich hatte ihm alles gegeben. Aber es kam keine Gegenleistung zurück.« Die Augen wurden plötzlich feucht, obwohl die Frau scheinbar weiter »gut drauf« war, wie sie uns allen ungefragt versicherte.

Träume sind die Sprache der Götter, die im achten Himmel wohnen. Wenn sie uns einen Traum immer wieder schicken, dann ist es sehr wahrscheinlich, dass wir die Botschaft noch nicht verstanden haben. Kinder sind auch im Traum Geschenke der Liebe und zugleich Symbol für die Liebe. Das Haus symbolisiert meist den Träumer. Hinter der prachtvollen Fassade der Träumerin herrschen also Leere und Lieblosigkeit. Aber seit wann? Was ist damals geschehen? Noch sollte es ein Geheimnis bleiben, das dringend erlöst werden wollte, sonst hätten die Götter vom achten Himmel den Traum nicht gerade jetzt geschickt.

## Das verlassene Zimmer

Seitdem Sie sich das erste Mal verliebten, ist sicher auch bei Ihnen so viel geschehen, dass Sie Ihre Liebe nie mehr so leicht und unbeschwert verschenken konnten. So viel Lieblosigkeiten mussten Sie schon seit der ersten Liebe ertragen, so viele Enttäuschungen und Kämpfe durchstehen, dass Sie sich vielleicht irgendwann entschlossen, keine Gefühle mehr zu investieren und Liebe nur noch auf Sex zu reduzieren. Liebe wurde zum Tauschgeschäft.

Meist bekommen wir, wenn wir mit Berechnung geben, weniger zurück, als wir uns erhoffen. Wir geben dann immer weniger und bekommen meist noch weniger zurück. Solche Spiele kennen nur Verlierer. Aus einem scheinbar verlassenen Zimmer in unserem Inneren flüstert dann, leise und zärtlich, eine Stimme: Geschenke sind immer so wertvoll, wie die Liebe, die darin steckt.

Es erstaunt mich immer wieder, wie viele Menschen sich und das, was sie für Liebe halten, verschleudern, statt zu verschenken. Gehören Sie auch zu diesen Menschen, die alle reich beschenken und sich selbst dabei vergessen? Dabei haben die Götter, die im achten Himmel wohnen, dieses Geschenk nicht umsonst in Ihr Herz gelegt.

Wer dieses Geschenk der Götter, das er in seinem Herzen trägt, nicht wertschätzen kann, erlebt sich selbst als minderwertig. Wer glaubt, etwas Minderwertiges zu verschenken, bekommt selbst beim Verschenken Schuldgefühle, weil das, was er vom anderen bekommt, ja viel wertvoller ist. Er wird so lange nicht frei sein, bis er sich selbst wertschätzen kann. Sich selbst wertschätzen zu lernen, ist die Grundvoraussetzung für eine gute Beziehung. Damit Sie dies nie vergessen, haben sich die

Götter etwas Besonderes einfallen lassen: die Angst und die Sehnsucht. An der Größe Ihrer Angst können Sie erkennen, wie wenig Sie zur Liebe fähig sind. An der Größe Ihrer Sehnsucht erkennen Sie Ihren wahren Wert.

Angst hat die Farbe der Nacht. Sehnsucht hat die Farbe der Morgendämmerung. Wie ein leises Morgenlicht umhüllt Ihre Sehnsucht das Geschenk der Götter und erinnert Sie daran, wie wertvoll Sie und Ihre Liebe sind.

## Die erste große Sehnsucht führt in die Wertschätzung

Das Morgenlicht verrät dem Fachmann durch seine Färbung viel vom werdenden Tag. Auch das Licht der Sehnsucht, das aus Ihnen strahlt, zeigt dem Kundigen, was Ihre Sehnsucht sagen will. Dazu lade ich Sie ein, die Übung vom Beginn ein klein wenig zu erweitern. Dabei kann Ihnen Ihr Wissen um die Bedeutung von Erinnerung und Sehnsucht sehr hilfreich sein.

### Liebesübung

*Versuchen Sie sich zu erinnern. Vielleicht wollen Sie dazu die Augen schließen. Vielleicht wollen Sie sich Notizen machen. Oder Sie wollen lieber mit jemandem darüber reden. Entscheiden Sie selbst, was Ihnen beim Erinnern guttut.*

*Wie war das noch, als Sie sich das erste Mal verliebten? Was war das für ein Licht, das Sie strahlen ließ? Was machte Sie so wertvoll, dass ein anderes Wesen von Ihrem Glanz angezogen wurde? Oder wurden Sie vom Glanz eines anderen Lichts an-*

*gezogen, weil es in Ihnen so dunkel und leer war? Oder waren es zwei helle, leuchtende Sonnen, die sich zu einer großen, neuen Sonne vereinen wollten? Was geschah dann? Schreiben Sie Ihre Erinnerungen auf, damit Sie sich später Ihren Entwicklungsprozess bewusst machen können.*

In den meisten großen Mythen geht es darum, dass Held oder Heldin ihr eigenes Licht und ihre Strahlkraft entdecken, statt vom Glanz eines anderen Lichtes abhängig zu bleiben. Erst dann sind sie fähig zur wirklichen Liebe mit einem DU. Erst dann kann Hochzeit gefeiert werden. Die Heldinnen- und Heldenreise in unseren kollektiven Träumen ist der Weg der Sehnsucht hin zum Licht der ganz großen Liebe.

Zuerst geht es aber immer um die Wiederentdeckung der eigenen Größe und der eigenen Bedeutung für die Schöpfungsgeschichte. In Ihrer großen Sehnsucht, als ein einzigartiges, liebenswertes Wesen erkannt und geliebt zu werden, versteckt sich also die Absicht der Schöpfung, dass Sie zuerst Ihren eigenen Wert erkennen.

Diese erste große Sehnsucht ernst zu nehmen und zugleich als ein Tor zu erkennen, das Sie in einen neuen Sehnsuchtshimmel führt, dies ist nicht nur das Thema vieler Wiederholungsträume, sondern auch unserer kollektiven Träume, die wir Mythen und Märchen nennen. Über die Gefahren und Chancen, die sich in dieser Sehnsucht verbergen, werden wir später noch mehr erfahren.

Wie wertvoll und wichtig Sie für einen anderen Menschen sein können, ahnen Sie schon seit der Zeit, als Sie sich das erste Mal verliebten. Auch diese Ahnung ist als Sehnsucht geblieben, damit Sie in Ihrer Selbstliebe nicht steckenbleiben.

# Die zweite große Sehnsucht führt in die Erlösung

Nur Großes ist zu großer Verschmelzung fähig. In dem Maß, in dem Sie sich Ihrer eigenen Größe bewusst werden, sind Sie reif für die wirklich große Liebe.

Es ist also nicht die Absicht der alten Götter, dass Sie eine Ihrer beiden großen Sehnsüchte verraten und sich zum Beispiel, um einer friedlichen Beziehung willen, klein und unscheinbar machen, sondern dass Sie durch die Liebe Ihre eigene Größe erkennen lernen.

Genauso will die Liebe auch nicht, dass Sie sich zu einem Riesen aufblasen, nur um liebenswert zu erscheinen. Beide Sehnsüchte wollen Hochzeit feiern. Wo, das wissen Sie bereits. Sollten Sie dies einen Augenblick vergessen haben, dann werden wir gemeinsam den Ort finden, an dem diese beiden großen Sehnsüchte endlich wieder verschmelzen können. Es ist der Ort, an dem es keinen Mangel mehr gibt. Es ist der Ort, an dem sich alles so frei anfühlt, weil Sie einfach tief vertrauend mit sich und Ihrem Schicksal einverstanden sind. Es ist der Ort, an dem sich scheinbare Konflikte erlöst haben, wie die Fata Morgana beim ersten Schluck Quellwasser, der Ort, an dem Sie sich in alle und alles hineinfallen lassen können, im intuitiven Wissen, ohnedies mit allem irgendwie verbunden zu sein. Es ist auch der Ort, an dem alles sinnlich und sinnvoll ist.

Nennen wir diesen magischen Ort den achten Himmel. Vielleicht ist es für Sie besser, dass Sie sich, statt eines »Himmels«, einen Zustand vorstellen, an dem Sie in einem reifen, erlösten Liebesbewusstsein zum Mitgestalter Ihrer Beziehungen werden, weil Sie Ihre Aufgabe darin erkannt haben. Vielleicht wollen Sie die Götter, von denen ich Ihnen erzählte, auch als innere Kräfte bezeichnen, die in jedem von uns schlummern und deshalb archetypischen Götterstatus haben. Ich wähle bewusst die archetypische Bildersprache, weil sie die Sprache Ihrer Seele ist.

## Exkurs: Wissen

*Fachleute konnten zwei Grundtendenzen im System Mensch feststellen: Zum einen gibt es in jedem Menschen ein Streben nach Autonomie und zum anderen verbindet uns alle ein Streben nach Beziehung. Das Streben nach Beziehung schließt zugleich ein Streben nach Unterscheidung ein. Sich zu unterscheiden führt zur Vielfalt. Vielfalt wiederum ist eine der großen biologischen Grundtendenzen.*

## Der Ort der Fülle

Dass es dieses reife, erlöste Liebesbewusstsein, diesen achten Himmel wirklich gibt, davon schlummert schon lange eine Ahnung in Ihnen. Sonst hätten Sie sich nie in Ihrem Leben verliebt. Manche weisen Menschen sagen, dass dies der eigentliche Sinn des Verliebens wäre: Uns zu erinnern, dass es einen Zustand geben kann, in dem wir angstfrei ganz wir selbst sein können und zugleich bereit, uns ganz hinzugeben, ja sogar im anderen aufzugehen.

Erinnern heißt in diesem Zusammenhang also auch vertrauen lernen. Vertrauen, dass dieser Zustand irgendwann Ihr Dauerzustand sein wird, auch wenn Sie ihn bisher nicht halten konnten. Wenn Sie diesen Zustand jetzt schon dauerhaft halten könnten, wären Sie das, was die großen Mythen »erleuchtet« nennen. Dass dies jederzeit und ohne Ihr Zutun geschehen kann, habe ich erst kürzlich wieder erlebt.

## Die Liebeskomödie

Ich erinnere mich an diesen Abend im Mai. Ein junges Ehepaar hatte sich soeben verabschiedet. Die beiden hatten das, was man eine schwierige Beziehung nennt. Seit der Trauung verging kein Tag, an dem nicht Streit angesagt war. Das ging schon damit los, dass sie ihm am Morgen nach der Hochzeitsnacht den Trauring vor die Füße warf. Vor der Ehe war das ganz anders. Da waren die beiden ein Herz und eine Seele. »Die Ehe ist schuld. Seitdem will sie mir meine Freiheit nehmen«, schimpfte er immer wieder. »Wir sind nun mal ein Paar, das sich die ewige Liebe versprach, und du hast dein Versprechen schon in der ersten Nacht gebrochen«, schrie sie ihn an. Er war sich sicher, dass Männer nur dann wirklich lieben können, wenn sie ihre Freiheit behalten dürfen. Sie war sich sicher, dass Liebe nur dauerhaft bleibt, wenn sich beide Partner bedingungslos in die Beziehung einbringen. Daran schien die Liebe zu verbrennen wie ausgetrocknetes Holz.
Es war dieser Urkonflikt, den ich eingangs schon erwähnte. Wie viel Autonomie verträgt eine feste Bindung? Wie viel Bindung verträgt die Autonomie? Was schadet, was fördert die Liebe? »Früher war das kein Problem, da waren wir bei jeder Begegnung gleich im siebten Himmel«, schwärmte sie. »Früher waren wir auch nicht verheiratet«, parierte er.
Irgendwann klärte es sich. Jeder der beiden spielte eine altbekannte Rolle, eine Rolle, die er bestens kannte. Die Eltern hat-

ten diese Rollen ihren Kindern ein Leben lang vorgespielt. Jedes der beiden Noch-Kinder bestand nun auf seiner Rolle, so wie es diese von den Göttern abgeschaut hatte. Ja, für alle Kinder sind Eltern und andere große Vorbilder, göttergleiche Wesen, die ihnen vorspielen, wie Beziehungen abzulaufen haben. Jeder andere Versuch, die Beziehung neu zu gestalten, wäre ein Verrat an den Göttern gewesen.

Jeder Konflikt, der uns im Leben begegnet, ist ein Beziehungskonflikt. Wird er nicht gelöst, entstehen Misstrauen und Ängste. In einem Klima von Misstrauen und Angst trauen wir uns nicht, Neues auszuprobieren und halten noch mehr an altbekannten Rollen fest. Wir stürzen uns in das Reich der dunklen Gefühle von Hass, Wut, Trauer und Missgunst. Erinnern Sie sich an das »Mehr-des-Gleichen-Spiel« auf dem Spielplatz? Solche Spiele werden schnell zu Machtspielen und kennen nur Verlierer. Das wurde den beiden mehr und mehr bewusst.

»Wie würden Sie Ihre Beziehung gestalten, wenn Sie auf solche Rollenspiele bewusst verzichten würden?«, fragte ich die beiden. Sie wurden sehr still und nachdenklich. In einem kreativen Ungenügen wachsen neue Sehnsüchte. Wachsen aber braucht Zeit und Raum.


Einige Wochen nach diesem Termin bekam ich einen überraschenden Besuch. Es war der Ehemann. Er erzählte mir eine unglaubliche Geschichte, die ich seitdem »Erleuchtungsgeschichte« nenne.

Nachdem die beiden zu Hause angekommen waren, ging er zum Spiegel, um sich die Haare zu kämmen. Da sah er das Spiegelbild seiner Frau. Sie stand hinter ihm, um sich auszuziehen. Er schaute wie gebannt zu, so als hätte er sie noch nie vorher gesehen. »Wie schön sie ist und wie geheimnisvoll. Welch ein Glück, ihr so begegnen zu dürfen.«

Dann stand sie für ein paar Augenblicke nackt hinter ihm, küsste ihn kurz, um sich dann zum Schlafen zu verabschieden. Er begann zu zittern. Sein Herz schien sich von all den schmerzhaften Rollenspielen zu befreien. Es fühlte sich so warm und lebendig an. Immer mehr floss Lebendigkeit aus einer unendlichen Quelle durch den Körper seiner Frau hindurch mitten hinein in sein Herz, floss durch dieses frei werdende Herz hindurch und in unzählige andere offene Herzen hinein. Ein Fließen, ein Strömen, ein Rauschen, eine Stille, ein Einverstandensein. Die ganze Welt um ihn herum wurde zum wirbelnden farbenfrohen Tanz. Plötzlich erkannte er in diesem wirbelnden Glück die Augen seiner Frau, offen, frei, weit. Bereit, alles von ihm aufzunehmen und gleichzeitig auszustrahlen, damit es nie mehr dunkel werde. Tausend- und abertausendfach mit dem Wörtchen »Ja« gefüllt. Er spürte diesen anderen Körper, der in seinem Körper aufging. Fremd und bekannt, nah und zugleich fern. Eins und getrennt, gefangen und erlöst. Alles hatte gleichzeitig seinen Platz in diesem einen Bild. Er war sogar bereit, diesen wunderbaren lebendigen Körper mit allen Lebenden zu teilen, weil er jetzt wusste, dass er sowieso mit allem Leben pochend und kochend, genießend und verströmend, zart und zugleich fest verbunden war ...

Der Mann lachte und weinte beim Erzählen. Seine Worte stolperten aus dem Mund wie unschuldige Kinder, die ihre ersten Schritte ausprobieren.

Wer stand da vor mir? Ein Erleuchteter? Ein Gast aus dem achten Himmel? Einer, der das Geschenk der Götter gefunden hatte? Dieses Geschenk, das mit seiner Zauberkraft selbst alte

Konflikte heilen kann. Ich drückte ihn an mich und er genoss diesen Druck lange und tief einatmend. Erst dann setzte er sich und schwieg.

### Liebesübung

*Schließen Sie die Augen. Lassen Sie jetzt bewusst die Bilder eines Menschen in sich aufsteigen, dem Sie sich eng verbunden fühlen. Dann bitten Sie diesen Menschen in Ihrer Fantasie darum, dass er Ihr Handgelenk an das seine fesselt. Versuchen Sie sich all das, was jetzt in Ihnen geschieht, wie ein neutraler Beobachter zu merken. Was ist das für ein Seil? Wie stark haben Sie in Ihrer Fantasie das Seil zugezogen? Wer kann das Seil öffnen? Welches Körpergefühl kommt in Ihnen hoch? Öffnen Sie jetzt ganz bewusst wieder die Augen. Schreiben Sie all das auf, was Ihnen jetzt in den Sinn kommt. Lesen Sie den Text erst am Folgetag und versuchen Sie zu spüren, was diese Geduldsprobe mit Ihnen macht.*

Manchmal kommt der achte Himmel schnell und unerhofft, wie die erste Liebe, die uns in den siebten Himmel hebt. Allerdings geht es in unserem achten Himmel darum, bewusst über alte Muster und Konflikte hinauszuwachsen. Das geht aber nur mit Vertrauen. Dieses Vertrauen sollte größer sein als unsere Angst. Ich werde Ihnen in diesem Kapitel noch mehr über die unterschiedlichen Arten von Vertrauen erzählen und Ihnen Übungen anbieten, die den Boden für mehr bewusstes Vertrauen ebnen. Sie werden dadurch auch zu überraschenden Antworten auf die Fragen aus der obigen Übung kommen.

## Spieglein, Spieglein in meinem Land

Seit der Entdeckung der Spiegelneuronen durch die Neurobiologen ist bewiesen, dass wir durch Nachahmen lernen. Allerdings brauchen wir zu unseren »Vorbildern« eine emotionale Bindung. Je intensiver diese emotionale Bindung ist, umso mehr eignen sich diese Vorbilder zum Nachahmen. Emotionale Bindung heißt nicht automatisch Liebesbindung. Wenn Psychologen von emotionaler Bindung reden, dann meinen sie alle Grundemotionen.

Dazu gehören für die meisten Emotionsforscher Freude genauso wie Hass, Schmerz, Trauer und Zorn. All diese Emotionen binden Kinder an ihre Eltern. Deshalb sind Eltern meist die prägenden Vorbilder. Weil unsere Eltern auch die Kinder von Eltern sind und deren Eltern auch, spiegeln sich in uns oft Verhaltens- und Einstellungsmuster langer Generationsketten. »Das hat er vom Großvater«, ist dann vielleicht zu hören.

## Die Kraft der Lebenslügen

Ganz besonders hartnäckig »vererben« sich auf diese Weise Einstellungsmuster, die vom Kind kritiklos übernommen werden, weil sie direkt und einfach nachvollziehbar sind. »Du bist böse« oder »Du bist brav« sind solche Einstellungsmuster. Ich nenne sie Lebenslügen, auch wenn ich weiß, dass manche Psychologen unter Lebenslügen etwas anderes verstehen wollen.

Lebenslügen sind für mich also unbewusst übernommene Einstellungen, die seit dieser Zeit schicksalhaft unser Leben prägen, so lange, bis wir sie bewusst gemacht haben und frei entscheiden können, ob wir sie durch eine neue Einstellung erlösen wollen.

In einigen meiner Liebesgeschichten wird Ihnen die Schicksalhaftigkeit dieser Lebenslügen besonders deutlich werden. Ich werde Ihnen schon jetzt ein Zauberwort verraten, das solche Zaubereien erlöst. Es heißt »Erwachen«. Es geht also wieder einmal darum, sich bewusst zu werden, wie unfrei Sie bisher lebten. Nicht allein äußerlich. Unfreiheit ist primär ein innerer Zustand. Das hat oft mit alten Spiegeln zu tun, wie ich Ihnen in der folgenden Geschichte zeigen will.

## Die Sehnsuchtsfresser

Ein ungewöhnlich warmer Tag. Der Vorabend eines Workshops, der in einem Hotel an einem See stattfinden sollte. Ich saß auf der Terrasse des Restaurants und schaute in den Abend hinein. Neben mir am Tisch eine Familie mit einem kleinen Kind. Das Kind sah wie gebannt den Enten zu. Manchmal warf es ein paar Brotstücke ins Wasser. Die Enten stürzten sich darauf. Darüber freute sich das kleine Kind. Die Eltern diskutierten laut, an der Grenze des Streits. Das Kind schloss langsam Freundschaft mit den Enten, es jauchzte laut, weil es die Enten füttern konnte. Die Mutter rannte zu ihrem Kind, schlug es auf die Finger und verbat ihm, weiter Brot in den See zu werfen. Dann wurde die Diskussion der Eltern zum offenen Streit.

Das Kind bekam davon nichts mit. Verschmolzen schien es mit den Enten, dem See und dem Abend zu sein. Da sah es noch ein Stück Brot am Boden liegen. Vorsichtig schob es einen Fuß zum Brot und kickte das Brot zu den Enten. Fast zufällig. Die Enten stürzten sich darauf. Streit, lautes Schnattern und Schnappen, Verjagen und Flüchten, dann wieder Ruhe.

Der Vater rief den Jungen. Die Eltern wollten hastig gehen. Der Junge schaute zu seinen Enten und hob die Hand zum Winken. Winkte, so als ob er sich von ganz lieben Freunden verabschieden wollte, winkte und noch ein allerletztes Mal, dann warf er ihnen einen Handkuss hinterher und noch einen, so lange, bis das Rufen der Eltern in Brüllen überging. Das kleine Kind hob die Arme, so als ob es fliegen könnte, und flog den Eltern entgegen. Die Mutter empfing das Kind mit einem Schlag ins Gesicht. Die fliegende Liebe stürzte ab und mit ihr die Unschuld. »Wir werden nie mehr zu den Enten gehen, weil du immer so böse bist und nicht folgst«, klang laut und hart die Stimme des Vaters. Das Gesicht des Kindes verfolgte mich in einer langen Nacht. Es spiegelte sich im Gesicht der Eltern wider, die plötzlich in meinen inneren Bildern auch Kinder waren. Nur dass deren Sehnsucht vor langer Zeit einem Ungeheuer zum Opfer fiel: dem Sehnsuchtsfresser, der so lange an unserer Sehnsucht frisst, bis wir uns seiner Existenz bewusst geworden sind. Wie aber glückt diese Bewusstwerdung?

## Exkurs: Bewusstsein

*Bewusstsein ist nach Überzeugung der Bewusstseinsforscher Voraussetzung für die menschliche Entwicklung. Nur Bewusstsein führt in die Freiheit und damit in die Selbstverantwortung. » Wir haben kein Bewusstsein, wir sind Bewusstsein«, definieren viele Bewusstseinsforscher. Für sie ist der Sitz un-*

*seres Bewusstseins im Stirnhirn, also im vorderen Teil des*
*Großhirns.*
*Allerdings gibt es nach deren Überzeugung noch keine Mög-*
*lichkeit, Bewusstsein zu messen oder den Grad des Bewusst-*
*seins zu beweisen.*

## Wenn wir wie die Kinder werden

Nicht nur als unschuldige Kinder sind wir Opfer von Sehnsuchtsfressern, die wir seit kurzem durch die Entdeckung der
Spiegelneuronen erklären können, sondern immer dann,
wenn wir besonders verletzbar sind, also auch wenn wir uns
»wie die Kinder« benehmen. Wie die Kinder benehmen wir uns
zum Beispiel auch, wenn uns die erste große Liebe mit ihrer
unergründbaren Magie fasziniert. Dann sind alle Schrammen
und Wunden der Kindheit scheinbar wie von Zauberhand geheilt. Wie eine verletzbare Muschel wagen wir es dann noch
einmal, uns wie unschuldige Kinder zu öffnen und uns von
einer unendlichen Fülle umspülen zu lassen, wie die Muschel
vom Meer. Bis wir erschrecken. Ein verzauberter Spiegel aus
einer längst untergegangenen Welt zieht uns so lange in seinen Bann, bis wir seiner magischen schwarzen Zauberkraft
erliegen. Wir fühlen uns ohnmächtig und ausgeliefert. Unser
Leben folgt plötzlich der Dramaturgie einer Tragödie, weil die
Liebe nicht will, dass wir sie auf dem Altar unserer Beziehung
opfern. Die Liebe will, dass wir Opferrollen erlösen, weil sonst
der Sehnsuchtsfresser oder Zauberspiegel seine magische
Kraft behält.

# Die Maske der Sehnsucht

Inge ging es so. Sie war das Kind einer sehr ängstlichen Mutter. Inges Mutter hatte ihre Gründe, ängstlich zu sein. Als Kind einer alleinerziehenden Mutter wuchs sie in einer Welt auf, die ihr oft feindlich gesonnen war. Damals galt es noch als ein Makel, ein uneheliches Kind zu bekommen. Inges Großmutter stand trotzdem zu ihrer Tochter und stellte ihr ganzes Leben in den Dienst der Kindererziehung. Das bedeutete viel Verzicht, Entbehrung, Not und auch Misstrauen. Zwänge, Schuldgefühle und Ängste hinterließen ihre tiefen Spuren im Gehirn des Kindes. Inges Mutter fühlte sich mitschuldig am harten Schicksal der Großmutter und minderwertig. Sie hatte einiges gutzumachen. So wurden Angst, Zwang und Schuld zu Masken, hinter der sich die Sehnsucht in ihrer Not versteckt. Geteilte Angst ist scheinbar halbe Angst. Deshalb wurde das Lebensgefühl von Inges Großmutter unbewusst mehr und mehr auch von Inges Mutter übernommen. Es äußerte sich in Misstrauen allem Unkontrollierbarem gegenüber und einer großen Einsamkeit.

»Pass auf! Das Schicksal meint es nicht gut mit uns«, war der am meisten gebrauchte Satz in der Kindheit von Inges Mutter. Kurz, aber wirksam, weil er der Fantasie von Kindern viel Raum lässt.

Deshalb passte Inges Mutter ein Leben lang besonders gut auf, denn auf das Schicksal konnte man sich nicht verlassen. Inges Mutter passte in der Schule gut auf. Sie passte auch bei den Freundinnen gut auf. Sie passte bei den Jungs gut auf. Denn sie hatte auch gelernt, dass man sich auf niemanden verlassen kann, nicht einmal auf die Liebe. Ja, gerade in der Liebe konnte man sich nicht einmal auf sich selbst verlassen.

Da war man dann schnell ganz verlassen und stand plötzlich mit seinen zerbrochenen Träumen ganz alleine da.

Als Inges Mutter einmal nicht aufpasste, da kam, was kommen musste, Inges Mutter wurde schwanger. Sie zweifelte lange, ob es besser sei, die Schwangerschaft abzubrechen oder das Kind auszutragen. Dann war Inge viel früher als berechnet da. Zwar gesund und munter, aber ein Sorgenkind, weil es die Sorgen ihrer Mutter zu tragen hatte. Eine Lebenslüge mit großer Zauberkraft, denn Inges kleines Leben lief genau so ab, wie Mutter es vorlebte, nur etwas mehr des Gleichen. Also noch mehr Misstrauen, noch mehr Angst, noch mehr Kontrolle und als Folge noch mehr Mangelgefühle. Noch mehr Sorgen. Ein leicht verzerrtes Spiegelbild des mütterlichen Vorbildes.

## Inges Begegnung mit dem Sehnsuchtsfresser

Irgendwann verliebte sich Inge Hals über Kopf, obwohl sie aufpasste, damit ihr etwas Ähnliches nicht passierte. Denn Liebe bringt doch nur Unglück. Das wusste Inge von Mutter und die wusste es von Großmutter. Dann kam es zu den ersten Zärtlichkeiten, auch wenn immer noch alles unter Kontrolle schien. Mit den zunehmenden Zärtlichkeiten wurden dann die inneren Stimmen lauter. »Pass auf«, riefen sie in die Zeit der Zärtlichkeiten hinein, immer lauter, bis Inge weinte. »Was ist los mit dir?«, fragte der Freund. »Ich kann nicht! Noch nicht! Warte noch.« Inge war selbst ganz verzweifelt. Sie wäre so gern im siebten Himmel aufgegangen. Sie hätte so gerne jede Kontrolle aufgegeben, einfach losgelassen, sich wie ein Luftballon dem großen blauen Himmel übergeben. Es ging nicht.

»Alle Männer wollen doch immer nur das Gleiche«, hörte sie immer wieder und wieder die inneren Stimmen. Dann stammelte sie nur noch weinend: »Ich bin noch nicht so weit.« Der Freund wartete und versuchte es wieder und wieder.

Dann kam dieser Freitag, der Dreizehnte. Inge ging mit dem Hund spazieren, begegnete einer Freundin. Die wollte wissen, warum denn Schluss mit dem Freund wäre. »Schluss, warum?«, fragte Inge zurück.

Wortlos ging die Freundin mit ihr in eine der Nebenstraßen und deutete auf das Auto, das allein im Dunkeln stand. Es war das Auto von Inges Freund. Inge spürte, wie eine noch nie gekannte Angst in ihr hoch kroch, einer zu Eis gefrorenen Faust gleichend, spürte, wie die Füße einem geheimen Befehl folgten, ohne den Verstand zu fragen, spürte, wie sie ins Auto blickte und sah, was sie sehen sollte. Auch er sah, dass sie sah, und die andere sah es auch und stöhnte erst recht aus voller Lust. Von da an wusste Inge nichts mehr. Als sie wieder zu Bewusstsein kam, lag sie auf der Couch in der Wohnung der Freundin.

Später, viel später, als sie wieder einmal den Exfreund am Telefon »abblitzen« ließ, las sie kurz darauf eine SMS von ihm auf ihrem Handy-Display: »Du solltest es mal mit einem Psychiater versuchen. Du bist krank.«

Inge wurde tatsächlich krank. Sie hatte gelernt, brav zu sein und zu gehorchen. Noch ehe sie im siebten Himmel angekommen war, fiel sie tief in die Opferrolle.

Weil ganz normale Menschen erst dann zu Heldinnen oder Helden werden, wenn sie den Ort gefunden haben, in dem das größte Geschenk auf sie wartet, können wir erahnen, worum es bei Menschen wie Inge in so einer Situation geht: Es geht darum, wirklich erwachsen zu werden. Das geht nur, wenn sie bereit sind, ihre große Lebenslüge zu erlösen. Eine Lebenslüge, die verhindert, sich ganz der Liebe und der Sehnsucht nach Leben hinzugeben. Eine Lebenslüge, die auch verhindert, zu wachsen und dadurch bewusst erwachsen zu werden. Erwachsen werden hieß bei Inge nicht nur, ihre Lebenslüge zu entlarven, sondern sich auch etwas nicht Kontrollierbares zu trauen.

Musste Inge bis zu diesem Zeitpunkt immer »alles im Griff« haben, getreu ihrem Motto »Vertrauen ist gut, Kontrolle ist besser«, heißt es jetzt: Ich kann auch vertrauen. Aber das ist oft leichter gesagt als getan. Denn vor jeder Veränderung der Einstellung lauert der Drachen Angst.

### Liebesübung

*Beantworten Sie die folgende Frage ganz schnell, also ohne groß nachzudenken:*
*Wenn Sie sich mit geschlossenen Augen rückwärts fallen lassen müssten, wer sollte Sie auffangen?*
*Schreiben Sie den Namen auf.*

Auch Ihr Leben will, dass Sie manchmal Risiken eingehen. Dazu braucht es ein Mindestmaß an Vertrauen. Wenn Sie niemandem mehr trauen können, heißt das auch, dass Sie sich selbst nicht mehr trauen können. Es ist sehr wahrscheinlich, dass dieses Introjekt das Ergebnis einer Lebenslüge ist. Wenn Sie sich Ihre schicksalhaften Verkettungen bewusst machen, die sich oft hinter Lebenslügen verstecken, können Sie der Magie Ihrer Spiegelneuronen etwas vom schicksalhaften Fluch nehmen, wie die Helden in den uralten Mythen. Dies ist der Beginn einer neuen Kompetenz, die wir Selbstvertrauen nennen. Selbstvertrauen ist eine Basiskompetenz auf dem Weg in den achten Himmel, mit der Sie schicksalhafte Lebenslügen erlösen können.

## Wie Sie Sehnsuchtsfresser erlösen

Eine andere große Lebenslüge, die verhindert, unserem inneren Auftrag entsprechend zu wachsen, hat viel mit Urvertrauen zu tun, auch wenn sich dieses Urvertrauen noch hinter Misstrauen versteckt. Weil Misstrauen oft in scheinbare Liebe verpackt wird, ist es besonders heimtückisch. Selbst die Täter wissen oft nicht, dass sie die Liebe missbrauchen. So werden sie ungewollt zu Sehnsuchtsfressern.

Das Ehepaar, an das ich dabei besonders denke, war schon etwas älter, als sie nach jahrelangem Hoffen und Bangen endlich erfuhren, dass es »doch noch« geklappt hat und sie schwanger wurde. Er hieß Otto, als Otto der Große stellte er sich mir vor. Sie hieß Amalie. Das Glück Ottos des Großen und seiner Amalie war übergroß, auch die Angst, dass doch noch etwas passieren könnte. Also ging man sehr oft zum Arzt, damit man sich wirklich nichts vorzuwerfen hatte. Jede Veränderung wurde misstrauisch registriert, jede Abweichung von der Norm ängstlich beobachtet und jede Entwicklung mit Sorge betrachtet. Jede Diskussion hatte nur einen Sinn, die Angst in Grenzen zu halten.

Dann kam, was kommen musste: der Schock. Denn trotz allen Bemühens und aller ärztlichen Kunst wurde das kleine Mädchen eine Frühgeburt und brauchte den Brutkasten, um zu überleben. Die Fürsorge wurde nochmals intensiviert. Jetzt durfte erst recht nichts mehr passieren. So schob sich über die Liebe der Schleier der Lebenslüge. »Wir haben eben kein Glück mit Kindern«, seufzte sie.

Einstellungen sind manchmal wie Ritterrüstungen. Sie machen uns unbeweglich und grenzen uns von der Liebe und vom wachsenden Vertrauen ab. Auch von gut gemeinten Ratschlägen.

Die Weichen waren bei solchen Einstellungen bereits gestellt. Entsprechend wurde »Angst« die Herrscherin über die Liebe.

Da beide Elternteile sehr reich und berühmt waren, fürchteten sie bald Entführungen und machten aus ihrem Anwesen eine Art Hochsicherheitstrakt. Statt des normalen Kindergartenbesuches gab es ein Kindermädchen und manchmal die Kindersendung im Fernsehen. Ab und zu durften ausgewählte Kinder zu Besuch kommen. Später kam das Kind in ein exklusives Internat. Irgendjemand hatte für teures Geld festgestellt, dass das Mädchen aufgrund eines ungewöhnlich hohen Intelligenzquotienten auf gar keinen Fall unterfordert werden dürfe. Man wollte sich auch hier nichts nachsagen lassen.

Das Spiel ging so weiter. Bis das kleine Prinzesschen 18 Jahre alt war und damit volljährig.

Als die Eltern am frühen Morgen zum Bett kamen, um die Geburtstagsgeschenke zu überbringen, war »die Kleine« fort.

»Ich erfülle mir selbst meinen größten Geburtstagswunsch. Ich will endlich richtig leben«, stand auf einem Zettel, der auf dem unberührten Bett lag. Das Leben begann mit diesem Zettel für »Otto den Großen« und seiner Amalie zu einer Hölle auf Erden zu werden. In unserem Gespräch ging es zuerst lange um Schuldgefühle, um Ängste und Zwänge, aber auch um Undankbarkeit, um Vorwürfe und Enttäuschungen. »Sie hat es nicht gedankt, dass wir sie so geliebt haben«, schrie die Mutter verzweifelt in die Nacht. Als Otto über den Unterschied zwischen Liebe und Abhängigkeit sprechen wollte, reagierte die Frau ganz abweisend.

Sie hätte doch gegeben, was sie konnte, mehr konnte sie nicht. Durch seine Familie seien derart chaotische Verhältnisse in die Ehe gekommen. Von ihrer Seite käme das nicht. Waren die Spiegelneuronen schuld daran? Gibt es eine Antwort der Seele, in der eine Lösung steckt? Dazu passt genau ein Märchen:

## Prinzessin Traurigschön

*In einem fernen Land lebte eine schöne Prinzessin. Ihre Eltern liebten sie so sehr, dass sie auf keinen Fall wollten, dass ihr ein Leid geschehen kann. Also sperrten sie ihre Tochter in einen Turm, der zu Zeiten, als die Eltern selbst noch Kinder waren, als Gefängnis diente. Zuerst überlegten die Eltern, den Turm außen standesgemäß mit Gold zu verkleiden. Aber dann hatten sie Angst, dass Prinzen und Halunken von nah und fern erst recht auf die schöne Prinzessin aufmerksam werden.*

*So verbrachte die schöne Prinzessin ihre Jugend in einem Gefängnisturm. Bald war das für sie so normal wie das kleine Fenster in ihrem Turmzimmer, genau über dem schmalen, verschlossenen Tor. Manchmal steckte sie den Kopf durchs Fenster und sang leise und traurig vor sich hin. Ein Vogel setzte sich dann oft in ihre Nähe und lauschte ihren traurigen Liedern. Irgendwann verstand er die Lieder, weil sie aus der gleichen Quelle kamen wie die Gesänge des Vogels. Die Lieder waren so traurig und schön, dass der Vogel die Prinzessin in seiner Vogelsprache Traurigschön nannte. »Traurigschön«, zwitscherte eines Tages der Vogel der schönen Prinzessin zu, »schau, was da unten zu wachsen beginnt.« Die Prinzessin streckte einmal mehr ihren Kopf mit großer Mühe durch das kleine Turmfenster. Sie sah ein kleines Pflänzchen genau unter dem Fenster. »Das kommt durch deine Tränen, die du jeden Tag vergießt. Ich wollte dir eine Freude machen und habe den Samen von der Blume des Lebens genau da eingegraben, wo deine Tränen hintropfen.« Prinzessin Traurigschön lächelte. Ab jetzt hatten ihre Tränen wenigstens einen Sinn.*

*Das Pflänzchen wuchs und irgendwann begann es zu blühen. »Wie gern würde ich die Blüte berühren, sie streicheln und ihren Duft einatmen«, sang Prinzessin Traurigschön. Das hörte der Vogel und überlegte, wie er der schönen Prinzessin ihren Herzenswunsch erfüllen könne.*

*Da sah er eines Tages, dass irgendwer vergessen hatte, draußen den Torschlüssel abzuziehen. Er bemühte sich redlich und schaffte es tatsächlich. Froh und beschwingt brachte er der Prinzessin den Schlüssel. Die rannte, so schnell sie konnte, die vielen Treppen hinunter zum Tor, öffnete es und stand in der Freiheit. Die Angst, erwischt zu werden, trieb sie hinaus in das unbekannte Land, und sie wurde nie mehr gesehen.*

*Vor dem Tor lag eine zertretene Blume.*

In letzter Zeit glaubte ich oft, Prinzessin Traurigschön sei mir in dieser und vielen anderen Frauen begegnet. Immer ging es bei diesen Frauen um die Befreiung aus einem goldenen Käfig, um Erwartungen und die entsprechenden Enttäuschungen, die meist mit Vorwürfen von Undankbarkeit endeten. Auf jeden Fall erinnert mich so manche traurige Liebesgeschichte meiner Klientinnen an diese Prinzessin. Lange Zeit fühlten sich auch diese Frauen in ihrer Beziehung eingesperrt.

In dieser inneren Einsamkeit verlernten sie, was es heißt, wirklich zu lieben. Als sich endlich das Tor zur Freiheit öffnete, traten sie, aus Angst, etwas zu versäumen, die Sehnsucht ihrer Seele mit Füßen. Als ob sie Versäumtes nachholen könnten, wurden sie immer oberflächlicher und wiederholten ein Muster, das sie eigentlich erlösen wollten.

»Ich kann nur lieben, wenn ich frei bin«, erinnere ich mich noch an den Ausspruch einer Dame. Sie dachte dabei an die Zeit, als die ganze Welt noch rosarot war. Diese Zeit lag zwar dreißig Jahre zurück, aber für die Dame war das kein Argument. Sie wollte noch einmal so wie damals leben, wollte all das nachholen, was sie durch die langen unglücklichen Ehejahre versäumt hatte, und noch einmal in längst vergangene Zeiten eintauchen. Sie wollte nicht das Schicksal ihrer Mutter wiederholen, ließ alles Gewohnte hinter sich und begann zu suchen. Sie zog sich wie damals an, ging in Kneipen, die sie an die Zeit vor dreißig Jahren erinnerten, wollte noch mal hemmungslosen Sex, so wie damals. Suchte nach Männern, denen es doch auch so gehen müsste, verliebte sich jeden Tag neu und trennte sich ebenso schnell. Die Dame wurde süchtig, vogelfrei, flüchtig und schließlich immer einsamer. Was sie suchte, fand sie nicht. Dazu hätte sie nach dem Geschenk der Götter fragen müssen und nach dem Zauberspruch, wie die Heldinnen im Märchen. Aber ihre Befreiungsreise geriet zur Flucht vor der eigenen Liebe, die ihr helfen wollte, ein Missverständnis zu erlösen. Auch das könnte uns durch die Geschichte von der Prinzessin gelingen. Mir half Prinzessin Traurigschön zu erkennen, welche Höllenqualen Lebenslügen verursachen können, bis wir durch sie der Liebe ein Stück näher kommen.

# Baustelle Gehirn

Otto dem Großen und seiner Frau, die noch von der Trauer um ihre verlorene Tochter überschwemmt waren, wie eine Landschaft nach einem Unwetter, hätte die Geschichte von Prinzessin Traurigschön noch nicht geholfen. Wenn das Leid so groß ist, ist es zu früh fürs Geschichtenerzählen. Dann ist es gut, einfach nur da zu sein und zuzuhören, damit die Einsamkeit erträglicher wird. Die Heilkraft solcher Liebesgeschichten erschließt sich erst später, dann nämlich, wenn unser Gehirn bereit für Veränderungen ist und nach Alternativen sucht.

Körpertherapeuten gehen schon lange davon aus, dass die Lebenserfahrungen der Vorfahren und vor allem der Eltern im Körpergedächtnis der Kinder genau so gespeichert sind wie die selbstgemachten Erfahrungen. Sie arbeiten deshalb mit ihren Klienten daran, diese unbewussten Programme durch bewusste Körperarbeit zu verändern. Mit den Methoden der modernen Medizin und der Hirnforschung lassen sich nun diese Veränderungsprozesse nicht nur sichtbar machen, sondern auch unterstützen.

Mir hilft hier das Bild, dass unser Gehirn eine lebenslange Baustelle ist. Jede Begegnung, jede Berührung, löst neue Verschaltungen unter unserer Schädeldecke aus, die zu immer neuen Verbindungen, neuen Möglichkeiten, aber auch zu neuen Einbahnstraßen führen. Das ist ungefähr so, als wollten Sie ein unbekanntes Land bereisen, in dem sich das Straßennetz augenblicklich verändert. Selbst das beste Navigationssystem wäre da überfordert. In dieser Unsicherheit suchen Menschen Halt und Orientierung. Diese Orientierung im Sinne unseres Überlebens zu geben, ist die Schöpfungsabsicht der Spiegelneuronen. Auch wenn Sie sich nicht mehr an Ihre ersten Geh- oder Sprechversuche erinnern, so erinnern Sie sich vielleicht noch an Ihre ersten Schwimmzüge.

Wenn Sie zu den Menschen gehören, die einen Schwimmreifen hatten, dann denken Sie bestimmt daran, welche Sicherheit Sie durch diese einfache Hilfe erfuhren. So konnten Sie üben und Fehler machen. Sie gingen in diesem für Sie fremden Element Wasser nicht mehr unter.

Dann kam die große Herausforderung. Sie sollten lernen, ohne diese Schwimmhilfe im Wasser zu überleben. Jetzt ging es ums Leben, um die Freude an den neuen Möglichkeiten, die diese neue Freiheit bot. Lebenslügen sind wie Schwimmreifen aus einer längst vergangenen Zeit. Im siebten Himmel brauchten Sie diese Schwimmreifen noch, weil Sie noch nicht wirklich wussten, was Liebe ist. Jetzt, wenn Sie sich auf den Weg machen, den achten Himmel zu finden, brauchen Sie Flügel, die Sie zum achten Himmel tragen. Reifen sind da überflüssig. Trotzdem helfen Ihnen die Erfahrungen, die Sie im siebten Himmel machten. Eine davon ist, dass es möglich ist, Ihre Opferrolle zu erlösen.

### Exkurs: Wissen

*Von den Quantenphysikern wissen wir, dass wir jeden Augenblick von Milliarden Eindrücken überschwemmt werden. Es ist unsere Aufgabe im Sinne unseres Überlebens, aus dieser unendlichen Vielfalt sofort die Eindrücke auszuwählen, die uns im Sinne unseres inneren Auftrags weiterbringen. Einstellungen und andere Konditionierungen sollen uns dabei unterstützen. Sie wirken wie Filter, die unserem Gehirn helfen, zu selektieren und schnelle Entscheidungen zu treffen.*

Da Sie einmalig sind und es deshalb keinen zweiten Menschen gibt, der so ist wie Sie, treffen die Lebenserfahrungen anderer Menschen nur bedingt auf Sie zu. Weil die Welt mit all ihren Bedingungen und Voraussetzungen immer fortschreitet, sind auch die Lebenserfahrungen anderer Menschen, deren schicksalhafte Erlebnisse und die daraus folgenden Lebenseinstellungen nur bedingt auf Sie übertragbar.

Menschen, die Ihre Mutter damals missbrauchten, leben vielleicht nicht mehr. Menschen, die Ihren Vater betrogen, erzählen Ihnen vielleicht eine ganz andere Variante. Die Grenzen zwischen Täter, Opfer und Retter würden Sie rückblickend vielleicht ganz anders ziehen. Trotzdem bleibt die Variante Ihres emotionalen Vorbildes unbewusst, wie bei einer CD-ROM in Ihnen, vielleicht als Trauma, eingebrannt, als ob die Welt und die Sicht auf diese Welt, auf Erlebnisse und auf deren Folgen unumstößliche Wahrheit wären. Aber diese Sicherheit ist das, was Sie zu einer bestimmten Zeit Ihres Lebens überlebensnotwendig brauchen.

So bleiben in Ihnen Geschichten von Überforderung, von Missbrauch oder von Verrat gespeichert, obwohl sie vielleicht so nie stattfanden. Drum herum bastelt Ihr Gehirn an neuen Verschaltungen, an neuen Verknüpfungen, baut um diese scheinbaren Fakten herum neue Varianten. So wie bei einem Weltkulturerbe, das nicht verändert werden darf, um das herum sich aber die Welt andauernd verändert, ob Sie es gut finden oder nicht. Es ist ein billiger Trost zu wissen, dass es Millionen von Menschen auch nicht anders ergeht als Ihnen. Manchmal hilft es trotzdem, sich dies bewusst zu machen.

## Sehnsuchtsspiegel

Bei vielen meiner Klienten ist seit den ersten Kindertagen – verkapselt und isoliert wie in einem Museum – eine Standard-software von Hilflosigkeit und Ohnmacht, von Einsamkeit und Mangel installiert, als ob sie noch dieses Kind von damals wären. Obwohl sich um sie herum die Welt und die Programme ständig verändern. Die Idee, die sie damals als Kind hatten, war so einfach und gut, dass sie bis heute überlebten: Die Idee wurde ihnen von der Liebe geschenkt:

Ich brauche Vorbilder, um zu überleben, um mich in diesem Überangebot an Wahlmöglichkeiten orientieren zu können. Ich brauche also Sicherheit. Wenn diese Großen überleben, dann mache ich es wie die Großen. Ich übe, bis ich ein perfekter Imitator geworden bin. Dann werde ich überleben wie meine Vorbilder, diese großen Götter, die scheinbar schon ewig leben.

So wollten, so mussten Sie seit dieser frühen Kindheit denken und entscheiden, um zu überleben. Für diese großartige Leistung verdient das Kind, das Sie einst waren und das als Energie und Erinnerung noch in Ihnen lebt, höchste Würdigung. Denn als neugeborenes unbewusstes Kind hatten Sie noch keine Vorstellung von der Uhrzeit, von Jahreszahlen, von Familie, Rang- oder anderen Ordnungsprinzipien.

Die Spiegelneuronen machten es möglich, das wissen wir jetzt. Damals wussten wir alle noch nichts davon. Wir wussten auch noch nicht, dass dieses Programm in uns Menschen unbewusst abläuft.

# Verkettung oder Verbindung

Diese frühe Zeit ist zugleich für alle Lebewesen die Zeit ihrer ersten Erfahrungen mit Beziehungen. Gerade solche Erfahrungen brennen sich lebenslang in unsere innere Landschaft ein und bestimmen unbewusst unser weiteres Leben als Einstellungen, als Verhalten und als Lebensgefühl.

Unser Körper wird seit dieser Zeit zum Spiegelbild dieses Lebensgefühls. Vieles von dem, was wir als Schicksal bezeichnen, formt sich bis heute aus diesem Spiegelmaterial, verstärkt sich durch Wiederholen, klärt sich durch Vergleichen oder differenziert sich durch weiteres Nachahmen, auch das Verlieben und das Transformieren hin zur Liebe.

### Liebesübung

*Sicher kennen Sie einen Menschen, mit dem Sie die folgende, verblüffend einfache Übung machen können: Stellen Sie sich in einem geschützten Raum diesem Menschen gegenüber.*

*Bitten Sie den Menschen jetzt, sich so hinzustellen, wie es seiner gewohnten Haltung entspricht. Bitten Sie ihn nun, ab jetzt nichts mehr zu korrigieren und die Augen zu schließen. Nehmen Sie dann die Körperhaltung, Gestik, Mimik etc. ganz bewusst wahr. Sie können auch um den Menschen herum gehen, dürfen ihn nur nicht berühren.*

*Dann stellen Sie sich ihm wieder genau gegenüber und spiegeln ihn, d.h.: Sie ahmen sein Verhalten, seine Gestik etc. genau nach. So kommen Sie ganz schnell in das Lebensgefühl Ihres Gegenübers. Sie können natürlich auch gern im Anschluss mit ihm darüber sprechen.*

Wenn Sie diese Übung ganz bewusst durchleben, bekommen Sie eine Ahnung von der Leistung des Kindes, das Sie einmal waren, und von dem, was zwischenzeitlich alles geschehen sein muss. Vor allem aber werden Sie jetzt die Leistung des Kindes, das Sie einmal waren, viel tiefer und umfassender wertschätzen können.

## Ein neues Konfliktbewusstsein

Wir werden noch erfahren, wie wichtig diese Zeit des unbewussten Nachahmens für Ihre Liebe und für Ihr Überleben war. Aber alles hat eben seinen Preis. Auch das Überleben. Der Preis heißt häufig Abhängigkeit, manchmal auch Zwangssymbiose. Dies ist der Nährboden für eine weitere Lebenslüge, der wir uns ganz vorsichtig nähern werden. Denn wir wollen uns Ihre Lebenslüge weder zum Feind machen, noch wollen wir uns ihrer heimlich entledigen.

Lebenslügen wollen gewürdigt werden, bevor wir sie transformieren können. Es vergeht selten ein Coaching, bei dem es nicht auch um diese Würdigung geht. Dann erinnere ich auch meine Klienten immer wieder daran: Auch Lebenslügen waren einmal eine geniale Leistung im Dienste unseres Überlebens. Nur sind sie meist von gestern und deshalb hinderlich. Trotzdem bleiben Nachahmen, Lebenslügen und unsere Erfahrungen rund ums Verlieben immer ein Teil unserer Lebenserfahrung. Zum Schatz werden sie, wenn sie uns bewusst geworden sind.

Sehr oft sehe ich dann in meinen Klienten ein dankbares Kind hervorspitzen. Es ist das Kind, das sich klein und ohnmächtig fühlte und sich deshalb anpasste. Es ist sehr dankbar, dass es für diese erfolgreiche Überlebensstrategie Lob und nicht Tadel bekommt, selbst wenn daraus eine hinderliche Opferrolle wurde. Für das Kind war diese Überlebensstrategie ja richtig. Nur zu Ihnen, dem erwachsenen Menschen, passt sie nicht mehr.

Wenn Ihnen also ab jetzt Menschen in Lebenskrisen begegnen, suchen Sie in diesen Menschen auch einmal das Kind, das für eine Idee gewürdigt werden möchte, die jetzt vielleicht in eine Krise führte. Würdigen Sie gemeinsam das Kind, das dieser Mensch einmal war. Sie machen mit dieser Vorgehensweise diesen Menschen stark und selbstbewusst. Sie schaffen Situationen, in denen sich jeder Teil in diesem Menschen wie ein Gewinner vorkommt. Das schaffen Sie, indem Sie neben die alte, zur Lebenslüge gewordene Einstellung eine neue Einstellung stellen, die der jetzigen Klugheit und Lebenserfahrung entspricht.

Wenn diese geniale Transformation glückt, dann werden Lebenslügen zu einem Schlüssel für einen neuen Liebeshimmel. Wie das ganz einfach geht, zeige ich Ihnen im nächsten Kapitel.


## Bewusst Vertrauen lernen

Wenn Liebe ein Licht ist, dann ist Liebe das Licht, das Ihnen Ihre wirkliche Größe sichtbar macht. Wer um seine wirkliche Größe, seine Möglichkeiten, seine Grenzen und seine Wahlfreiheit weiß, der wird sich auch entsprechend verwirklichen wollen.

Das Klima, in dem dieses Wachsen möglich ist, heißt Vertrauen. Kein blindes Vertrauen, sondern ein waches Vertrauen. Je besser, also umfassender und wacher dieses Vertrauen ist, umso besser gedeiht die Pflanze, die Ihren Namen trägt. So entstehen Mut und Gelassenheit, der Dünger für diese Pflanze. Unter solchen Bedingungen ist dann Kreativität und Lebensfreude möglich. Die Energien, die das möglich machen, kommen aus einem Bewusstsein, das ich den achten Himmel nenne.

Ihr Ja zu Ihrem Wachsen ist also nicht nur ein Ja zu einem neuen Trauen, sondern auch ein Ja zu Ihrer Liebe, kein Widerspruch, sondern Bedingung. Wenn Ihnen dies bewusst geworden ist, stehen Sie nicht mit leeren Händen vor dem Tor zum achten Himmel. Sie haben bereits einen der acht Schlüssel in der Hand, die Sie brauchen, damit sich das Zaubertor endgültig für Sie öffnet, um einen Himmel voller neuer Möglichkeiten freizugeben. Dieses Tor ist wie eine dunkle Nacht, die endlich ins Morgengrauen übergehen will.

## DER ERSTE SCHLÜSSEL ZUM ACHTEN HIMMEL

... heißt Vertrauen. Sagen Sie ganz bewusst immer dann, wenn Sie in eine alte Lebenslüge fallen, zu sich: »Ich kann mir vertrauen.« In dem Maß, in dem Sie sich selbst vertrauen lernen, können Sie auch wieder anderen vertrauen lernen. So wächst auch das Vertrauen in das große Unbekannte, das Sie nach einer Veränderung Ihrer Lebenseinstellung erwartet. Vertrauen lernen ist wie eine Fitnesskur für Ihr Wachstum.

Wer vertrauen lernt, entscheidet sich für sein persönliches Wachsen und für die Liebe.

# KAPITEL 2

# Ein Himmel voller Möglichkeiten

*Wenn Sie bereit sind, alte Konflikte im Licht eines neuen Bewusstseins zu sehen, dann sind Sie auch bereit, einen großen Konflikt zu erlösen, der Ihnen auch heute noch das Leben unnötig schwermacht. In dem Maß, in dem Sie ihn erlösen, werden Sie wie ein starker Baum in neue Bewusstseinsräume wachsen und Blei wird zu Gold.*

## Erinnern ist befreien

Im Licht der Erinnerung verändert sich jede Wirklichkeit. Bevor ich mich entschloss, Coach zu werden, hatte ich unter anderem zwölf Jahre tiefenpsychologische Lehranalyse hinter mir. Es ging in dieser Arbeit primär darum, sich von Bildern der Vergangenheit zu befreien. Jede dieser vielen Stunden wurde zur Erfolgskontrolle aufgezeichnet und die Tonkassetten beschriftet. Zwölf Jahre sind eine lange Zeit. Das merkte ich nicht nur daran, dass mein Schrank von diesen Kassetten überquoll. Ich merkte es vor allem, als ich Jahre später die Entwicklung meiner Generalthemen nachvollziehen wollte.

Wie ginge es Ihnen, wenn Sie mit dem Abstand vieler Jahre hören würden, wie Sie damals über Ihre Konflikte redeten, um eine Lösung rangen und doch wieder in kindlichen Verhaltensmustern steckenblieben?

Wie ginge es Ihnen, wenn Sie rückwirkend erkennen müssten, wie nah Sie in dieser Zeit schon dem Tor in neue Bewusstseinsräume waren? Vielleicht würden Sie sich nachträglich wundern, warum Sie es trotzdem nicht fanden. Vielleicht fehlte Ihnen nur das richtige Schlüsselwort.

Darunter verstehe ich Worte, die zur rechten Zeit plötzlich eine neue Bedeutung bekommen und dadurch zu einem Tor der Erkenntnis werden können. Sie wissen ab sofort, was zu tun ist. Sie sehen alles in einem neuen Licht. Selbst Stagnationen erkennen Sie als eine Zeit der Reifung und tieferen Einsicht.

Ich stellte beim Hören meiner Kassetten vor allem fest, dass es DIE Erinnerung und die Wirklichkeit nicht gibt, dass Wirklichkeit das ist, was in diesem Moment der Erinnerung auf mich wirkt. Diese Wirkung beeinflusst mein Leben, mein Lieben und meine Beziehung für immer bis in den Körper hinein. So geht es nicht nur mir, so geht es Ihnen, so geht es Ihrem Partner, Ihren Feinden, Freunden und den vielen fremden Menschen, die Ihnen täglich begegnen. So ging es natürlich auch Ihren Eltern und Susi, deren Geschichte ich Ihnen gerne erzählen möchte.

## Wenn die Sehnsucht zu neuem Leben erwacht

Ein Workshopabend. Es ging um die in Mythen und Märchen eingewobene Weisheit unserer Ahnen. Ich wählte zum Einstieg die Geschichte Amor und Psyche. Da solche Mythen sehr stark symbolisch aufgeladen sind und Symbole sich dadurch auszeichnen, komplex zu sein, wählte ich den Aspekt von Verrat und Erlösung. Ich bat, genau die Stelle aus dem Mythos zu zeichnen, die jeden Teilnehmer am meisten berührte. Susi wählte die Stelle, in der Psyche – aus Neugier – verbotenerweise eine Büchse öffnete, in der sich statt Schönheit ein tödlicher Schlaf befand.

»Das ist genau mein Leben. Ja, ich habe die Dose mit dem tödlichen Schlaf geöffnet«, begann sie damals. »Mein ganzes Leben kommt mir wie ein tödlicher Schlaf vor. Da ist kein Platz für schöne Träume.« Trauer und Enttäuschung hatten tiefe Spuren in Susis Gesicht gegraben. Ihre Haare waren streng nach hinten gekämmt und zu einem schmalen Zopf geflochten. Das dunkle Kleid ging bis zu den Knöcheln und erinnerte mich an die Kleider meiner Großmutter. Von Susis Lebensbaum schienen viele Wurzeln und Äste abgestorben zu sein. Sie sah wie eine alte Frau aus, obwohl sie erst vierzig war.

Susi erzählte uns, dass sie auch eines dieser braven Kinder war, von denen Eltern gerne schwärmen. So auch Susis Mutter, wenn sie nach deren Kindheit gefragt wurde.

»Susi war nicht nur in der Schule brav, sondern auch in der Ehe«, fügte die Mutter dann oft noch hinzu und fuhr meist fort: »Dafür wurde sie vom Schicksal auch belohnt. Sie bekam einen braven Mann und viel Kraft, damit sie die viele Arbeit schaffen konnte. Arbeit gab es damals ja wirklich genug.« Oft sind Erinnerungen die Erfindungen einer verletzten Seele, damit wir das Schicksal besser annehmen können.

Susis Mann war ein sehr fürsorglicher Mann. Er sorgte dafür, dass die Arbeit nicht ausging. Er sorgte dafür, dass immer genug zu essen und zu trinken da war. Er wusste genau, wann Susi müde war. Er wusste, wann Susi wieder einmal Urlaub brauchte und was ihr dann am besten bekam. Er wusste, dass es jetzt für Kinder zu früh ist und natürlich auch, wann sie Sex brauchte und wie sie ihn brauchte. Susis zweites Gedächtnis war ihr Mann. Er wusste sogar, was er ihr schon hundertmal gesagt hatte und was sie sich jetzt endlich mal merken sollte. Susi tat so, als bräuchte sie diese, als Fürsorge getarnte Bevormundung, damit sie überhaupt im Leben zurechtkam. Sie war von ihrem Mann genauso abhängig wie ein Kind von seinem Vater in einem feindlichen Land. Das war schon seit der Zeit so, als sie sich noch im siebten Himmel wähnten.

Susis Mutter sah darin kein Problem. Den modernen Frauen hat die Emanzipation doch nur Nachteile gebracht. Sie erinnerte sich an so manche Beispiele aus ihrem langen Leben, bei denen die Ehe genau an dieser Emanzipation oder dem, was man darunter verstand, zerbrach. Susi blieb auch nichts anderes übrig, als sich daran zu gewöhnen, weil sie weiter ein braves Kind sein wollte.

Es gab viele Gründe, weiter folgsam zu sein. Aber mindestens ebenso viele Gründe gab es, nicht mehr länger nur brav zu sein. Aber das wäre etwas ganz Neues für Susi gewesen. Zu viel des Neuen machte Susi aber mehr Angst als Freude.

## Fürsorge ist keine Liebe

Ich erlebe in meinen Beratungen immer wieder Frauen, die sich so an die vermeintliche Fürsorge ihrer Männer gewöhnen, dass sie irgendwann nicht mehr wissen, was sie wirklich brauchen. Das ist zeitweise durchaus bequem und hat manchmal etwas Praktisches an sich. Man hat keine Schuld, wenn etwas schiefgeht.

Dann kam das Unvorhersehbare: Ihr Mann erfuhr, dass er unheilbar krank war, und das gerade in der Zeit, als er sich seinen Lebenstraum erfüllt hatte, ein Hotel am Meer. Zwar waren beide durch diesen Kauf bis an die Halskrause verschuldet, aber sollte man gerade jetzt aufgeben? Bis jetzt wurde doch alles geschafft. So in etwa waren die einzigen Kommentare von Susis Mann.

Susi wusste, was auf sie zukam und dass der schwerste Kampf ihres Lebens begonnen hatte. Sie pflegte ihren Mann, sie tröstete seine Seele. Sie hörte sich die Geschichten der Gäste an. Sie managte das Hotel. Sie kämpfte mit der Bank. Alles so, wie es sich für eine liebende Frau in solch einer Situation gehört.

Mit dem Mut der Verzweiflung schaffen Menschen das Unmögliche, vor allem wenn sie Susi heißen und es mit dem Mann so schnell bergab geht, dass er zu nichts mehr fähig ist, außer zu heulen, zu schreien, zu leiden und sich zu betrinken.

Irgendwann starb der Mann. Sie durfte ihm in den langen Jahren gemeinsamen Lebens zwar vieles abnehmen, aber den letzten Gang nicht. Das verlangt die Liebe nicht von uns. Es folgte eine Zeit, in der Susi noch einmal ganz brav und tapfer sein musste. Eine Zeit, in der ihr alles genommen wurde, was sie gemeinsam mit ihrem Mann in langen Jahren aufgebaut hatte.

Mit dem finanziellen Zusammenbruch kam auch der seelische Zusammenbruch. Es gab keinen Unterschied mehr zwischen Tag und Nacht. Den gab es zwar früher auch nicht, aber diesmal betraf es die Seele. Susi war der traurigste und einsamste

Mensch auf der Welt und wollte es auch noch bleiben. Der Gang zum Grab blieb für eine lange Zeit der einzige Kontakt mit der Außenwelt. Die Erinnerung an die gemeinsamen Tage verklärten den Verstorbenen mit jedem Tag mehr, so dass sich jeder Mann, der in Susis Nähe kam, mit einem Phantom messen musste, was selbstverständlich das Verlieben unmöglich machte.

### Liebesübung

*Schreiben Sie wie Susi Ihre eigene Lebensgeschichte, offen und ehrlich, wie Sie sich eine Beichte vorstellen, auf. Schreiben Sie all das auf, was in Ihnen hochkommt, spontan und unkontrolliert. Schreiben Sie, solange es aus Ihnen heraus schreiben will. Lassen Sie sich viel Zeit. Wenn Ihnen dazwischen mal nichts einfällt, schreiben Sie, dass Ihnen jetzt nichts einfällt, danach geht es vielleicht wieder weiter. Hören Sie erst mit dem Schreiben auf, wenn Sie innerlich überzeugt sind, dass jetzt der richtige Zeitpunkt ist, aufzuhören.*

*Machen Sie eine kurze Pause. Erst danach lesen Sie sich, vielleicht bei einer brennenden Kerze, Ihre eigene Lebensbeichte vor. Schließen Sie dann mit dem Satz: Ich nehme Dich, mein Leben, so an, wie Du bist. Verneigen Sie sich mit einem »Danke!«*

Ihr Leben mit allen Verlusten und Trennungen anzunehmen, ist der Beginn eines Liebesakts. Wie bei jedem aufrichtigen Liebesakt sollte alles, also auch dieses Annehmen Ihres eigenen Lebens, bedingungslos sein. In dem Maß, in dem es Ihnen glückt, bei diesem Annehmen auf Wertungen oder Bedingungen zu verzichten, wird Ihnen dieser Prozess des Annehmens glücken. Bewusst lieben können ist also ein Prozess, an dessen Beginn dieses bewusste Annehmen des eigenen Lebens steht. Und das galt natürlich auch für Susi.

## Die Reise zum tanzenden Glück

»Was soll ich jetzt tun? Ich bin alt und hässlich geworden. Wer liebt denn schon eine derart vom Leben gezeichnete, alte Frau?«, fragte Susi, nachdem sie mit dem Erzählen ihrer Leidensgeschichte am Ende war, ratlos in die Workshop-Runde hinein. Der Mythos von Amor und Psyche gab ihr eine Antwort, die sie nicht erwartet hatte. Es ging nur noch darum, diese Antwort in ihre Sprache zu übersetzen. Wer keine Mühen und Anstrengungen scheut, nur um der Liebe willen, den belohnen die Götter. Zeus selbst bringt ihn ins Leben zurück. Psyche kam mit den Erfahrungen aus dem Schattenreich zurück, dass äußere Schönheit nur ein kleiner Teil der großen Schönheit ist, den wir Ausstrahlung nennen. Ausstrahlung ist das, was wir ausstrahlen, wenn wir durch große Prüfungen heldenhaft gingen. Aber noch wollte Susi keine Schönheit, sondern nur Unzufriedenheit ausstrahlen. Susi war in diesem Workshop noch nicht bereit für Zeus und sein Geschenk.
Der Zufall wollte es, dass bei einem Folgeworkshop, bei dem es um das Märchen von Aschenputtel ging, eine ältere Dame neben Susi saß. Die beiden verstanden sich von Anfang an schon sehr gut. Im Märchen von Aschenputtel geht es darum, nicht nur sein Leben, sondern auch die verschiedenen Energien und Teile seiner eigenen Weiblichkeit anzunehmen, um sich endlich in seiner ganzen Schönheit zu erleben. In der Sprache der Märchen heißt dies, endlich Hochzeit zu feiern.

Susi wehrte sich sehr dagegen, sich und ihr bereits gelebtes Leben anzunehmen, wie es war. »Was soll ich mit einem Leben machen, das so schiefgelaufen ist?« Sie schrie in die Runde. »Genau dieses Leben annehmen!« Das antwortete spontan die ältere Dame, von deren Leben ich nur einen kleinen Ausschnitt kannte.

Susi erschrak, als ob man ihr soeben eine ähnliche Diagnose wie damals ihrem Mann verkündet hätte. Ich wusste von Susi, dass dieser Satz bei ihr schmerzhafte Erinnerungen hochspülte. Auch ihrem sterbenden Mann sagte damals der Pfarrer, er solle versuchen, diese Krankheit anzunehmen. Da richtete der sich mit letzter Kraft auf, warf sein Kopfkissen auf den Seelsorger und schrie ihn an, dass er verschwinden solle. Wo sich so viel Schmerz in den Erinnerungen versteckt, da bleibt es dunkel. Aber es gab noch einen entscheidenden Grund, warum Susi ihr Leben nicht einfach so annehmen konnte und stattdessen stumm und sprachlos blieb.

Denn wenn auch die Aussage der älteren Dame im Kern richtig war, so hatte die Frau doch etwas Entscheidendes übersehen. Das eigene Leben jeden Augenblick annehmen zu können, hat auch etwas mit Gnade zu tun. Sie können Gnade nicht einfordern. Sie können sich aber für Gnade öffnen. Dies ist die eigentliche Kunst in der Liebe. Bereit zu werden und bereit zu sein, wie ein Künstler, der sich dem öffnet, was werden will. Annehmen können ist also Teil der Liebeskunst. Reif für die echte, wirkliche Liebe sein heißt also, sein Schicksal annehmen können.

Was dem einen – noch – unmöglich ist, ist dem anderen schon geglückt. Die selbstbewusste ältere Dame, so hörten wir von ihr, nutzte die größte Krise ihres Lebens, um noch einmal Neues zu wagen. »Für den Stillstand war ich noch viel zu jung«, begann sie. Stillstand war für sie Sterben und Sterben führt bekanntlich in den Tod. Auch für den Tod fühlte sie sich noch zu jung. Als ihr dies bewusst geworden war, spürte sie plötzlich, deutlich wie nie zuvor, dass sie die Wahl hatte: Stehen zu bleiben oder weiterzugehen.

»Was hätte es für Sie bedeutet, wenn Sie in Ihrem Leid stehen geblieben wären?«, fragte ich sie. Die Antwort kam unausgesprochen aus der Seelentiefe: Trauern, Grübeln, Resignieren, Schuldige suchen, sich selbst beschuldigen, sich wieder klein und hilflos fühlen. So ein Lebensgefühl führt in die Abhängigkeit von scheinbar Größeren, Stärkeren, Schlaueren, Besseren. Dieses Spiel kannte sie schon. Es hätte sie nur noch tiefer in ihre Krise geführt. Sie wäre wieder in eine altbekannte Opferrolle hineingeraten. Das wollte sie nicht schon wieder. Die alte Dame stockte plötzlich beim Erzählen.

Dann erinnerte sie sich an eine Fabel aus ihrer Kindheit, die für sie zu einer heilsamen Geschichte wurde: Es war die Fabel von Münchhausen, der sich am eigenen Schopf aus dem Sumpf zog. Münchhausens Idee gefiel der älteren Dame. Sie fragte sich, was das konkret für sie bedeute. Sie brauchte gar nicht lange zu überlegen, dann war die Antwort da: »Ich sollte mir erst mal zugestehen, dass ich in einer Krise bin.« Ihr kam die Idee, sich vor den Spiegel zu stellen und zu sich zu sagen: »Ja, ich bin jetzt in einer Situation, in der ich mich besonders um mich kümmern muss. Ich habe lebenslange Erfahrungen mit Krisen. Ich bin also ein Krisenprofi. Auch Profis nehmen erst mal die Dinge an, wie sie sind. Vorurteilsfrei, nüchtern, sachlich.« Sie erinnerte sich an ihre letzte Autopanne. Durch einen Fahrfehler kam sie damals von der Straße ab. Ihr Auto wurde beschädigt. Sie musste zur Werkstatt.

Sie musste für ihren Fehler einen hohen Preis bezahlen, aber die Freude am Fahren nahm ihr dieser Fehler nicht. Sie traute sich sogar, ihren Freundinnen die Wahrheit zu erzählen. Bald fuhr sie in eine neue Freiheit, und die Freude fuhr mit.

All das erzählte sie uns voller Stolz und doch schwang noch ein Zweifel mit. Dieser Zweifel stammte noch aus einer längst vergangenen Zeit und wartete noch auf Erlösung. Aber auch das leise Licht der Hoffnung konnte ich erkennen. Hatte diese Hoffnung etwas mit Münchhausen zu tun?

### Exkurs: Wissen

*In unserem Mittelhirn sitzt der Kern unserer Belohnungssysteme. Hier laufen die Informationen über attraktive Ziele zusammen, für die sich ein Einsatz lohnen könnte. Auch ein Verlust solcher Ziele wird hier gemeldet. Dabei spielen Motivationsbotenstoffe eine wichtige Rolle.*

## Ein kleiner Schritt

Hoffnung ist ein wichtiger Motivator. Hoffnung führt uns zu unserer Sehnsucht. Vielleicht besuchte die ältere Dame deshalb einige Wochen nach dem Workshop einen meiner Vorträge, bei dem es über »die Vision der Liebe« ging. Ich referierte über den Prozess der Visionsfindung im Spannungsbogen zwischen Autonomie und Verschmelzung, zwischen Regression und Fortschritt. In diesem Zusammenhang beantwortete ich eine Frage und erklärte, dass es um die kleinen Schritte ginge, die uns auf dem Weg zum achten Himmel wirklich weiterbringen. »Welcher nächste kleine Schritt will jetzt bei

Ihnen getan werden?«, fragte ich mehr rhetorisch das Publikum.

Die Frage riss die ältere Dame aus ihrer damaligen Stagnation heraus und mitten in das Leben hinein. Sie wurde ganz wach. Als es im weiteren Verlauf meines Vortrags um den nächsten Schritt auf dem Weg zur ganz eigenen Liebe ging, wusste sie, dass es bei ihr aktuell darum ging, sich etwas zu trauen, was sie sich noch nie vorher getraut hatte. Vor allen Leuten wollte sie aufstehen. Wollte sich zeigen: Seht, das bin ich! So hat mich mein Leben geformt. Diese Falten, diese Ängste, diese Wunden, all diese Erinnerungen gehören dazu. So stehe ich vor euch. Mein Herz schlägt so heftig, dass ich Angst habe, vor euch ohnmächtig zu werden. Aber ich halte aus. Ich versuche es wenigstens. Denn das ist mein erster Schritt! Hinein in mein neues Leben, in eine Liebe zum Leben!

Die unausgesprochenen Gedankenfetzen flogen noch durch ihren Kopf, wie Sternschnuppen durch das All, als sie sich vom Stuhl erhob, sich zeigte und das sagte, was von ihr gesagt werden wollte.

Dann wartete sie auf die Buhrufe, wartete darauf, dass irgendetwas Schlimmes geschehen würde. Nichts von all dem Befürchteten geschah. Stille war da. Stille und Frieden in ihrem Herzen, einfach nur Stille und eine Freude, die sie schon lange nicht mehr kannte, dann ein Applaus, ein langer stehender Applaus. Aber der war ihr nicht wichtig.

»Wenn ich mich hinter einer Maske verstecke, sieht der andere nur die Maske. Wenn ich mich einnebele, sieht mein Gegenüber nur Nebel. Aber jetzt ist kein Nebel mehr da. So wie ihr mich jetzt seht, so bin ich jetzt.« Davon ist die ältere Dame seit diesem Abend überzeugt.

Wenn auch Sie sich trauen, zu sich zu stehen, sich so anzunehmen, wie Sie sich gerade fühlen, wenn Sie dieses Wesen, das da gerade zu sich steht, auch achten und sich von den Nebelkerzen trennen, die Sie unsichtbar werden ließen, dann fällt es Ihnen leicht, auch den übernächsten kleinen Schritt zu tun: Sich zu zeigen.

Seit sich die ältere Dame zu zeigen traute, ist sie zur Expertin für sich selbst geworden. So nennt sie sich jetzt immer wieder stolz, wenn ihr jemand etwas einreden will.

## Expertin für sich selbst

Auch Sie sind auf dem besten Weg, eine Expertin oder ein Experte für sich selbst zu werden. Zur Unterstützung habe ich eine Übung für Sie:

### Liebesübung

*Schreiben Sie alle Ihre Talente auf ein großes Stück Papier. Dazu gehören auch Talente, die Ihnen vermeintlich nicht zur Ehre gereichten. Dann beginnt der zweite Teil dieser Übung. Überlegen Sie sich nach und nach, wie es Ihnen glücken könnte, aus dieser Fülle an Talenten für sich und Ihre Sehnsucht nach Liebe etwas Gutes zu machen. Wenn Ihnen dies gelungen ist, können Sie sich noch überlegen, wie Sie aus den vermeintlichen Schwächen im Sinne Ihrer Liebe Stärken machen. Wenn Sie zum Beispiel neidisch sind, könnte der Neid Ihnen zeigen, wohin Ihre Sehnsucht geht. Wenn Sie das wissen, könnten Sie sich überlegen, wie Sie sich diese Sehnsucht erfüllen könnten.*

*Schreiben Sie all das auf den großen Zettel, so dass dieser Zettel ein Liebesbrief wird, den Sie sich selbst geschrieben haben.*

Niemand sollte Sie besser kennen als Sie selbst. Niemand sollte besser wissen, was Sie brauchen, was Sie fördert, was Sie nährt und wie Sie aus Ihren Talenten, aus Ihren Anlagen und Fähigkeiten das Beste machen können, als Sie selbst.

Vielleicht begegnen Ihnen von Zeit zu Zeit Menschen, die Ihnen sagen, dass es auf dem Weg zum bewussten Lieben darum geht, Ihre großen Konflikte liebevoll anzunehmen. Konflikte, die aus Ihrem Bestreben entstehen, sich von anderen unterscheiden zu wollen und zugleich mit anderen zu verschmelzen. Oder eben den Konflikt, der aus Ihrem wechselnden Drang nach Fortschritt und nach Regression entsteht und oft in einer Stagnation endet. Aber diese Konflikte betreffen alle Menschen. Selbst die Stagnation hat ihren großen Sinn, da sie oft eine Zeit der Nachreifung ist.

Vielleicht sagen Ihnen diese Menschen, dass Sie zu lange in einem dieser Konflikte verharren. Auch dies muss noch kein Beweis sein, dass jemand Sie so gut kennt, dass Sie ihm, blind vertrauend, die Verantwortung für Ihr Leben übergeben sollten.

Denn neben diesen großen Konflikten ist in Ihnen auch eine schöpferische Kraft angelegt, die diese Konflikte transformieren kann, so dass Sie gerade dadurch wie ein starker Baum in den achten Himmel wachsen können. Diese Kraft heißt Liebe.

Sie fließt in dem Maß, in dem Sie wieder vertrauen lernen. Dazu gehört, dass Sie sich annehmen, so wie Sie sich erleben. Darum werde ich auch in diesem Kapitel immer wieder Hilfen anbieten, die Ihr Vertrauen stärken können, so dass es Ihnen besser gelingt, sich bedingungslos anzunehmen, um weiter selbstverantwortlich in den Himmel zu wachsen.

Es ist aber ziemlich sicher, dass Sie nicht weiterwachsen, wenn Sie einem anderen mehr trauen als sich selbst und so werden wollen, wie er es will. Was für eine bestimmte Zeit unseres Lebens wichtig war und vielleicht sogar kurzfristig wieder sein kann, darf nicht zum Lebenskonzept werden.

Wer sich in einem Land nicht auskennt, verläuft sich. Wenn er sich nicht verlaufen will, braucht er entweder eine Landkarte oder einen kundigen Begleiter. Entscheidet er sich für den Begleiter, dann ist er von diesem Begleiter abhängig. Wenn dieser Begleiter nur vorgibt, sich in dem Land auszukennen, ist das Problem greifbar.

### Liebesübung

*Erinnern Sie sich kurz an eine Situation, in der Sie sich entscheiden mussten. Wie lief dieser Entscheidungsprozess ab? Wen haben Sie einbezogen, wen um Rat gebeten? Wie autonom haben Sie entschieden? Wie lange waren Sie unentschieden? Wer hat dann entschieden? Waren es Sie oder war es jemand, der für Sie entschieden hat? Wie haben Sie sich nach Ihrer Entscheidung gefühlt?*
*Sie brauchen nichts aufzuschreiben, nur in diese Zeit hineinfühlen.*

Gerade in meinen Workshops erlebe ich immer wieder Frauen, die jahrelang einem Menschen die Führung über sich selbst überlassen hatten, der nichts über sie wusste und sich auch nie die Mühe machte, seine Partnerin als die anzunehmen, die sie war. Ich sage bewusst annehmen und meine nicht kennen und unterscheide ein Kennen bewusst von Vorurteilen. »Du bist wie deine Mutter!« oder »Du bist wie dein Vater!« sind solche Vorurteile. Bestenfalls ist es eine unzulässige Vereinfachung. Kein Land ist wie das andere und kein Mensch ist wie der andere und jedes Land verändert sich. Wer also Experte für das Land sein will, das Ihren Namen trägt, bei dem sollten Sie aus gutem Grund im Namen Ihrer Liebe sehr wachsam sein. Hierzu kann ich Ihnen später noch eine interessante Neuigkeit aus der Wissenschaft mitteilen.

Ich werde Ihnen auch zeigen, wie lieblos und schädlich es für Ihre Liebe ist, wenn Sie sich vergleichen lassen. Wer Sie dazu bringt, sich an nicht nachprüfbaren, eigenartigen Vorbildern messen zu lassen, ist Ihrer Liebe nicht wert. Es erstaunt mich immer wieder, wie Menschen, deren Schatztruhe prall gefüllt mit Lebenserfahrungen und Talenten ist, auf alte Glaubenssätze und Lebenslügen hereinfallen und sich als wertlos oder minderwertig bezeichnen.

Wenn Sie auch zu diesen Menschen gehören, die dazu neigen, ihren eigenen Schatz als Blei und Abfall zu bezeichnen, dann könnten Sie durch das Beispiel der älteren Dame ermutigt werden, sich nicht mehr zu verstellen und Ihren Schatz zu zeigen.

## Der erste Schritt zur Liebe führt über Sie selbst. Aber wohin führt der zweite?

Ab und zu sehe ich die ältere Dame. Sie liebt wieder das Leben, sie liebt sich und sie liebt die Menschen. Was sie den anderen Workshopteilnehmern damals als ihre Lebenserfahrung vermitteln wollte, deckte sich im Wesentlichen mit dem, was auch immer wieder Inhalt meiner Workshops ist: »Die meisten Menschen sind Hungerkünstler, wenn es um die Liebe geht. Sie verwalten ihren Mangel wie ein Gärtner, der nur noch wenig Wasser für seinen Garten hat. Die Pflanzen vertrocknen zwar nicht, aber sie wachsen auch nicht vom Fleck.«

Als Gärtnersohn ist mir dieses Beispiel wohlbekannt. Wenn Pflanzen wachsen sollen, dann brauchen sie Licht und Wasser. Wenn Menschen wachsen wollen, dann brauchen sie die Liebe. Der kürzeste Weg zur Liebe geht über uns selbst. Auch das beste Licht und regelmäßiges Gießen machen jedoch aus einem Gemüsegarten keine Obstbaumwiese. Ein Gärtner kann Ihnen in einer stockdunklen Nacht vielleicht erzählen, dass Sie auf einer Obstbaumwiese stehen, aber spätestens dann, wenn es dämmert, erkennen Sie, dass Sie sich vor einem Gemüsegarten befinden.

Wenn Sie Expertin oder Experte für sich selbst werden wollen, dann wird es auch Ihnen bald dämmern. Sie werden in Ihrem »Garten der Liebe« stehen und sagen: »Aha, das bin ich. Oh, und das bin ich ja auch.« Je nach Jahres- und Tageszeit wird der Garten, der Sie selbst sind, immer anders aussehen, alles von einer magischen Kraft durchdrungen. Diese magische Kraft nennen wir Liebe. Voraussetzung aber ist, dass Sie sich zur rechten Zeit auch zu zeigen trauen, statt ein Samen in Ihrem Garten der Liebe zu sein, der unter der Erde bleibt. So ein Samen wird nie erleben, wie schön seine Blüte ist.

# Die Augenbinde

Das Beispiel vom »Garten der Liebe« erzählte ich Susi in einer Zeit, als sie sich bei einem dieser Internetportale angemeldet hatte, bei denen man anonym bleiben konnte, wenn man auf Partnersuche war. Susi genoss es anfangs, die Bedingungen für ein Date zu diktieren und machte daraus immer mehr ein Spiel mit der Macht. Sie wollte keine Gespräche, keine Komplimente und erst recht keine Fragen. Sie bestimmte den Ort des Treffs, meist waren es anonyme Stadthotels. Bei so vielen Bedingungen waren die Männer selten überrascht, dass sie schon an der Tür Augenbinden bekamen, um Susi beim Sex nicht zu sehen. Das ging so lange gut, bis Susi feststellte, dass sie dadurch noch einsamer wurde, als sie sowieso schon war. Weil sie so viel Einsamkeit nicht mehr aushalten wollte, suchte sie nach Auswegen und wollte mit mir sprechen. »Ich will nie mehr Opfer von Männern sein«, begann sie ihre neue Lebensbeichte und schimpfte nur noch über ihre Vergangenheit. »Ich will mich nie mehr so ausbeuten lassen. Ich werde mich jetzt nur noch selbst verwirklichen. Ich werde jetzt mein eigenes Leben leben und mir nicht mehr alles gefallen lassen. Ich entscheide jetzt, was ich will!« Trotzig klang diese Absichtserklärung und hart. Ich konnte in Susis Augen all die schlimmen Filme ihrer Vergangenheit ablaufen sehen. Keine Versöhnung. Keine Vorfreude. Keine Sehnsucht. Alles sah danach aus, dass Susi auf ihrem Weg zur neuen Liebesfähigkeit ein paar Warteschleifen einlegte. Aber ich war auch überzeugt, dass die Sehnsucht bei Susi stärker war als die Angst vor einer neuen echten Beziehung.

# Der zweite Schritt zur Liebe
## führt in die Erinnerung

Die Sehnsucht ist der Atem der Liebe. Wo die Sehnsucht ist, ist die Liebe nicht weit. Wo keine Sehnsucht ist, atmet die Liebe nicht.

Nachdem mir Susi teilweise laut und aufgewühlt von ihren Vorstellungen und Absichten erzählt hatte, fragte ich sie, ob sie ihrer neuen Lebensbeichte nicht doch noch etwas Entscheidendes hinzufügen wolle. Susi stutzte und fragte nach, wie ich das meinte. »Gab es Zeiten des Glücks, der Freude, der Dankbarkeit, Zeiten, in denen dir und deiner Liebe Gutes geschah?«, wollte ich wissen. Susi zögerte eine Weile. Ich konnte davon ausgehen, dass ihr Gehirn nach Verschaltungen suchte, die schon fast vergessen schienen.

### Exkurs Hirnforschung

*Hirnforscher entdeckten ein Zentrum in unserem Gehirn, das wir aus gutem Grund als unser Glückszentrum bezeichnen können. Es sorgt dafür, dass alles Erlebte mit einer rosaroten Brille gesehen werden kann.*
*Dieses Zentrum wird in der Fachsprache Mandelkern genannt.*

Oft tun wir uns schwer, in Krisenzeiten das Gute und das Glück, das uns in Beziehungen begegnete, in unsere Lebensbeichte mit hinein zu nehmen. Lieber bleiben wir bei den Erinnerungen in unserem Unglück hängen.

Es könnte ja sein, dass wir sonst nicht mehr so klein und unschuldig wären. Es könnte vielleicht sogar sein, dass wir dann etwas mehr Verantwortung für das hätten, was wir da so erzählen.

Dann würden wir unsere Opferrolle verlassen müssen, die wir so gut spielen lernten. »Hast du Angst vor deiner eigenen wahren Größe?«, fragte ich Susi vorsichtig.

Diese Frage löste bei ihr ein Feuerwerk von Reaktionen aus, die von Trotz über Wut, Zorn, Trauer bis in eine neue Freude gingen. Susi bat mich nach einer langen Stille unvermittelt, ihre Lebensbeichte noch einmal schreiben zu dürfen. Sie schien vor einer sanften Morgendämmerung in ihrem Garten der Liebe zu stehen. Aber noch lagen lange Schatten der Vergangenheit über ihr.

Als Susi nach mehreren Wochen wieder einen meiner Workshops besuchte, war zufällig die ältere Dame auch wieder dabei. Es kam zu einem Eklat, bei dem Susi die Dame beschimpfte und ihr vorwarf, dass sie so wie ihre Mutter sei. Dann war Stille. Weil Stille auch heilsam sein kann, beließ ich es bei der Stille. So wurde daraus eine ungeplante Meditation, die tiefer und tiefer ging.

## Heilsame Tränen

In der Pause geschah etwas, das mich tief berührte und mit mir viele, die Zeuge wurden. Die ältere Dame nahm zärtlich Susis Hand, streichelte ehrfürchtig Susis schmale, abgearbeitete Finger, als ob sie etwas Heiliges berührte. Dann tastete sie sich langsam staunend zu den Wangen und flüsterte Susi ins Ohr: »Ich kann die neue Schönheit schon in deinen Augen aufsteigen sehen wie einen zarten Frühlingsmorgen.« Da begann Susi das erste Mal seit Jahren wieder einmal vor Freude zu weinen. Bilder aus der verlorenen Kindheit tauchten auf wie Delfine aus der Wassertiefe. Sie tanzten vor ihr, machten den dunklen, bedrohlichen Ozean zu einem Spielplatz der Sehnsucht nach Lebensfreude, für einen Augenblick zwar nur, aber dieser Augenblick der Erinnerung an schöne Kindertage voller Leichtigkeit und Lachen gehörten auch zu ihrem Leben. Nicht nur der Schmerz, nicht nur der Verlust, nicht nur die Sorgen und all das Leid.

Wir können nicht die Vergangenheit ändern, wohl aber unsere Einstellung zur Vergangenheit. Eine neue Einstellung kann alte Lebenslügen erlösen und dem Garten der Liebe all das in großer Fülle geben, wonach er sich lang schon sehnte. So kann die Erinnerung zu einer Heilkraft werden.

### Liebesübung

*Gehen Sie auf eine Fantasiereise. Wenn Sie sich an den Garten Ihrer ersten großen Liebe erinnern, was fällt Ihnen dazu ein? Wo war dieser Ort? Was ist seither geschehen? Was hat Ihnen besonders gut in Ihrem Garten der Liebe gefallen? Welche Bilder tauchen aus dem Herzensgrund auf? Wie ging es zu Ende? Fällt Ihnen die Erinnerung schwer oder kommt alles ganz leicht nach oben?*
*Schreiben Sie auf, was Ihnen alles dazu einfällt.*

Das Geheimnis unserer Erinnerung liegt im Motiv und das wird durch unsere Lebenslügen geprägt. Sie können Ihre Lebensbeichte immer wieder so erzählen, dass Sie als das arme Opfer erscheinen. Sie können die Lebensbeichte so umgestalten, dass Sie immer der böse Mensch sind. Sie können die gleiche Lebensbeichte auch so erfinden, dass Sie als ein Retter gesehen werden. Sie können aus Ihrer Lebensbeichte auch ein Versteckspiel machen, das nur eine Absicht hat, sich nicht zu erkennen zu geben. Sie können sich auch mit einer bestimmten Absicht zeigen. Sie können sogar ausprobieren, was welches der Spiele mit Ihnen macht. Dann, ganz zum Schluss können Sie einmal versuchen, mit diesen Spielen aufzuhören und sich als dieses spielende Wesen anzunehmen. Sich immer wieder neu annehmen zu lernen, ist eine Vertrauensübung mit ungewissem Ausgang.

Wohin es jedoch führt, wenn Sie nicht zu sich und Ihren Grenzen stehen, das macht Ihnen ein Märchen vor, bei dem es darum geht, durch Erfahrungen zu reifen.

### Liebesmärchen

*Ein armes Müllermädchen sollte etwas Besseres werden. Das hatte sich der Vater so vorgestellt. Er hatte keine Lust mehr, so arm zu sein und die Tochter musste ihm dabei helfen. Deshalb ließ er den König wissen, welch wunderbare Begabung seine Tochter hätte. Diese Begabung hatte nichts mit Liebe, wohl aber viel mit Reichtum und Macht zu tun. Dass es dabei für die arme Müllerstochter um Leben und Tod ging, war dem Vater egal. So hatte die arme Tochter plötzlich ein Problem: Sie musste entweder den hohen Erwartungen gerecht werden und Stroh zu Gold spinnen oder sie musste sterben. Eine schier unlösbare Aufgabe für einen normal Sterblichen. Nicht aber für ein Zaubermännchen. Das half der armen Müllerstochter, die profanen Erwartungen zu erfüllen und dadurch Königin zu werden. Als Gegenleistung wollte dieses Männchen aber das erstgeborene Königskind. Das Männchen ließ sich nach lan-*

*gem Flehen auf einen Handel ein: Sollte die Königin den wah-*
*ren Namen des Männchens in Erfahrung bringen, würde es*
*auf die Gegenleistung verzichten. Nur durch Zufall und Glück*
*gelang es der ehemaligen Müllerstochter, die nun Königin war,*
*den geheimen Namen in Erfahrung zu bringen. Als sie sodann*
*Rumpelstilzchen beim Namen rief, war dieses außer sich vor*
*Zorn, dass es sich selbst umbrachte.*

Kennen Sie in Ihrem Leben auch Menschen, die mit falschen
oder übertriebenen Forderungen eine Ehe oder Beziehung
eingehen, nur weil sie von Status, Vermögen oder Aussehen
her »etwas Besseres« sind? Oder gibt es in Ihrem Umfeld Menschen, die sich minderwertig fühlen und sich deshalb für
Machtspiele benutzen lassen, nur damit sie nach außen glän-
zen können? Viel zu spät merken solche Menschen dann, dass
der Preis sehr hoch war. Bestimmt kennen Sie auch Menschen,
die sich nicht offen zu zeigen trauen und ihre heimliche Macht
ausspielen, damit sie von einer schönen Frau ein Kind geschenkt bekommen. Diese Menschen haben dann Angst, dass
sie doch irgendwann als Rumpelstilzchen erkannt werden.
Niemand in diesem Märchen traut sich, zu sich und seinen
Motiven zu stehen und sich so zu zeigen, wie er ist. Auch
nicht der Vater, der seine eigene Tochter für seine Zwecke
missbraucht.
Wenn Sie sich auf den Weg zum achten Himmel machen, werden Sie vielen Rumpelstilzchen begegnen, die unter Liebe etwas anderes verstehen werden als Sie. Die Rumpelstilzchen
unserer Welt kennen die Sehnsüchte und Nöte eines anderen
Menschen und versprechen zu helfen. Sie helfen aber nicht
aus Liebe, sondern weil sie eine Gegenleistung wollen. Ihre
wahren Motive zeigen sie genauso wenig wie der kleine Gift-

zwerg, dessen Scham, Wut und Zorn ihn im Erdboden verschwinden ließ. Sich als Rumpelstilzchen zu erleben, zeugt auch nicht von großer Selbstachtung.

Das Kind steht im Märchen wie auch im Traum oft für die Liebe und so ein Rumpelstilzchen für einen Schattenanteil. Das Mädchen nahm also die Vorteile einer Beziehung mit einem wohlhabenden Mann gerne an, die Bedingungen wollte sie aber nicht erfüllen. Irgendwann spürt jeder Mann, ob seine Frau ihn liebt oder ihm etwas Versprochenes vorenthält. Dann fordert er sein Recht ein, wenn es sein muss, auch hinterlistig. Schließlich kennt er auch die wunde Stelle seiner nach Anerkennung und Reichtum schmachtenden Frau. Die gute Position oder das gute Bankkonto sind solche Argumente. Manche Frauen übersehen zu Beginn ihrer Beziehung mit dem Traummann aber, dass der Professorentitel, der Vorstandsposten oder die gesellschaftliche Position mit der Trennung vom Mann für sie verloren ist. Aus Angst vor diesem Verlust machen sie dann lieber gute Miene zum bösen Spiel. So wird aus einem Liebesspiel ein Spiel, das nur Verlierer kennt.

Noch eine Angst verhinderte, dass Rumpelstilzchen sich nicht zu zeigen traute: Diese Angst hat viel mit einer alten Lebenslüge zu tun. Es ist die Angst, als kleines ängstliches, nicht liebenswertes Wesen erkannt zu werden. Diese Angst wird so lange zur immer gleichen Falle, so lange wir sie nicht annehmen können.

Viele Paarbeziehungen leiden darunter, dass einer der beiden glaubt, nicht vollständig, also auch mit seinen vermeintlichen Schwächen angenommen zu werden. Dadurch wird er zu einem hervorragenden Vernebelungskünstler, wenn es um Fragen geht wie: Wer bist du wirklich? Oder: Was ist dein Motiv? Auch Sie könnten ja in Ihrem wahren Wesen und wegen Ihrer wahren Absicht abgelehnt werden, deshalb spielen Sie eine Rolle. Eine Rolle spielen müssen, macht einsam. Lieber einsam bleiben als abgelehnt. Dies ist ein Tausch, der nicht in die Liebe führt, nicht einmal in den siebten Himmel.

Rumpelstilzchen ist erst auf den zweiten Blick ein Märchen mit Happyend. Ein Happyend kommt dann, wenn es einen Fortschritt gibt und keinen Rückschritt. Wenn wir also vor der Tür stehen, das erlösende Wort sprechen und sich dadurch etwas verändert. Genau hier ist das Happyend versteckt: Das erlösende Wort bedeutet oft, die Dinge beim Namen nennen, um ihnen so ihre Zauberkraft zu nehmen. Dies ist für viele Paarbeziehungen ein echter, großer Fortschritt. Das Wegschauen ist so gesehen kein Fortschritt, auch wenn es zu bestimmten Zeiten sinnvoll sein kann.

### Liebesübung

*Setzen Sie sich in einer angenehmen Umgebung entspannt auf einen Stuhl. Spüren Sie den Boden unter den Füßen. Versuchen Sie jetzt ganz nah bei sich im Körper zu sein. Irgendwo in diesem Körper versteckt sich auch das innere Kind, das sich nach Liebe und Vertrauen sehnt. Sagen Sie diesem Kind jetzt, dass Sie ganz persönlich ab jetzt den Schutz für dieses Kind übernehmen werden, egal wie es sich verhält, ob es böse oder ängstlich ist, laut oder leise, ob es schreit oder weint. Vereinbaren Sie jetzt ein Körperzeichen mit diesem Kind.*
*Immer wenn dieses innere Kind einen Mangel an Sicherheit in sich spürt, soll es Ihnen durch Ihren Körper dieses Zeichen geben. Dieses Zeichen kann ein Augenzucken, eine Muskelverkrampfung oder etwas ganz anderes sein. Wichtig ist, dass Ihr inneres Kind dieses Signal deutlich zeigt. Dann sorgen Sie für*

*die Sicherheit, die Ihr inneres Kind in diesem Augenblick braucht. Vielleicht braucht es einen Augenblick Ruhe. Vielleicht will es etwas zu trinken, vielleicht will es einfach nur Aufmerksamkeit, ein inneres leises »Ich habe dich lieb, so wie du bist, und ich schütze dich«.*

*Bleiben Sie in einem dauernden Dialog mit Ihrem inneren Kind, damit Ihnen dieses Liebesspiel vertraut wird.*

Vertrauen kommt von Trauen. Also geht es immer darum, sich etwas zu trauen. Dazu gehören Gefühle von Sicherheit und Aufrichtigkeit. Vertrauen ist wie eine Pflanze. Es braucht Zeit und es wächst Ihnen entgegen. Wenn Sie sich angenommen fühlen, so wie Sie sind, dann ist dies ein guter Nährboden für ein wachsendes Vertrauen, das sich dann auf allen Ebenen bilden kann: in Ihnen, im anderen, auf Ihrer Arbeit, aber auch in Ihrer Beziehung zum Absoluten.

## Bedingungen sind der Tod für die Liebe

Ein Kind nimmt seine Mutter bedingungslos an. Wenn Sie sich bewusst entscheiden, sich und Ihre Lebensbeichte genauso bedingungslos anzunehmen, dann sind Sie einem weiteren Schlüssel schon sehr nahe gekommen. Wenn Sie beim Lesen Ihrer Liebesbeichte feststellen mussten, dass hier einiges sehr einseitig ausgefallen ist, dann ist sehr wahrscheinlich, dass Ihr Vertrauenspflänzchen einige Vertrauensknicke hat. Im nächsten Kapitel, wenn es um die vertrauensvolle Hinwendung zum Du geht, werde ich noch tiefer auf diese Vertrauensbrüche, das Misstrauen und die Folgen dieses Misstrauens für Ihr Leben eingehen. Eine Folge von Misstrauen ist, dass

Ihre Verbindung zum eigenen Schatz eine dunkle Färbung bekam, die wir manchmal Trauma, manchmal Angst nennen. Ihr Verhalten erklärt sich dann vielleicht immer noch aus den Folgen dieser Vertrauensbrüche. In Ihrem Wesen sind Sie dann nicht die Person, die Sie vorgeben zu sein. Das alles bleibt so lange unbewusst, bis die Liebe Sie bei Ihrem wahren Namen nennt. Weil Sie um das Geheimnis von Rumpelstilzchen wissen, bleibt Ihnen allerdings dessen Schicksal erspart. Denn Sie wissen ja schon, dass sich hinter besonders braven und anpassungsfähigen Kindern oft ein ähnliches Generalthema versteckt wie hinter sogenannten bösen Kindern: nämlich mangelndes Vertrauen und dadurch unbewusste Ängste. Diese sind meist die Folge von Überforderungen aus früheren Konflikten, mit einem Menschen, auf dessen Liebe das Kind angewiesen war. Sätze wie »Ich liebe dich nur, wenn ...« machen Angst. Das Kind denkt ganz einfach: »Wenn ich das nicht kann, liebt mich Mutter nicht mehr. Wenn Mutter mich nicht mehr liebt, bin ich in dieser gefährlichen Welt verloren. Als Kind in dieser gefährlichen Welt verloren sein, das bedeutet den sicheren Tod.« Diese Todesangst setzt sich als Erinnerung im Körper fest. Fachleute sprechen deshalb auch vom Gedächtnis des Körpers.

Welche Auswege wir damals in dieser Lebensbedrohung fanden, können wir dann an unserem Verhalten erkennen, wenn uns dieses Liebestrauma bewusst geworden ist. Susis Mann gab sich groß, so groß, dass die Angst vor ihm Angst haben sollte. Kontraphobiker nennen Psychotherapeuten Menschen mit diesem Verhalten, das zu Burnout und anderen Krankheiten führen kann.

Oft sind sie das Ergebnis alter Erfahrungen, alter Misserfolgs-erlebnisse und alter Ängste. Selten nur hat es mit dem Unvermögen des Erwachsenen zu tun, der wir nach Erfahrung und Lebensjahren sind.

## Üben macht Sie zum Meister

Auch Susi zeigte nicht sich, sondern die Rolle von sich. Sie hatte Angst, ihren wahren »Namen« zu zeigen. Dazu gehörte auch ihre große Angst. Ihr nächster Schritt auf dem Weg zum achten Himmel wäre für sie ein großer Schritt: die vertrauende Hinwendung zu sich, der kleinen Susi und die Aufgabe der Opferrolle. Weil Vertrauen immer auch ein Lernprozess ist, ist Üben so wichtig. So lernten Sie auch laufen. Lernen Sie genau so Vertrauen, wie Sie damals laufen lernten. Ich werde Ihnen auch im nächsten Kapitel wieder Vertrauensübungen zeigen. Sie sind wie eine Trainingseinheit bei einem Fitnessprogramm im Dienste der Liebe. Damit erlösen Sie auch nach und nach einen Schatten, den ich das Susi-Syndrom nenne.
Susi spürte ihre Größe ein Leben lang im Kämpfen und so zeigte sie sich auch. Susi die Kämpferin. Sie wollte es sich und anderen immer beweisen, um dadurch bewundert und geliebt zu werden. Das Motiv war ihre Angst, nicht geliebt zu werden. So wurde die Kämpferin zu Susis Image. Aber Susi war mehr als dieses Image, für das sie einen sehr hohen Preis zahlte.
Denn ein Leben lang beweisen müssen, dass sie doch die Richtige ist, dass sie doch liebenswert und vertrauenswürdig ist, verhindert ihr den Zugang zum achten Himmel. Ein Leben lang gegen den Absturz und den Misserfolg, gegen den Zusammenbruch, gegen den Mangel an Liebe, gegen die Krankheit ihres Mannes, gegen die Bank, gegen den Tod kämpfen,

kostet nicht nur Kraft, sondern macht mit der Zeit auch einsam und misstrauisch.

Als Susi diesen Kampf verloren glaubte, kamen die große Vertrauenskrise und der Zusammenbruch. Vor allem brach Susis Image zusammen. Wer war sie dann, wenn sie nicht mehr die Starke war? Niemand gab ihr damals eine Antwort. Es kam zu einer Identitätskrise. Sie konnte niemandem mehr vertrauen, erst recht nicht ihrem Schicksal, fühlte sich schuldig, unfähig, ungerecht behandelt, hilflos und klein.

Susi wurde in den Augen der anderen nach und nach das, was man einen misstrauischen, kleinlichen Menschen nennt und litt immer mehr an den Folgen dieses neuen Images.

Wie sollte sie sich mit diesem neuen Image liebevoll annehmen können? Wie sollte sie ein ungerechtes Schicksal annehmen können? Wie sollte sie eine Versagerin annehmen und lieben können? Niemals würde sie das tun!

Menschen lernen gerade in Krisenzeiten Seiten von sich kennen, die von Psychologen als unsere Ressourcen bezeichnet werden. Ich nenne diese unbekannten Seiten unseres Wesens unser Blei, das zu Gold werden will.

Sehr oft stelle ich in meinen Gesprächen fest, dass Menschen sich gerade deshalb so schwer mit der Selbstannahme tun, weil sie Angst davor haben, welche schlimmen Schattenseiten in ihnen schlummern.

»Dass ich zu solchen Schandtaten fähig bin, hätte ich nie von mir gedacht«, erzählte mir einmal eine junge Frau, die ihrer besten Freundin den Mann ausspannte und nun an den Folgen litt. Seitdem lief nach ihren Aussagen alles in ihrem Leben schief. Die junge Frau brach unter Schuldgefühlen zusammen und steuerte auf eine Sinnkrise zu.

Sie wollte alles wiedergutmachen, aber die Zeit lässt sich nicht zurückdrehen. Weil die Frau sehr christlich war, zitierte ich einen bekannten Heiligen mit den Worten: »Gott will nicht wissen, was du alles in deinem Leben falsch gemacht hast, er will nur wissen, wer du jetzt bist.«

Nicht nur Ihre Schattenteile wollen von Ihnen liebevoll angenommen sein. Nicht nur Ihre scheinbaren Fehler, Ihre noch unsichtbaren Teile wollen angenommen sein. Auch das unmachbare Schicksalhafte will angenommen werden. Wie Sie dieses Schicksal annehmen, hat schon wieder etwas mit Liebesfähigkeit zu tun. Bald werden Sie die Freiheit spüren, die sich in dieser bedingungslosen Annahme versteckt. Oft versuchen Menschen ihre Schatten zu verstecken, indem sie genau das Gegenteil von dem zeigen, was sie glauben zu sein.

Ich erinnere mich an einen jungen Mann, der scheinbar keine Angst hatte. Immer wieder spielte er den Helden. In ihm begegnet uns wieder einer der sogenannten Kontraphobiker, wie wir ihn oben kennengelernt haben. Als er plötzlich Vater wurde und er Verantwortung für ein neues Leben übernehmen sollte, kam die Krise. Zuerst wollte er einmal mehr beweisen, welch vorbildlicher und perfekter Vater er sei, aber dann brach sein Heldenimage zusammen. Er musste seiner Partnerin seine Angst vor der Verantwortung gestehen. In langen Gesprächen lernten die beiden dann die scheinbar versteckten Seiten des anderen kennen, lernten sich nach und nach so anzunehmen, wie sie wirklich waren und konnten eine ehrliche Beziehung beginnen. Sie wurden zum Abenteurer, zum Entdecker immer neuer Wesensteile des Menschen, mit dem sie eine bestimmte Lebenszeit verbringen wollten. Aha, so bin ich auch. Aha, so ist der Mensch, der neben mir im Bett liegt, auch. Aha, er wird nie aufhören, Neues an mir und am anderen zu entdecken. Aha, er ist und bleibt zum großen Teil ein Geheimnis für mich, auch wenn er sich traut, immer mehr von sich zu zeigen. Aha, lieben heißt also auch: Ich nehme dich mit diesen Geheimnissen an. Aha, das fühlt sich anders an, als etwas beweisen zu müssen.

Der Beweiszwang ist der häufigste Liebeskiller, der zugleich in die Opferrolle führt. Dazu will ich Ihnen im nächsten Kapitel noch einiges berichten.

Wenn Sie sich bewusst entscheiden, sich ganz anzunehmen, so wie Sie durch Ihre Krisen, Ihr Glück und Ihr Leben geworden sind, dann haben Sie sich einen großen Liebesdienst erwiesen. Sie sind dann durch große Ängste hindurchgegangen: die Angst vor Ablehnung oder die Angst, nicht beachtet zu werden. Es ist so, wie es ist. Statt vor dem, was ist, die Augen zu verschließen, ist es für Ihre Liebe und Ihr Leben besser, die Dinge erst mal zu nehmen, wie sie sind. Eine reife Leistung. Auch Konflikte, die sich im Laufe Ihrer Bewusstwerdung in Ihnen oder in Ihren Beziehungen zeigen, gilt es zuerst anzunehmen. »Die Dinge sind, wie sie sind«, sagte mir eine alte Frau, als ich sie nach dem Geheimnis ihrer Zufriedenheit fragte. Statt viel unnötige Kraft in die Abwehr zu stecken, sagen Sie doch immer zwischendurch: Die Dinge sind, wie sie sind. Oder: Ja, so ist es!

Auch Ihr Glück gilt es auf diese Weise anzunehmen. Wie viele Menschen fragen sich, ob sie so viel Glück verdient hätten und wie sie das wiedergutmachen könnten.

Nehmen Sie auch Ihr Glück an, so wie es ist. Vielleicht fühlt es sich dann wohl und bleibt etwas länger. Und wenn es wieder geht, dann können Sie ja genauso zu sich sagen: Ja, so ist es.

Der Schlüssel, den Sie für dieses »Ja, so ist es« bekommen, ist mehr als ein gerechter Lohn. Er hilft, dass sich das Tor zum achten Himmel wieder ein Stückchen mehr öffnen lässt. Dieses Tor ist wie das erste Morgengrauen nach einer Nacht voller Zweifel. Durch dieses erste Morgenlicht werden Sie das erste Mal sichtbar, so wie Sie wirklich sind.

Sichtbar sein heißt aber noch nicht, gesehen zu werden. Sichtbar sein hat mit Gewahrsein und mit Demut zu tun. Vor allem aber mit Vertrauen. Sichtbar sein heißt deshalb auch: »Ich stelle mich deiner Sichtweise, die ich nicht sehen kann, weil ich auch mich noch nicht sehen kann.« Daraus erwächst die Sehnsucht zu sehen und gesehen zu werden. Genau darum geht es im nächsten Kapitel.

### DER ZWEITE SCHLÜSSEL ZUM ACHTEN HIMMEL

... heißt annehmen. Sich bedingungslos annehmen können, ist eine Einstellung zum Leben, die in den achten Himmel führt. Sie setzt Vertrauen voraus. Die Hinwendung zu sich selbst, so wie Sie sind, heißt auch Abschied von gewohnten Rollen nehmen. Dieser Abschied ist ein Prozess, der durch wachsendes Vertrauen unterstützt wird. Sagen Sie ganz bewusst immer dann, wenn Sie in ein altes Rollenspiel fallen, liebevoll zu sich: »Ich liebe mich, so wie ich bin.«

Wer sich annehmen kann, braucht keine Rollen mehr zu spielen.

# KAPITEL 3

# Wie ein Wesen
# von einem anderen Stern

*Weil Sie lernten, zu sich zu stehen, können Sie sich auch sehen lassen. Sie brauchen sich vor nichts und niemanden mehr zu verstecken und erst recht nicht zu verstellen. Was Sie jetzt brauchen, sind die staunenden Augen eines Kindes, das soeben entdeckt, dass all das Fremde tief mit dem eigenen Herzen verbunden ist.*

## Die neue Einsicht

Es war die Zeit, als Susi am Spiel mit dem Internetsex so viel Gefallen gefunden hatte, dass sie immer erfindungsreicher wurde. Wenn Männer Sex haben wollten, dann nur zu ihren Bedingungen. Zu festen Beziehungen war Susi nach all dem, was geschehen war, nicht mehr bereit, wohl aber zu kontrolliertem Sex. Seit kurzem gefiel ihr das Blindekuh-Spiel besonders gut. Susi mietete sich immer öfter irgendwo in einem Hotel ein und die Männer durften zu ihr kommen, wenn sie mit verbundenen Augen vor der Tür standen.

Der Mann, der eines Tages vor der Tür stand, trug eine übergroße dunkle Sonnenbrille. Auf den ersten Blick gefiel ihr der

Typ. Aber dass er ihre Regeln nicht einhielt, das gefiel Susi überhaupt nicht. »Augen verbinden hatten wir vereinbart!«, zischte sie ihn an. Der Fremde nahm die Sonnenbrille ab. Susi erschrak. Dann bemerkte sie, dass der fremde Mann blind war. »Ich kann nur Frauen lieben, die nicht blind im Herzen sind.« Dann drehte er sich um und verschwand im langen dunklen Gang des Hotels für immer.

Susi stand in dieser Nacht lange vor dem Spiegel des kleinen Zimmers, in dem alles so austauschbar war wie die Menschen, die eine Nacht darin verbrachten. Vom Zimmer nebenan drang leises Stöhnen einer vielleicht gespielten Leidenschaft herüber. Susi hatte die Augen geschlossen und tastete immer nur ihre geschlossenen Augenlider ab, tastete sich dann langsam zu den Augenbrauen hoch und wieder zu der Stelle, in der unsichtbar hinter einer dünnen, verletzbaren Haut die Augäpfel verborgen lagen. Sie zögerte, ihre Augen zu öffnen und sich bewusst im Spiegel zu sehen. Dann versuchte sie es mit einem leichten Blinzeln. Schatten wurden sichtbar. Langsam, ganz langsam traute sie sich, die Augen zu öffnen. Ein Gesicht wie von einem anderen Stern schaute sie staunend an. Große, einsame Augen. Eingefrorenes Erschrecken.

Noch nie erlebte sie so eine Verlassenheit. Wie in diesem Augenblick, als sie bewusst ihr eigenes Spiegelbild erblickte. Wenn Augen ein Tor zum Herzen sind, wie sieht es in diesem Herzen aus, fragte sie sich. Es wurde eng in Susi, genau dort, wo sie ihr Herz vermutete. Susi versprach sich in dieser traurigen Nacht, die Welt endlich wieder mit den Augen der kleinen Susi sehen zu lernen.

## Das große Staunen

Als Susi über seltsame Irrwege wieder einmal zu mir gefunden hatte, war sie einem Geheimnis schon ziemlich nahe gekommen: Sie hatte erkannt, dass sie die Welt nur durch eine Brille sah, die werten wollte.

So geht es allerdings nicht nur Susi, so geht es uns allen, also auch Ihnen. Beim Blick aus dem Fenster finden Sie das Wetter schön oder schlecht. Die Bäume sind kahl oder kräftig.

Auch Menschen, die Ihnen begegnen, sehen Sie durch die Brille des inneren Vergleichens. Sie schauen auf Ihren Partner oder Ihre Partnerin voreingenommen, also unfrei. Je nach der Beziehung, die Sie zum Zeitpunkt Ihres Sehens zum Du haben, färben Sie Ihr Sehen.

Eine Frau erzählt von einer Affäre, die sie mit einem Mann hatte. Ist diese Frau jemand, den Sie nicht mögen? Ist diese Frau Ihre Partnerin? Ist diese Frau vielleicht Ihre Tochter? Ihre beste Freundin? Wir können sicher sein, dass sich dieses Bild, welches Sie sehen, entsprechend der Beziehung so ändert wie eine Landschaft im Spiegel der Jahreszeiten.

Sie können die Welt oder Ihre Beziehung zu Ihrem Liebespartner auch im Spannungsfeld Ihrer großen Gefühle sehen. Sehnen Sie sich in Ihrer Beziehung zu Ihrem Liebespartner nach mehr Freiheit, nach mehr Distanz, nach mehr Eigenständigkeit? Dann sehen Sie in ihm den Feind, der Sie daran hindert, Ihr Glück zu leben.

Sehnen Sie sich nach mehr Nähe, Geborgenheit, Schutz und Sicherheit? Dann sehen Sie im Liebespartner nur den, der Ihre tiefsten Sehnsüchte nicht erfüllen kann.

Brauchen Sie nach einer Phase des Umbruchs endlich wieder Ruhe in Ihrem Leben, dann sehen Sie in einem Umzug oder einer Abenteuerreise, von der Ihr Freund vielleicht schwärmt, eine Gefahr. Geht Ihnen der ewige gleiche Trott im Haushalt oder bei der Erziehung der Kinder auf die Nerven, dann sehen Sie in der Familie nur die Feinde Ihrer Sehnsüchte nach Neuem.

Ähnlich geht es Ihnen auch mit dem inneren Sehen, dem Erinnern. Haben Sie Ihren Frieden mit einem Menschen gefunden, dann schneiden Sie aus Ihrem Erinnerungsfilm andere Bilder als Wahrheit heraus, als wenn Sie in Unfrieden mit diesem Menschen wären.

So geht es Ihnen mit allen Beziehungen. Erzählten Ihnen die Eltern, wie schlimm Sie als Kind waren, dann sehen Sie nur das Schlimme.

Ein innerer Kritiker wählt dann nur die Bilder aus, die einen schlimmen Film ergeben. Dieser Film beeinflusst dann auch Ihre Gegenwart und Zukunft.

Sobald Ihnen diese Täuschungen bewusst geworden sind, können Sie beginnen, wieder selbst die Regie in Ihrem Lebensfilm zu übernehmen und wirklich sehen zu lernen.

## Diogenes lässt grüßen

Irgendwann ist es Ihnen vielleicht nicht mehr genug, dem Menschen, der Ihnen etwas bedeutet, einen Stempel aufzudrücken nach dem Motto: »Ich kenne dich, mir brauchst du nichts vorzumachen.« Das ist spätestens dann der Fall, wenn Ihnen bewusst geworden ist, wie schwer es Ihnen fällt, sich selbst zu kennen, weil Sie immer ein Geheimnis bleiben, das nie ganz sichtbar wird.

Ich denke da an Diogenes. Von diesem weisen Menschen wird berichtet, dass er immer wieder mit seiner Laterne unter die Menschen ging, um ihnen besser ins Gesicht schauen zu können. Weil die Helden in den Mythen Entwicklungsdynamiken unserer Seele repräsentieren, können wir davon ausgehen, dass es in einer bestimmten Reifephase unseres Lebens darum geht, wirklich sehen zu lernen. Dazu ist es allerdings wichtig, dass Menschen sich nicht verstecken oder etwas nicht zu zeigen trauen, weil sie Angst vor Ablehnung haben. Wo Angst ist, hat Liebe keinen Platz. »Wie soll jemand etwas von Ihnen lieben können, das Sie selbst ablehnen?«, schrieb ich einmal einer jungen Frau, die in ihrer ersten Liebeskrise einen Rat von mir wollte. Sie fand sich hässlich und nicht schön und wertvoll genug für diesen tollen Mann. Mit viel Kosmetik und Schminke wollte sie die scheinbaren Mängel ausgleichen. Aber zufrieden war sie mit sich trotzdem nicht. Das spürte der Mann und schaute sich nach zufriedenen und selbstbewussten Frauen um.

»Zeige dich deiner Partnerin, wie du am Morgen bist, nackt, unausgeschlafen, mit leichtem Mundgeruch und zerzausten Haaren. Wenn sie dann zu dir ohne Wenn und Aber sagt, dass sie dich liebt, dann bleib«, empfahl mir einmal meine Großmutter. Heute erkenne ich die Weisheit dieses Rats. Sich zu zeigen trauen, wie man gerade ist, mit all seinen scheinbaren Makel, seinen Abweichungen von verlogenen Idealbildern, dies ist wirklich ein großer Liebesbeweis, der sehr viel Selbstvertrauen, aber auch Verantwortungsbewusstsein voraussetzt. Ein Ideal ist ein Bild ohne Schatten. Weil ein Bild ohne Schatten flach ist, ist ein Idealbild nur das abgeflachte Abbild der Wirklichkeit. Der Liebe genügt das nicht. Sie will kein Ideal, sie will die Wirklichkeit. Wenn Sie bereit sind, sich zu zeigen, dann zeigen Sie sich in der Beziehung mit Menschen ganz. Machen Sie sich aber gleichzeitig nicht abhängig vom Urteil der anderen. Denken Sie daran, diese anderen sehen nur einen Ausschnitt oder eine Färbung, die immer auch etwas mit diesen anderen zu tun hat.

Einmal ging ich mit meinen Klienten hinaus auf einen belebten Platz im Zentrum der Stadt, kurz nachdem durch die

Achtsamkeit eines Bürgers ein Attentat verhindert werden konnte. Mit welchen Augen würden Sie an einem solchen Tag in die Menschenmengen sehen? Worauf würden Sie achten, wenn Sie aus den Medien erfahren würden, dass soeben, dank der wachsamen Blicke einer Mutter, eine Kindesentführung vereitelt werden konnte? Worauf würden Sie Ihre Aufmerksamkeit richten, wenn Sie diese Meldung im Autoradio auf dem Weg zum Kindergarten hören würden? Welche Ausschnitte würden Sie sehen, wenn Sie den Verdacht hätten, dass Ihr Partner Sie betrügt, oder Ihnen Ihr Chef kündigen will? Ihre Augen würden, wie Scheinwerfer, die dunkle Seelenlandschaft Ihres Gegenübers ausleuchten und sich das aussuchen, was Sie sehen wollen.

Spätestens dann würden Sie feststellen, dass Sehen keine Einbahnstraße ist. Der Zusammenhang zwischen sehen und gesehen werden würde Ihnen genauso bewusst werden wie der zwischen übersehen und übersehen werden, wie der zwischen ignorieren und ignoriert werden, wie all diese unbewussten Spiele, die Beziehungen zu einem Tollhaus machen können.

### Eine kleine Liebesgeschichte

*Als Kind war ich fasziniert von den sogenannten Wackelbildern. Ich brauchte diese kleinen Bilder nur in die Hand zu nehmen und schon veränderten sie sich mit jeder Handbewegung. Welches Bild stimmte nun? Ich fand keine Antwort und war gerade deshalb so begeistert. Das Spiel mit den vielen Möglichkeiten reizte mich mehr als die Festlegung.*
*Noch heute denke ich an dieses Bild, wenn ich Kinder zu jungen Erwachsenen reifen sehe oder junge Erwachsene zu Senioren.*

*In meiner Arbeit mit Menschen und deren Selbstbildern oder Konzepten von sich selbst helfen mir diese Erfahrungen mit den Wackelbildern noch heute.*

Ein Mensch, der Sie aus Versehen nach Outfit oder Image einzuordnen versucht, ist wie der Zuschauer eines Marathonlaufes, der den Sieger nach seiner Kleidung bestimmen will. Vielleicht hindern ihn noch Lebenslügen daran, Sie ins rechte Licht zu rücken. Vielleicht ist er in Ängste oder Schuldgefühle verstrickt. Vielleicht sieht er die Welt immer noch mit den Augen eines Opfers oder Täters aus längst vergangenen Tagen. Vielleicht sieht er sich als wertlos und Sie als wertvoller an. Vielleicht braucht er noch eine Uniform, um schneller eingeordnet werden zu können. Vielleicht starrt er Sie an, weil Sie sich zu erkennen geben trauen. Dann üben Sie sich darin, den Blick auszuhalten, statt sich unsichtbar zu machen und in ein Schneckenhaus zurückzuziehen. Vielleicht staunt dieser Mensch über Ihre Ausstrahlung, die viel heller strahlt als jedes Image.

### Liebesgeschichte

*Ein junger Mann beneidete seinen Freund, der so viel Erfolg bei den Frauen hatte. »Vielleicht liegt es an seinem Porsche«, überlegte er sich und bat den Freund den Schlüssel des Wagens tragen zu dürfen. Dann flanierte er so, wie er es sich vom Freund abgesehen hatte. Lässigen Schrittes und auffällig locker den Porscheschlüssel in der Hand, flanierte er an den Frauen vorbei. Aber es half nichts. Er hatte noch weniger Chancen als vorher. »Woran liegt das bloß?«, fragte er verzweifelt den Freund. »Vielleicht solltest du dir die Fahrradklammern von der Hose nehmen«, antwortete dieser trocken.*

Sich bewusst so zeigen zu trauen, wie man ist, hat eine andere Strahlkraft, als sich eine Identität abzuschauen, also etwas zu kopieren. Ein Original ist immer wertvoller als eine Kopie, auch wenn die Kopie vielleicht noch perfekter nachgemacht wurde. Ich denke da an einen alten Schauspieler, den auch Sie sicher kennen. Er war ein Original und stand zu seinen Kanten und Ecken. Viele Frauen fanden ihn gerade deshalb so interessant. Aber selbst das war kein Grund für ihn, sich so zu zeigen, wie er wirklich war. Der Schauspieler wurde alt und bekam neben den Ecken und Kanten noch Falten. Aber an eine Schönheitsoperation dachte er nicht, obwohl er dadurch auf einige Rollen verzichten musste. »Ein Original ist lebendig, schauen Sie hinaus in die Natur. Da gibt es alte und junge Bäume, perfekte und nicht perfekte Blumen. Unkraut und Nutzpflanzen, gezüchtete und Originale. Ich bin lieber ein Original, auch wenn das manche ablehnen. Zuchtgewächse werden auch nicht von allen geliebt.« Mittlerweile ist der alte Schauspieler für viele ein Vorbild, was den alten Herrn oft traurig macht.

Abschauen kommt aus der Zeit, als Sie noch zwanghaft nach Vorbildern suchten. Damals lag darin noch eine überlebenswichtige Schöpfungsabsicht. Ein Nachahmungsimpuls sollte Ihnen in früher Kindheit unbewusst beim Überleben helfen. Den Spiegelneuronen in unserem Gehirn, auf die unsere moderne Hirnforschung nicht müde wird hinzuweisen, sei Dank. Diese Fähigkeit geht Ihnen nicht verloren. Jetzt aber geht es darum, das Spektrum Ihrer Möglichkeiten bewusst zu erweitern.

## Ich kann mich sehen lassen

Gerade die Hirnforscher liefern Ihnen neuerdings einen wichtigen Grund, sehen zu einer Meisterschaft zu kultivieren. Das Stichwort heißt Dopamin und ist ein Botenstoff im Gehirn, der uns motivieren soll, die Ziele anzusteuern, die wir als lohnenswert sehen. Lohnenswert sind für unser Gehirn die Ziele, die uns eine gute Beziehung versprechen. Hirnforscher fanden heraus, dass Menschen auf Koexistenz und Kooperation angelegt sind.

Wir sind also im Grunde unseres Wesens keine Dinosaurier, die den anderen nur zum Fressen gern haben, weil sie sonst verhungern würden. Das wollte uns Darwin lange einreden. Wir brauchen den anderen vielmehr deshalb, weil wir als Wesen einer Gemeinschaft angelegt sind. Wer mit anderen in einer guten Beziehung sein will, muss also zuerst als Individuum sichtbar werden, um danach die Freude oder das Leid der Beachtung zu erfahren. Er muss also bereit sein, das Risiko einzugehen, gesehen zu werden und zu sehen. Auf dem Weg zur Meisterschaft im Sehen wird er seine Intuition und seine Fähigkeit auch im Sinne gelingender Beziehungen tiefer und vorausschauender sehen.

## Wenn Sehen zur Einsicht führt

Wenn Sie ab jetzt Menschen in einer neuen Freiheit sehen wollen, brauchen Sie den Blick eines Marsbewohners, der auf dieser Erde landet und das erste Mal Lebewesen entdeckt, denen wir den Namen Menschen geben.

Je mehr Ihnen dieser Blick glückt, umso erfüllter und glücklicher werden Sie leben und lieben. Dieser Blick beginnt mit einem Blick auf Sie selbst.

## Exkurs: Sehen aus neurobiologischer Sicht

*Neurobiologen stellten fest, dass unser Gehirn keinen Unterschied macht zwischen realen Bildern und den Bildern, die wir zum Beispiel bei intensiven Computerspielen sehen. Das Gehirn ist also ein Anpassungskünstler, der kein Problem hat, erfundene Wirklichkeiten als Wahrheit zu sehen.*

Nicht immer ist das, was wir sehen, auch das, was wir sehen wollen. Weil diese Art von Lebenslügen zum Menschsein gehört, ist sie auch Thema in vielen Märchen und Mythen. In den vielen Jahren meiner Fortbildungen und besonders in der Arbeit mit Märchen, Mythen, Träumen und Imaginationen lernte ich, dass so eine Lebenslüge sehr oft das Todesurteil für die Liebe ist. Deshalb rate ich Ihnen, der Wahrheit lieber ins Gesicht zu sehen, als die Augen vor ihr zu verschließen. Dazu biete ich Ihnen die folgende Übung an.

## Liebesübung

*Setzen Sie sich entspannt auf einen Stuhl. Machen Sie sich jetzt bewusst, dass Sehen nicht zuletzt ein Muskelspiel ist. Ein Entspannen, Anspannen, aber auch ein Verspannen der an der Außenfläche des Augapfels befestigten Muskeln ist. Weil das so ist, können diese Muskeln natürlich auch Ihr Sehen beeinflussen. Verkrampfungen dieser Muskeln, die Ursache in der Vergangenheit haben, nennen wir chronische Verkrampfungen. Weil unser Körpersystem immer um Ausgleich bemüht ist, versucht es diese Verkrampfungen auszugleichen. Dies hat oft Kettenreaktionen zur Folge. Neben entsprechenden Augenmuskelübungen helfen, nach Überzeugung unterschiedlicher Fachleute, oft auch innere Fragen wie: Was konnte ich irgendwann nicht mehr mit ansehen? Oder: Wovor wollte ich die Augen verschließen? Solche und andere Fragen können zu überraschenden Einsichten führen. Sehen und gesehen werden ist ein ganzheitlicher Prozess, der nicht nur das äußere Sehen betrifft.*

*Wenn Ihnen das bewusst geworden ist, können Sie auch die feinen Unterscheidungen unserer Sprache würdigen wie »Sich einen Eindruck verschaffen« oder »etwas einsehen« oder »sein Aussehen verändern« oder »von etwas absehen« und so weiter.*

*Erstellen Sie sich eine kleine Liste ähnlicher Beispiele und versuchen Sie darüber zu meditieren.*

## Sehen lernen, wie es wirklich ist

Monika saß mit rot geweinten Tränen vor mir. Ihr Mann wollte sie wegen einer Jüngeren verlassen. Ihr ganzes Leben stellte sie in den Dienst seiner Karriere, weil sie immer an ihn glaubte. Sie sah schon viel früher als alle anderen, was in ihm steckte. Sie finanzierte sein Studium. Sie finanzierte seine Ausbildung. Sie finanzierte die erste gemeinsame Wohnung. Sie finanzierte einfach alles. Das konnte sie sich leisten, denn sie war immerhin fünfzehn Jahre älter als er und verdiente gut. Damals, als sie sich kennenlernten, schwärmte er von reifen Frauen. In der Schule konnte er bei seinen Freunden damit prahlen, eine reife Frau als Geliebte zu haben. Während des Studiums war er der Einzige, der einen schnellen Sportwagen fuhr. Er musste nicht nebenbei jobben, so wie die anderen. Monika ließ sich sogar nur seinetwegen von ihrem alten Ehemann scheiden, auch wenn der sehr reich war. Das stärkte natürlich sein Selbstbewusstsein und ihres auch. Denn immerhin schaffte sie es, einen so viele Jahre jüngeren Lover so lange an sich zu binden. Irgendwann heirateten die beiden, so wie man es sich versprochen hatte. Eine Traumhochzeit! Jeder konnte sehen, wie sehr sie sich liebten. Da die Frau Eventberaterin war, wurde die Hochzeit zu einem Megaevent, über den die Medien ausführlich berichteten. Sehen und gesehen werden gehörte zu ihrer Branche.

Die Jahre vergingen und hinterließen ihre Spuren. Er wurde immer mehr zu einem Traummann und sie zu einer Frau mit Alpträumen. In diesen Alpträumen ging es immer wieder darum, dass er sich für ihr Alter schämte und sich nicht mehr mit ihr zu zeigen traute. Manchmal wachte sie schweißgebadet auf, weil sie im Spiegel eine alte Frau entdeckte. Ab dieser Zeit mied sie ihr Spiegelbild wie heiße Glut.

Das erzählte sie mir und suchte nach Auswegen, die den Altersunterschied erträglicher machen würden.

Ich fragte sie nach langem Zuhören, ob sie das Märchen von Schneewittchen kenne. Sie stutzte und fragte, ob wir hier in einer Märchenstunde seien. »Nein«, antwortete ich ihr, »vielleicht haben wir Glück und die Märchenstunde geht bald zu Ende.« Bis zu dieser Zeit verstanden wir allerdings unter einer Märchenstunde etwas sehr Unterschiedliches.

Märchen sind radikal wie die Wirklichkeit. Deshalb sind Märchen immer auch Liebesgeschichten aus dem wirklichen Leben.

## Die Liebesgeschichte von Schneewittchen

*In einem fernen Land lebte eine wunderschöne Frau, die jeden Tag in den Spiegel sah, um sich an ihrem Spiegelbild zu erfreuen. Die Frau war nicht irgendeine Frau, sondern die Stiefmutter eines Kindes, das sich Schneewittchen nannte. So lange die Stiefmutter mit sich und ihrem Spiegelbild zufrieden war, störte es sie nicht, dass dieses Schneewittchen immer schöner wurde, denn sie war eine erwachsene, um die Kunst der Liebesspiele kundige Frau und die Kleine noch ein Kind. Doch mit den Jahren wuchs die Eifersucht. Immer öfter kam es vor, dass sich ihr Mann, der edle Ritter, mehr nach den unschuldig schönen Schneewittchens dieser Welt als nach ihr umsah. Deshalb beschwatzte sie ihren Mann, der als ein echter Schürzenjäger bekannt war, als Zeichen seiner Liebe, sich nie mit einem derart »jungen Gemüse« einzulassen. Nicht alles, was Männer ihren Frauen versprechen, halten sie auch ein. Der Mann verdrängte zwar seine Sehnsucht nach Frischfleisch ins Unterbewusste. Damit wurde die Sehnsucht unsichtbar, aber gestillt war sie noch lange nicht. Der dunkle Wald ist im Märchen oft der Ort, an dem Heimliches und Unheimliches geschehen darf, weil es unsichtbar bleibt. Was nur heimlich angesehen werden darf, wirkt umso mehr. Auch das Verlangen und die Lust nach jungem Gemüse. Bei jungen unschuldig wirkenden Mädchen werden Männer schnell zu Zwergen. Vor allem, wenn eine eifersüchtige, alternde Frau zu Hause wartet, die nur Lügengeschichten hören will. Irgendwann kommen auch solche Geschichten ans Licht, wollen gesehen und angenommen werden. Wer den Apfel der Erkenntnis vergiftet, erweist der Liebe und dem Leben einen Bärendienst. Der Mann kann und will nicht länger seinen Altersunterschied und sein Verlangen nach Neuem unterdrücken, wird zum Königssohn statt zum heimlichen Jäger. Er steht also auch zu seinem Altersunterschied und sieht die Dinge, wie sie sind. Die Frau dagegen bleibt in ihrer Lebenslüge stecken und tut so, als wäre sie ewig jung geblieben. Sie tanzt sich die Fußsohlen heiß bis zum Umfallen. Jünger wird sie dabei nicht.*

## Monika und der Spiegel

Manchmal geht es uns wie dem Spiegel. Wir werden zum Feind unserer eigenen Lebenslüge, nur weil wir die Dinge beim Namen nennen. Dann ist es ein Akt der Liebe, sich in den Dienst der Wahrheit zu stellen und ihr ins Gesicht, also in unseren Spiegel, zu schauen, auch wenn es schmerzt. Würde Monika das annehmen, was ihr der ehrliche Blick in den Spiegel sagt, bliebe ihr das Schicksal einer alternden und hadernden Frau erspart. Vielleicht würde sie nach ehrlichen Lösungen suchen, statt neue Lebenslügen zu erfinden.

»Wie alt sind Sie jetzt wirklich?«, fragte ich Monika, als ich merkte, dass sie heimlich in den Spiegel hinter mir sah. »Fünfzig«, antwortete sie verschämt, als ob es ein Mangel wäre, älter zu werden. »Und er ist fünfunddreißig«, schob sie nach.

»Wenn Sie ein Spiegel wären und der Spiegel hieße Liebe, was würden Sie dieser Frau aus liebendem Herzen sagen?«

»Schau der Wahrheit ins Gesicht und dann mach das Beste aus dem Rest deines Lebens.«

»Und was könnte das Beste jetzt für diese Frau sein?« Nach einem schnellen Frage- und Antwortspiel stockte Monika. Dann, nach langer Pause antwortete sie leise, fast unhörbar:

»Ihn freigeben und schauen, was da kommen will. Lieben, so sagen Sie doch immer, heißt auch vertrauen und im Vertrauen steckt das Wörtchen ›trauen‹.« Dieses Mal war ich der Sprachlose, der seine Zeit für eine Antwort brauchte. Ich sah in die unsicheren Augen der Frau. Langsam schob Monika nach: »Das ist schwer für einen Menschen, der selbst seinem Spiegelbild nicht trauen kann, verstehen Sie das?«, fragte sie mich eindringlich. Ich nickte und sah in der Tiefe ihrer Augen schon das Morgenrot.

## Wenn Sehen zum Liebesakt wird

Ihre Lebenslüge durch eine neue Einstellung zu erlösen, ist ungefähr so, als wenn Sie mit einer neuen Einstellung durch Ihre Kamera schauen. Die gleiche Welt schaut plötzlich anders aus.
Irgendwann traf ich Monika zufällig in einem Café wieder. Sie war gerade dabei, ihre beste Freundin in einer schweren Lebenskrise zu beraten. Monika machte uns kurz bekannt und bat mich zu ihr an den Tisch. Bald erfuhr ich, dass die Freundin seit längerem mit einem viel älteren Mann verheiratet war. Warum sie diesen Mann geheiratet hatte, wusste sie im Nachhinein selbst nicht mehr. Irgendeine Vatersehnsucht vielleicht? Oder war es der Status dieses Mannes? Oder sein Geld? Oder von jedem etwas? Mit der Zeit kam das Erwachen. Wenn sie nach einer seiner vielen Geschäftsreisen etwas gemeinsam unternehmen wollte, brauchte er seine Ruhe. Wenn er sie auf seinen Geschäftsreisen mitnehmen wollte, wollte sie zu Hause bleiben. Wollte sie Zärtlichkeit, dann wollte er fernsehen. Wollte sie Sex, dann wollte er schlafen.

In den vielen Stunden des Alleinseins fragte sie sich oft, warum sie diesen Mann überhaupt geheiratet hatte. Sie bekam immer mehr Angst, dass die schönsten Jahre an ihr vorbeigingen, ohne sich in den leidenschaftlichen Umarmungen eines Mannes zu erleben. »Was soll ich tun?«, fragte die Freundin. »Ich liebe ihn. Aber ...« Dieses »aber« klang sehr ambivalent und wartete auf eine Festlegung. Ich sollte ihr helfen, sich festzulegen, aber dazu wusste ich zu wenig. Monika schaute immer wieder zuerst mich, dann die Freundin an, dann schaute sie tief nach innen und schwieg.

Früher hätte sie eine schnelle Antwort gegeben. Hätte davon erzählt, dass sie solche Geschichten mit unterschiedlichen Rollenverteilungen nun wirklich zur Genüge kenne.

Jetzt da sie um die schicksalhafte Kraft von Antworten wusste, schaute sie in die Augen der Freundin, sah darin den Zweifel, sah im Zweifel den Zweifel aller Menschen, sah die Verzweiflungen, die Hoffnungen und Ängste, schaute durch diese Ängste hindurch in die Augen der Sehnsucht nach Leben und Lieben, schaute mir in die Augen, sah, dass sie durch mich hindurch in ihre eigene Sehnsucht schaute. Verstand plötzlich, was der Zufall ihr durch diese Begegnung sagen wollte und schwieg lange.

Dann kamen Fragen statt Antworten. »Hast du ihm jemals richtig in die Augen gesehen? Hast du jemals deine eigenen Sehnsüchte beachtet? Hast du dich jemals getraut, so gesehen zu werden, wie du wirklich bist?« Die Freundin schwieg. Nach einer Weile des Schweigens antwortete sie: »Ich wurde schon als Kind immer übersehen. Vielleicht habe ich mich und meine Bedürfnisse deshalb nie wirklich wichtig genommen. Ich habe das gemacht, was man von mir wollte. Mutter wollte versorgt sein. Das hat doch geklappt.« Monika schaute die

Freundin lange an. Die Freundin traute sich erstmals in ihrem Leben ehrlich zu weinen und Monika streichelte der Freundin zärtlich die Wangen und weinte mit ihr.

In einem meiner Workshops bat ich die Teilnehmer, Masken zu malen. Genauer gesagt ging es darum, dass unser inneres Kind dadurch die Möglichkeit haben sollte, zu zeigen, wie es sich den Erwachsenen erträumt hatte. Dann sollten sich die Teilnehmer mit ihren Masken zeigen und durch diese Maske das Kind und seine Sehnsucht sprechen lassen. Ich war erstaunt über die vielen bunten und lustigen Gesichter, die mir da neugierig entgegenschauten. Es gab plötzlich keinen inneren Zensor mehr. Alles war möglich. Alles war erlaubt. Alles war spannend. Kein Wenn und kein Aber, keine Bedingungen, die das Leben schwer und die Farben dunkel machen.

## Wieder wertfrei sehen lernen

Wenn Sie lernen, die Welt wieder mit Kinderaugen zu sehen, dann haben Vorurteile keinen Platz. Sehen ist dann erst einmal frei von eigenen Emotionen. Sie sehen den anderen und bleiben mit ihm im Blickkontakt, ohne dabei mit der Vergleichsbrille ständig auf sich zu schauen. Sie schauen aus dem Fenster nach dem Wetter, ohne zu werten, ob das Wetter schön oder schlecht ist. Sie sehen den anderen, ohne ihn in eine dieser Freund- oder Feindschubladen zu stecken.

Sie sehen etwas und das ist so, wie es ist. Sie werden gesehen und das ist so, wie es ist.

Ein Clown, den ich zu einem Workshop eingeladen hatte, erzählte uns, dass ein Clown zuerst zwei Arten von Vertrauen braucht. Er muss vorurteilsfrei sehen können und er muss den Mut haben, sich zu zeigen, damit er gesehen werden kann.

Erst wenn das möglich ist, schaut er nach innen und bittet den Clown, sich zu zeigen. Der Clown, der sich dann zeigt, ist mit allen Clowns unserer Menschheitsgeschichte tief verbunden und wird deshalb von jedem wiedererkannt. Er könnte auch den Krieger, den Priester, den König oder andere Personen bitten, aus der Seelentiefe aufzusteigen und sich zu zeigen. »Auf der Bühne zeige ich den Clown, wenn es darum geht, den Clown in mir zu zeigen. Wenn das Clownspiel zu Ende ist, zeige ich dann wieder den ganzen Menschen. Das Clownhafte bleibt mir erhalten, aber ob ich es zeige, ist eine andere Sache. Wann ich was, wo, warum, wem und wie zeige, das bleibt meine Entscheidung, sonst ist es kein Spiel mehr.«

Menschen, die erfolgreich im Leben stehen, stecken oft in ihren Rollen oder Funktionen so fest, dass sie nur als Rolle gesehen werden können. Auch wenn sie darunter leiden, schaffen sie es selbst in intimsten Situationen nicht, sich als Mensch zu zeigen. So werden sie nur in ihrer Rolle gesehen. Das Versteckspiel bezahlen sie meist mit einer großen Einsamkeit.

Ich erinnere mich noch ganz genau, dass ich mich einmal als Kind so gut versteckte, dass ich vergessen wurde. Das Spiel war aus, ich blieb zurück, vergessen, verloren, unbeachtet und musste mich nachts ängstlich und allein nach Hause schleichen. Nach dieser Erfahrung wollte ich lieber gesehen werden, statt als Gewinner wieder so verlassen und verloren heimzulaufen.

Sehen und sich ganz sehen lassen ist voller Risiken, aber auch voller Chancen.

## Das bin ich und das bin ich auch

Wer bereit ist, sich zu zeigen, ist auch bereit, sich sehen zu lassen. Er hat seine ersten Lektionen gelernt, er weiß, dass alles seine eigene Zeit hat, seine eigenen Gesetze und auch seine ganz eigenen Krisen. Er weiß auch, dass der Weg, den er jetzt geht, ein Prozess ist, der sich immer mehr verstärkt. Er weiß um die Geheimnisse dieser sich selbst verstärkenden Prozesshaftigkeit. Er ging durch Phasen von Misstrauen, ging in die Unterwelt seiner dunklen Seiten und weiß, dass auch dies zum Weg gehört. Wissend um seine vermeintlichen Nachteile, seine vermeintlichen Schwächen und Fehler, seines eigenen Ungenügens traut er sich, zu sich zu stehen, traut sich das Geheimnis, das er immer sein wird, mutig anzunehmen, so wie eine Mutter ihr Kind sehnsüchtig und liebend annehmen will, ihm die Hände entgegenstreckt und eng und freudig an sich drückt, nicht wissend, was da alles auf sie zukommt. Wer so mit sich umgehen lernt, der wird sich auch freudig der Welt oder einem anderen fremden Wesen zu zeigen trauen. »So bin ich«, wird er ihm zu verstehen geben. »Und so bin ich«, wird es ihm entgegnen. Er weiß, dass dieses »So bin ich« nur ein vorübergehendes »So bin ich« ist, noch voller Geheimnisse, die es zu entdecken gilt, damit daraus ein »Aha und so bin ich auch« werden kann. Das erfordert Mut. Wer diesen Mut hat, für den stehen die Chancen gut, gesehen zu werden und über all das zu staunen, das ihm entgegenkommt. Solch ein Mensch hat auch eine gute Chance, beachtet zu werden.

Auch Sie können bei aller Bereitschaft nur dem Teil eines Menschen Beachtung schenken, der sich Ihnen auch zeigt. Irgendwann werden Sie sogar unterscheiden können, ob sich jemand verstellt, hinter einer Persona, also Maske, versteckt oder in einer Rolle verklemmt. Das glückt umso besser, je mehr Sie zum wahrnehmenden Wesen werden. Dann entdecken Sie in allem die Fülle und kommen aus dem Staunen nicht mehr heraus.

Ihre Fragen beantworten sich aus den ehrlichen Begegnungen mit anderen Menschen. Wie solche Begegnungen möglich werden, wie wertvoll sie für Ihr Wachsen sind und wie sie direkt in die Liebe münden, darum geht es im nächsten Kapitel.

Sie haben schon gesehen, dass Ihre bisherige Sicht auf die Welt nicht die einzig mögliche ist, sondern eine von vielen. Sie haben gesehen, wie Menschen ihre Fähigkeit, sich zu zeigen und zu sehen, zum Sklaven ihrer Lebenslügen machen und wie sie sich aus dieser Sklaverei befreien können. Dies macht Sie immer freier und liebesfähiger. In diesem neuen Bewusstsein erkennen Sie das Tor zum achten Himmel jetzt als eine leichte Morgenröte am Himmel Ihrer neuen Möglichkeiten.

... heißt sich zeigen lernen. Wenn Sie sich von Vorurteilen befreien, dann trauen Sie sich immer freier und mutiger zu zeigen. So steigen die Chancen, als der gesehen zu werden, der Sie sind. Sie werden zum Original statt zur Kopie. Genau so werden Sie mehr und mehr auch andere sehen. Vor allem aber beginnen Sie mit dem Herzen zu sehen. Dieses herzliche Sehen führt Sie zu tiefen Einsichten, in denen alle Antworten auf Ihre tiefsten Fragen enthalten sind. Sagen Sie ab jetzt immer dann, wenn Sie zweifeln oder glauben, jemanden zu durchschauen, tief vertrauend zu sich: Du bist und bleibst ein Geheimnis für mich.

Sehen heißt, sich vom Zwang des Vergleichens zu befreien und wieder staunen zu lernen.

# KAPITEL 4

# Du bist mir wichtig

Die Erfahrungen Ihres Lebens und die Geschichten, die Ihnen zu Ohren kamen, bündeln Sie seit früher Zeit in Vorurteilen. Diese Vorurteile behindern Sie, wenn Sie sich und andere Menschen wieder lieben lernen wollen. Werden Sie deshalb zu einem wahrnehmenden Menschen. Wer wahrnehmen kann, der kann auch würdigen. Wer würdigen kann, wird wieder frei und liebesfähig.

## Der zerbrochene Spiegel

Vergleichen ist ein Sehnsuchtsfresser und zugleich sichert es unser Überleben. Ich erinnere mich noch an die verblüffenden Bilder aus Ihrer Kindheit, die Ihnen zeigten, wie leicht sich Ihr Sehsinn täuschen lässt. Da sah eine Linie krumm aus, die eigentlich gerade war, oder ein Männchen größer als das andere, obwohl beide gleich groß waren. Der Trick sollte zeigen, dass unsere Wahrnehmung manipulierbar ist, weil sie auf permanentem Vergleichen beruht. Diese Erfahrung sensibilisierte mich sehr, wenn es um Begriffe wie Wahrheit oder Wirklichkeit ging.

Auch Ihr Gehirn braucht dieses permanente Vergleichen, damit es berechnen, interpretieren oder Fehlendes ergänzen kann. So entstehen in Ihrem Kopf Bilder, die Sie als wahr annehmen. Sehen hat vor allem mit Aufmerksamkeit zu tun, behaupten Hirnforscher. Wenn Ihnen ein Mensch begegnet, konzentrieren Sie sich nur auf das für Sie Wichtige. Alles andere sehen Sie nicht. Wissenschaftler nennen dieses Phänomen »inattentional blindness«.

Sie treffen also Entscheidungen, bei denen es um Leben und Tod, Glück oder Unglück gehen kann, aufgrund von inneren Prozessen, die durch die Fähigkeit Ihres Gehirns möglich sind, scheinbar Unwesentliches ausblenden zu können sowie Fehlendes ergänzen und mit anderen Sinnen verknüpfen zu können. So werden alle Ihre Handlungen vorbereitet. Ohne diese Vorbereitungsarbeit könnten Sie und andere nicht überleben.

Wichtig ist innerhalb dieses Prozesses ein Gegenüber, das Ihnen wiederum Ihr Verhalten spiegelt. Die Reaktionen Ihres Gegenübers fließen als Information in die entsprechenden Hirnregionen und vervollständigen nun Ihr Bild von sich in der Welt.

So bekommen Sie mehr und mehr eine Vorstellung davon, wer Sie sind und was Sie zum Leben brauchen.

Was Sie bei diesem Entwicklungsprozess vor allem brauchen, sind stabile Bindungen, damit sich das, was wir »Ich« nennen, gut entwickeln kann. Das haben Hirnforscher und Psychologen eindeutig nachgewiesen.

Bindungen brauchen aber vor allem Zeit und Kontinuität, um stabil zu werden. Dabei sind gerade die ersten Bindungserfahrungen von prägender Bedeutung. Ihre ersten Erfahrungen hatten Sie mit Ihrer Mutter. Erstaunlich viele Menschen nahmen aus dieser Zeit sehr viel Angst mit in ihre gegenwärtigen Beziehungen hinein. Aber es gibt ein nebenwirkungsfreies

Mittel, das diese Angst heilen kann: die Liebe. Ich schlage Ihnen dazu eine kleine Übung vor:

**Liebesübung:**

*Schreiben Sie einen Lebenslauf. Schreiben Sie einfach Ihre vergangenen Beziehungen auf. Machen Sie sich dann bewusst, wie die Dramaturgie dieser Beziehungen war, vom Beginn bis zum Schluss. Fragen Sie sich dann, wie Sie jetzt gebunden sind. Frei oder abhängig? Vielleicht haben Sie jetzt den Mut, mit einem Beziehungspartner Ihres Vertrauens darüber zu sprechen.*

## Das Konfliktkarussell

Wenn alle Konflikte in unserem Leben Bindungs- oder Beziehungskonflikte sind und unser Gehirn immer wieder auf den ersten Erfahrungen aufbaut, dann spiegelt sich in Ihren aktuellen Konflikten auch der Konflikt mit Ihrer Mutter, Ihrem Vater, Ihren Geschwistern oder anderen wichtigen Beziehungspersonen wider.

Verletzungen, die Sie in dieser Zeit erfuhren, sind genauso prägend wie heilsame Erfahrungen. An manche Verletzungen erinnern Sie sich vielleicht sofort. Andere Verletzungen sind Ihnen vielleicht bis heute nicht bewusst, vor allem, wenn Sie in Sehnsucht verpackt sind.

Diese Sehnsucht kann eine wichtige Ressource werden, wenn es Ihnen darum geht, alte Verletzungen zu heilen und dadurch wieder liebesfähig zu werden. Das glückt Ihnen, wenn Sie von einem unbewusst nachahmenden zu einem bewusst wahrnehmenden Wesen werden. So erlösen Sie nach und nach den Zauberspiegel der Kindheit und zugleich die immer wiederkehrenden Beziehungstragödien Ihres bisherigen Lebens. Wer immer wieder verletzt wird und dadurch irgendwann auch zum Täter wird, landet in einem Bermudadreieck aus Schuld, Zwängen und Ängsten. Nur Sie selbst können sich aus dieser gefährlichen Triade befreien. Und Sie werden es schaffen, schneller, als Sie es jemals für möglich hielten.

Machen Sie sich ab jetzt immer bewusst, dass es in Ihnen einen Filter gibt, durch den Ihr Sehen, Fühlen, Hören, Riechen und Schmecken gefärbt wird. Dieser Filter besteht aus Ihren Bindungserfahrungen, Ihren Überzeugungen, Erinnerungen, Werten, Vorurteilen usw.

Auch der Mensch, mit dem Sie vielleicht gerade schlafen, intim sind oder streiten, hat auch einen, seinen ganz eigenen Filter.

Der Chef, der Sie vielleicht ungerecht behandelt hat, sieht Sie auch durch seinen Filter.

Der Mensch, der Sie soeben betrog, hat auch seinen Filter, genauso wie Ihr Kollege, der Nachbar, der Feind, Ihr Freund oder wie der Fremde, der Ihnen gerade so freundlich in die Augen schaut.

Sie duften nach einem bestimmten Parfum. Ihn erinnert es an seine erste große Liebe. Er schaut Sie mit einem ganz bestimmten Lächeln an. Sie erinnert dieses Lächeln an einen lieben Menschen, der schon lange unter der Erde liegt. Im Urlaub, ganz weit weg von zu Hause, ist Ihnen irgendetwas zugestoßen. Da hören Sie irgend heimatliche Klänge. Plötzlich fühlen Sie sich nicht mehr so allein. Vor Ihnen steht plötzlich ein fremder Mensch. Alles um Sie herum ist dunkel.

Sie sind allein. Sicher fallen Ihnen noch viele Beispiele ein, die Ihnen Ihren ganz eigenen Filter bewusst machen. Tasten Sie doch mal mit diesem Scanner Ihr eigenes Spiegelbild ab. Was würde Ihre Mutter zu diesem Outfit sagen, wenn Sie unausgeschlafen vor dem Spiegel stehen? Wie würde ein Mensch auf Sie wirken, der so weise lächelnd schaut wie Ihr Spiegelbild? Tasten Sie mit der Neugierde eines Kindes Ihr Gesicht ab. Was macht dieses Tasten mit Ihnen? Nehmen Sie mal Ihre eigene Stimme auf und hören Sie sich diese Stimme einfach an. Wie schwer fällt es Ihnen, diese Stimme wertungsfrei anzuhören? Spielen Sie diese Stimme einer Freundin vor, dann einem Freund. Wie unterscheiden sich die Kommentare?

Denken Sie daran, dass es in Ihnen schon ein Leben lang innere Kritiker gibt, die jede Gestik, Mimik, jedes Verhalten, jede Ihrer Fähigkeiten, jeden Glaubenssatz, jede Wertvorstellungen sofort hinterfragen, einordnen und überprüfen. Dann geben Ihnen diese inneren Kritiker Noten, und Sie formen daraus Ihren Selbstwert.

Vielleicht gibt es seit einiger Zeit so etwas wie einen inneren Terroristen in Ihnen, der das böse Kind spielt, weil es so nicht mehr leben will. Dann macht dieses innere Kind immer das genaue Gegenteil. Es schreibt aus Trotz böse Noten und wird dafür gehasst statt geliebt. Oder es stellt Ihnen Gegenbedingungen und spielt ein Machtspiel.

## Wahrnehmen statt alles als wahr annehmen

Sie würden all diese Spiele ein Leben lang weiterspielen und die große Liebe für immer versäumen, wenn es nicht die Sehnsucht gäbe. Die Sehnsucht ist die Kraft, die Ihren Zauberspiegel zerbrechen kann, damit Sie bewusst Ihren eigenen Weg zur großen Liebe finden. Dieser Weg führt jetzt über einen Erkenntnishimmel, den die Fachleute Explorationskompetenz nennen. Dazu brauchen Sie Sehnsucht nach Austausch, also ein Grundinteresse an dem, was sich um Sie herum zeigt.

»Ich erinnere mich noch gut an meinen ersten Tanzkurs«, erzählte mir die Tochter einer Klientin, als sie mir die Erfahrungen mit Jungs erzählen wollte. Die Tochter hatte ein Selbstwertproblem wie ihre Mutter und blieb lieber zu Hause vor dem Computer, statt die neue Welt des Erwachsenwerdens kennenzulernen. »Ich saß da, schön gestylt, aber keiner hatte Interesse an mir. Das soll mir nicht noch einmal passieren.«

»Willst du, dass es wirklich anders wird?«, fragte ich. Die Tochter schwieg. Nach einer Zeit des Abwägens nickte sie. »Dann zeige dich, sonst wirst du auch nicht gesehen.« Das leuchtete ihr ein.

Wenn Sie wahrgenommen werden wollen, müssen Sie also immer wieder das Risiko eingehen, übersehen oder falsch eingeordnet zu werden. Wenn Sie sich bewusst machen, dass nicht jeder Mensch reif für so ein großes Geheimnis wie Sie ist, dann fällt es Ihnen vielleicht leichter, dieses Risiko einer Enttäuschung einzugehen. Die Kraft, die Ihnen über solche Enttäuschungen hinweghilft, heißt Sehnsucht. Wer Bedingungen an sein Interesse stellt, der wird Sie nie lieben und verzichtet so auf einen großen Schatz.

Sie erinnern sich noch an Ihre große Sehnsucht nach bedingungsloser Liebe? Sie erinnern sich noch daran, dass es zuerst darum geht, dass Sie sich selbst bedingungslos lieben lernen, statt sich selbst einzureden, nicht gut genug für die große Liebe zu sein? Dann sind Sie dem Geheimnis der Liebe schon sehr nahe.

Liebe will sich immer bedingungslos verschenken. Dies ist die einzige Bedingung, die Ihnen die Liebe schenkt. Wenn Sie es gewohnt sind, Bedingungen oder Erwartungen erfüllen zu müssen, bevor die Liebe fließt, gewöhnen Sie sich so daran, dass Sie dies nicht mehr als Verletzung empfinden. Allerdings gehen Sie dann auch mit anderen so um, wie man mit Ihnen umging. Sie knüpfen Bedingungen an die Liebe und werden einsam, auch wenn Sie in einer Beziehung leben und von sich behaupten, beliebt und freigebig zu sein. Oder es werden Ihnen immer wieder Bedingungen diktiert, Vorwürfe gemacht oder Fallen gestellt.

Sie sind so lange manipulierbar, solange Sie nicht wirklich wahrnehmen lernen. Sie werden sich so lange auf dem Weg zur Liebe verlaufen, solange Sie sich von der Angst statt von der Sehnsucht leiten lassen. Angst will haben, Sehnsucht will schenken. Dies ist das Geheimnis.

Ich will Ihnen dazu eine Geschichte erzählen, die gut zu diesem Geheimnis des Schenkens passt. Ich hörte sie auf einem afrikanischen Markt von einem Geschichtenerzähler. Er lehnte an einer weiß gekalkten Mauer. Seine bunt verzierte Kleidung hob sich scharf von dem weißen Hintergrund ab. Manchmal unterstrich er die Wichtigkeit der Stelle mit einem kräftigen »Aha!«. Dann wussten die Kinder, dass sie ganz besonders gut zuhören sollten.

### Das Geheimnis des Schenkens

*In einem fernen Land lebte ein Mangobauer. Der war glücklich und die Freude floss aus seinem Herzen wie Wasser aus einem übervollen Brunnen. Die Früchte waren so gut wie schon lange nicht mehr und der König sorgte für Frieden. So konnte der*

Mangobauer seine Früchte in Ruhe ernten. Auch einen Händler fand er, der ihm einen anständigen Preis für die Ernte bezahlte, weil der Mangobauer bereit war, ihm seinen ganzen Ertrag zu verkaufen. Der Händler erlaubte ihm sogar, eine der Früchte zu behalten, damit ihm eine Ahnung vom Geschmack der Süße gegönnt war. Der Bauer umhüllte diese verbliebene Mango mit all seiner Dankbarkeit wie mit einem unsichtbaren, feinen Geschenkpapier. »Aha.«

So machte er sich auf den Weg zum Königsschloss. Dort bat er, dem Herrscher seine Mango als Geschenk übergeben zu dürfen. Der König war ein Meister der Wahrnehmung. Umso mehr freute er sich sehr über die Frucht. Noch mehr aber freute er sich über das unsichtbare Geschenkpapier. Er wies seinen Verwalter an, den besten Hengst aus dem Stall zu holen, dessen Schönheit und Vitalität ihn immer aufs Neue beglückte. »Nimm diesen Hengst als Geste der Wertschätzung an«, sprach er zum überglücklichen Mangobauern und verabschiedete ihn wie einen Freund. »Aha.«


Diese Geschichte hörte auch der Händler, der um den unendlichen Reichtum des Königs wusste. Auch er hatte viel Geld angehäuft, nicht zuletzt durch die reiche Ernte des Mangobauern. Denn in allen anderen Gebieten des Königreichs gab es durch Missernte in diesem Jahr nur ganz geringen Feldertrag. »Wenn der König schon für eine einfache Mango so viel bezahlt, was wird er erst für ein Pferd bezahlen, wo er doch jetzt eines davon tauschen musste?« Also holte er einen alten Gaul aus dem Stall und machte sich auf den Weg. Der König ließ ihn ein, bedankte sich für das Geschenk und verschwand. Da protestierte der Händler laut und heftig: »Wo bleibt mein Gegengeschenk? Gibt man nicht etwas zurück, das der andere

*gut gebrauchen kann?«, fragte er mit forderndem Ton in der
Stimme. »Aha.«*
*Da wies der König seinen Verwalter an, dem Händler die Man-
go des Bauern zu schenken.*

## Das Motiv entscheidet

Wie oft wollte Ihnen jemand schon einen guten Rat schenken
oder vielleicht sogar seine Liebe. Bald stellte es sich heraus,
dass dies nur ein alter Ackergaul war und Sie sollten sich
noch dankbar zeigen. Oder Sie öffneten einem Menschen eine
Tür zu Ihrem Herzen, nur weil er Sie unbewusst an eine Sehnsucht erinnerte? Aha!

Ab jetzt haben Sie den Schlüssel, selbst zu entscheiden, ob
und welche Tür Sie wem öffnen wollen. Dafür ist die folgende
Übung gedacht:

### Liebesübung zur Schulung Ihrer Wahrnehmung

*Suchen Sie sich einen Mitspieler. Bitten Sie ihn, die Ihnen ent-
sprechende Körperhaltung einzunehmen. Wenn die Körperhaltung gefunden ist, bitte keine Korrekturen mehr. Jetzt prägen
Sie sich diese Körperhaltung der anderen Person ganz bewusst
ein. Wie ist die Beinhaltung? Wie stehen die Füße zueinander?
Wie ist die Kopfhaltung? Wie sieht der Oberkörper aus? Hohl-
kreuz? Einseitig? Wie ist das Gesicht der Person? Nehmen Sie
alles ganz genau wahr.*

*Dann stellen Sie sich der Person gegenüber und gehen ganz
bewusst in diese Körperhaltung hinein. Welches Lebensgefühl*

haben Sie jetzt? Ist das Gesäß angespannt? Sind die Kniekehlen durchgedrückt? Ist Rücken oder Schulter verspannt? Wie sind die Lippen, das Kinn? Teilen Sie Ihre Wahrnehmung ganz neutral Ihrem Gegenüber mit. Lassen Sie ihn jetzt um sich selbst herum gehen, damit er erkennen kann, was Sie von ihm spiegeln.

Dann treten Sie bewusst aus diesem Spiegel aus. Wiederholen Sie diese Übung auch bei anderen Menschen. Bauen Sie diese Übung mehr und mehr in Ihren Alltag ein. Spielerisch, kurz, vielleicht sogar unbemerkt. Im Aufzug, am Bahnsteig, in der Disko, im Supermarkt vor der Kasse. Was nehmen Sie bei Ihrem Chef wahr, wenn er vor den Mitarbeitern steht? Was nehmen Sie beim neuen Freund wahr, wenn er Sie begrüßt? Was nehmen Sie bei Ihrer Mutter, Ihrem Vater, Verwandten wahr? Aha!

Sie können diese Wahrnehmungsübung natürlich immer mehr erweitern. Konzentrieren Sie sich einige Zeit nur auf die Sprache Ihres Gegenübers, oder auf Ihre eigene Sprache, auch auf die Veränderung Ihrer Sprache je nach Umfeld, Personen, Situation, Status oder Beziehungsqualität. Was macht es mit mir, wenn ich einem Chef begegne oder einem Menschen, dem ich übergeordnet bin? Was ist mein primärer Wahrnehmungskanal? Hört sich das alles seltsam an? Sehe ich jetzt klarer? Fühlt sich das komisch an? Schmeckt mir das alles nicht? Riecht das nach Intrige?

Lernen Sie immer mehr differenzieren: Passt das nicht mit meinen Überzeugungen, Werten, Erfahrungen zusammen? Klingt das alles zu einfach, zu kompliziert? Verzerrt hier jemand die Wahrheit? Was macht das mit mir, wenn mich jemand frontal angeht? Stinkt es mir? Stößt es mir sauer auf? Kann ich es nicht mehr hören?

Diese Übung empfahl ich übrigens der Tochter meiner Klientin, als sie sich entschloss, doch noch einmal zum Tanzkurs zu gehen.

Sie drehte den Spieß um und zeigte ihr Interesse an sich und den anderen, indem sie mit allen Sinnen anwesend war.

Aha, so bewegt sich der Junge aus der Parallelklasse. Aha, so redet der große Blonde über meine Freundin. Aha, so lacht mich Jojo an. Immer spannender fand sie so eine Wahrnehmungstour, ein echtes Abenteuer! Aha, so klopft mein Herz, wenn er mich zum Tanz bittet. Aha, so bewege ich mich. Aha, mein Körper fühlt sich so frei und leicht bei ihm an, ganz anders als bei Claudio. Aha, so reagiert mein Herz auf die Bedingungen, die mir Maxi vorschreiben will. Aha, so reagiere ich auf seine Forderungen. Aha, auch ich entdecke, dass ich Bedingungen stelle. Interessant, ich bin Opfer und Täter.

Vielleicht haben Sie Lust, solche Wahrnehmungsspiele in Ihren Beziehungsalltag einzubauen. Dann ist es sehr wahrscheinlich, dass Sie ein Leid in sich erlösen, das Sie mit vielen modernen, erfolgreichen Menschen teilen und das die Psychotherapeuten Selbstentfremdung nennen. Selbstentfremdung bedeutet, dass Menschen sich selbst fremd geworden sind, weil sie immer weniger an sich wahrnehmen können. So werden diese Menschen manipulierbar und zum Spielball anderer und deren Forderungen. »Ich liebe dich nur, wenn ...« ist ein oft gebrauchter Satz, den viele Menschen schon aus der Kindheit kennen. Seit dieser Zeit schlich sich die Angst in die Beziehung. Wo Angst ist, da ist für die Liebe kein Platz. Auf Angst reagieren Menschen zuerst mit Verdrängen. Dieses Verdrängen wird zum Dauerzustand. Die Lösung wird auf später verschoben und sickert immer mehr ins Unbewusste. Die Angst besetzt nach und nach die gesamte Wahrnehmung. So nehmen diese Menschen das Leben nur noch durch die Angstbrille wahr, bis es so nicht mehr weitergeht.

»Aha, ich bin einem Verräter aufgesessen, der mir immer neue Bedingungen stellte. Aha, dieser Verrat brachte mich in die Isolation. Alle um mich herum konnte ich nur noch als Feinde, bestenfalls Konkurrenten auf dem Weg zum Glück wahrnehmen. Das machte mich misstrauisch und einsam. Aha, es fällt mir schwer, etwas anderes von mir wahrzunehmen als Verkrampfungen, kurzen, schnellen Atem, Enge und Unruhe. Aber ich halte diese Unruhe aus. So bin ich jetzt. Ich fliehe nicht, ich verdränge nicht mehr. Ich nehme Kontakt mit dir auf, mein inneres Kind. Ich nehme dich jetzt an die Hand und schütze dich, auch wenn der Verräter mit schlimmen Strafen droht.«

Das könnten erste Schritte zu einer neuen Wahrnehmungskompetenz sein, die Ihnen helfen kann, sich selbst und andere wieder lieben zu lernen. Es ist sehr wahrscheinlich, dass Sie zuerst all das Verdrängte in Ihnen wahrnehmen und dass Sie am liebsten wegschauen möchten. Dann hilft Ihnen Ihr neues Vertrauen und die Überzeugung, dass Sie so, wie Sie in diesem Augenblick sind, genau richtig sind, dass Sie ein Recht haben, ein liebevolles Leben mit Ihren Träumen zu leben und dass Ihr inneres Kind ab jetzt einen allerbesten Freund hat, der es schützt, so gut es ihm möglich ist, nämlich Sie, den Erwachsenen. Nehmen Sie wahr, was allein dieser Gedanke mit Ihren Verkrampfungen und Ihrem Atem macht. Nehmen Sie dann probeweise die Spur zu Ihrem ersten Verräter auf, zu dem Menschen, der Ihnen das erste Mal Bedingungen diktieren wollte und dadurch zum Judas Ihrer zukünftigen Liebesbeziehungen wurde. Sprechen Sie dann wenn möglich mit diesem Verräter, aber erst, wenn Sie weitergelesen haben.

# Das Janusgesicht der Liebe

Irgendwann in Ihrem Leben werden Sie ihn erkennen, diesen roten Faden, der zur Geburt Ihres ersten Beziehungskonflikts und den dazugehörigen Verrat an der Liebe führt. Dieser Verrat ist deshalb so heimtückisch, weil er Ihnen bis heute nicht bewusst ist. Auch der Verräter ist sich seines Verrats nicht bewusst. Bis heute.

Vielleicht werden Sie diesem Verräter schon heute in die Augen sehen und erschrecken. Dieser Verräter trägt nicht nur Ihre Gesichtszüge, er spricht auch Ihre Sprache, er trägt auch Ihren Namen. Dieser Verräter sind Sie selbst.

Als Sie das erste Mal die Bedingungen hörten, die Sie zu erfüllen hatten, um geliebt zu werden, da waren Sie wahrscheinlich noch so klein, dass Sie keine Wahl hatten, als klein beizugeben. Ein in einen Rat gepackter Verrat führt in unseren ersten Lebensjahren meist dazu, dem Rat der Eltern zu folgen statt unserer inneren Stimme. Oft ist das auch sinnvoll.

Irgendwann probieren wir dann Strategien aus, wie wir trotzdem unser Ziel erreichen und verstricken uns noch mehr. Wir werden zu unseren eigenen Verführern. Sie wissen ja schon, wohin diese »Mehr-desgleichen–Strategie« führen kann. In noch mehr Verführungen.

Die Geschichte vom Mangobauern kann Ihnen dabei helfen, diese inneren Verführer oder Verräter zu würdigen und damit zu vergeben. Wer vergeben kann, wird sich auch versöhnen können und wieder liebesfähig sein.

Vergeben können Sie dann, wenn Sie das Motiv eines Verräters verstehen. Sie stehen dann über den Dingen und können auch den Segen im Verrat erkennen, so wie der König in der Geschichte.

Wie können Sie einen Verräter würdigen? Wie können Sie Ihre Schwachstellen würdigen, statt sie zu verdammen?

In jedem Verrat ist auch ein Segen. Jeder Verrat hilft Ihnen, etwas Unbewusstes bewusst zu machen. Jeder Verrat hilft Ihnen also, zu wachsen und Leid zu transformieren, vielleicht sogar zu transzendieren. Am Ende dieses Prozesses steht Ihr ganz persönlicher achter Himmel, der Ort, an dem Sie Ihre beiden großen Sehnsüchte erlöst haben. In dieser Einstellung brauchen Sie sich auch nicht mehr Ihrer Schattenseiten und unerlösten Kellerkinder in den tiefen Kammern der Seele zu schämen. So hat jeder Verrat also auch eine Erlösung in sich und führt uns über eine ungestillte Sehnsucht mitten in die große Liebe.

## Die Erlösung des Verräters

Ich denke da an einen Kunden. Es ist der Mann, der mich bat, ihn lieben zu lernen. Seitdem war er verschwunden.

Dann erfuhr ich, dass er in einer schweren Krise war. Er bekam allerlei Erklärungen für seine Krankheit. Ein Ratgeber sagte ihm, dies wären körperliche Ursachen, ein anderer bestand auf psychischen Ursachen, der Dritte auf spirituellen Ursachen. Jeder fand gute Gründe, warum seine Feststellungen richtig wären. Aber diesem Menschen half das nichts. Geholfen hätte ihm vielleicht seine Liebe, aber die blieb auf der Straße des Erfolgs schon lange auf der Strecke.

Als ich von seinem Schicksal hörte, spürte ich in mir ein großes Bedürfnis, ihn von Mensch zu Mensch zu besuchen. War er es nicht, der mir durch seine Bitte nach einem »Lehrplan für die Liebe« eine wunderbare Spur gelegt hatte? Meine

Brustgegend wurde warm beim Gedanken an dieses letzte gemeinsame Gespräch und meine Finger trommelten ganz unruhig auf dem Telefon. Etwas in mir wollte ihn sehen und ihm auch »danke« sagen. Ich rief ihn an und vereinbarte einen Termin.

Als ich den Mann wiedersah, weinte seine Seele. Leise, fast flüsternd hörte ich ihn sagen: »Vor Ihnen muss ich mich ja nicht verstellen. In mir ist nur noch Angst, schreckliche Angst. Jeden Augenblick kann es mir die Luft abschnüren. Dann bin ich verloren, aus, vorbei. Dafür habe ich dann gelebt, ohne jemals das gemacht zu haben, was ich eigentlich wollte.«

Der Mann saß mit hochgezogenen, nach vorne zusammengezogenen Schultern vor mir. Der Kopf war nach unten geneigt, so als ob er jeden Augenblick auf sein Todesurteil wartete. Die Lippen waren zu einem Strich zusammengepresst. Das Gesicht sah blass und leblos aus. Zwischendurch zuckten die Gesichtsmuskeln kurz, um gleich darauf in eine seltsame Starrheit zu verfallen. Dann begann er leise, fast unverständlich: »Wie sagten Sie bei einer unserer letzten Begegnungen: Wo Angst ist, da ist für die Liebe kein Platz. »Wo Liebe ist, da ist für die Angst kein Platz«, korrigierte ich ihn. Er hob den Kopf, um meine Augen zu suchen. Dann schaute er wieder nach unten. »Auch zu Hause ist keine Liebe mehr, nur Stress. Wo Stress ist, da gibt es bestenfalls Sex. Aber auch da ist seit einiger Zeit Funkstille. Kann sein, dass vieles auch an mir liegt. Aber ich hab keine Lust mehr, mich immer nur zu verstellen und den Helden zu spielen.« Ich schwieg so lange, bis er mich ansah. Dann fragte ich ihn: »Und wie war das früher, ich meine, als Sie sich in Ihre Frau verliebten?« Er schwieg. Dann huschte ein Lächeln über sein Gesicht.

## Liebesübung

*Stellen Sie sich vor den Spiegel. Schauen Sie sich ganz genau an. Beschreiben Sie Ihr Spiegelbild. Was sind das für Augen? Was fällt Ihnen um Ihre Augen herum auf? Wie ist diese Stirn? Wie ist dieser Mund? Was sehen Sie um den Mund herum? Wie schauen die Haare jetzt, in dem Augenblick, in dem Sie in den Spiegel schauen, aus? Wenn das Kind, das Sie einmal waren, Sie jetzt so sehen würde, was würde diesem Kind noch alles auffallen?*

*Dann machen Sie eine Zeitreise an den Ort und in die Zeit, als Sie sich das erste Mal verliebten. Fantasieren Sie: Welches Spiegelbild hätte Ihnen da entgegengesehen?*

Wenn Sie einem Menschen in einer schweren Liebeskrise begegnen, dann könnte die Frage nach der Zeit, als die Welt noch rosarot war, aus verschiedenen Gründen sehr hilfreich sein. Je besser Sie wahrnehmen können, umso mehr Antworten bekommen Sie dann. »Seit dieser Zeit ist so viel geschehen«, kam nach langem Zögern die Antwort des Mannes. »Außerdem ist es etwas ganz anderes, sich zu verlieben, statt zu lieben. Das sind Ihre Worte.« Der Mann hatte recht. »Stimmt. Sie wollten lieben lernen. Sie wollten mich anrufen. Was ist seit unserem Gespräch auf dem Spielplatz geschehen?«, wollte ich noch wissen.

Er schaute mich erstaunt an. »Nichts.«

»Das ist der Liebe zu wenig.«

»Ich musste so vieles vorher erledigen. Immer kam etwas anderes, Wichtigeres dazwischen. Das kenne ich schon ein Leben lang. Nur noch das, nur noch jenes. So geht es mir. So geht es meiner Frau. So geht es wahrscheinlich vielen Menschen, die unter Ängsten leiden und deshalb nicht mehr lieben können.«

»Dann wäre die Angst ja ein Helfer auf dem Weg?« Bewusst ließ ich die Frage in meinem Satz mitschwingen. So flog sie wie ein Vogel an die rechte Stelle. »Ja, seit diesen Angstattacken ist alles wieder da: die Bilder des Spielplatzes. Der Duft der Frühlingsblumen. Das Lachen der Kinder, diese Schauspieler und ihre Liebesspiele auf der Bank. Sogar unser erstes Verliebtsein. Der erste Kuss. Zuerst wollte ich uns nur ein schönes Nest bauen. Dann wollten wir es noch schöner. Dann wollte ich ein sicheres Polster, damit wir aussteigen können. Dann war das Polster nicht groß genug. Dann sollte aus den Kindern etwas Gutes werden. Dann konnten wir alle nicht genug kriegen. Ich will nicht mehr einfach so. Ich kann nicht mehr!« Irgendetwas schrie aus seinem inneren Gefängnis heraus. Ich streichelte seine Hand. Das schien ihn zu beruhigen. »Ich kann Sie gut verstehen.« Meine Stimme schien ihm so etwas wie ein Sicherheitsnetz zu sein, das ihm die Angst vor der Bodenlosigkeit zu nehmen schien. »Ihre Angst bringt Sie jetzt auf einen guten Weg. Sie werden bald erkennen, wer sich wirklich hinter dieser Angst versteckt. Versuchen Sie mal zuerst ganz ruhig auszuatmen und den Boden unter Ihren Füßen zu spüren. Dieser Boden ist sicher. Darauf können Sie sich verlassen.«

Jetzt konnte ich das Kind in diesem großen starken Mann spüren. »Geht es Ihnen jetzt besser?«, wollte ich wissen. »Ja, ich ahne, wohin die Angst mich führen will. Alles hat ja seinen Preis. Was kostet der Weg zur Liebe?«, fragte er und ergänzte: »Welche Bedingungen muss ich erfüllen, damit Sie mich als mein Coach begleiten? Ich will wieder lieben lernen. Zuerst mich, dann meine Frau. Uns verbindet mehr, viel mehr, als uns trennt.«

»Wertschätzung ist ein guter Ausgangspunkt, um wieder lieben zu lernen.«

Das gefiel dem Mann und plötzlich sah es so aus, als würde ein Lächeln zu blühen beginnen wie die Knospe einer Frühlingsblume in einer scheinbar kalten Morgensonne. »Ich glaube, Sie könnten mein Freund werden. Ich hatte noch nie einen Freund, auch keinen richtigen Vater. Ich habe keine Erfahrungen, welche Bedingungen ich erfüllen muss, um Ihr Freund zu werden. Ich weiß auch nicht, was ein Vater kostet. Es wäre so vieles einfacher in meinem Leben gewesen mit der Liebe eines Vaters. So bekam ich vom Vater immer wieder Hiebe statt Liebe, wenn ich nicht spurte. Das ist bis heute so geblieben. Heute sind es Schicksalsschläge, die ich bekomme, wenn ich nicht spure.«

## Liebesübung

*Die Sehnsucht nach einem Freund ist unser Verräter. Sie verrät, wonach wir uns sehnen.*

*Unsere Ahnen aus dem fernen Griechenland, deren Tradition uns bis heute entscheidend prägt, unterschieden drei Eingangstore zur Liebe: die Freundesliebe, die erotische Liebe und die Nächstenliebe. Wenn Sie, ohne groß nachzudenken, Ihre Freunde bzw. Freundinnen aufzählen sollten, wie viele würden Ihnen einfallen? Wenn Sie dann kritisch nachdenken und sich vielleicht neue strengere Kriterien einfallen lassen, wie viele dieser Freunde bleiben dann übrig? Und wenn Sie sich für einen Einzigen entscheiden müssten, für welchen würden Sie sich dann entscheiden und vor allem: Warum?*

Dann erzählte der Mann mit dem vorsichtigen Frühlingslächeln im gefrorenen Körper seinen Lebenslauf. Ich finde solche Lebensläufe auffallend oft und in einer ähnlichen Dramaturgie bei vielen erfolgreichen Menschen. Warum ich diesen Lebenslauf das Judas-Geheimnis nenne und den Mann Judas, wird Ihnen immer klarer werden. Für mich ist er ein archetypisches Muster, das durch echtes vorurteilsfreies Wahrnehmen erlöst werden kann.

## Der Judaslohn

Judas wurde in eine Zeit hineingeboren, in der noch Mangel und Not herrschten. Die Eltern litten unter dieser Not, kannten sie doch auch andere Zeiten. Irgendwann hatte sich diese Not so in die Familie eingegraben, dass Mangel oder besser, die Angst vor Mangel, das Leben bestimmte. Alles andere musste warten. »Wenn die Zeiten wieder besser sind, kannst du das machen, was dir Spaß macht«, waren Mutters geflügelte Worte. Sie galten nicht nur dem Vater, sie galten auch nach und nach den Kindern.

Wenn Judas seine Gedichte über die Liebe schreiben wollte, musste er stattdessen der Mutter helfen. Wenn Judas eigentlich seine erste große Liebe sehen wollte, musste er vorher erst eine lange Liste von Bedingungen erfüllen. Seinen Berufswunsch konnte Judas nicht verwirklichen, weil gerade die elterliche Familie in Schwierigkeiten war. Deshalb mussten erst alle zusammen helfen. Als Vater arbeitslos war, musste Judas als Geldverdiener einspringen.

Es gab immer neue Gründe, warum alles andere zurückstehen musste. Judas machte sich selbständig. Judas wurde sehr erfolgreich. Da musste man auch in Sachen Lebensstil Bedingungen erfüllen. Die Freunde sahen ihn nicht als Menschen, sondern als den Chef einer erfolgreichen Firma, und auch er zeigte nicht den Menschen, sondern dieses Image. Bald musste man auch Bedingungen erfüllen, um von diesem »Image-Judas« als Mensch anerkannt zu werden. Das sind die Regeln in solchen Judasspielen. Wie es unter dieser Maske aussieht, geht niemanden etwas an. Seine Firma stand für Erfolg und er war untrennbar damit verbunden. Judas tat alles, damit das so blieb. Die Wahrnehmung verkümmerte zum Instinkt: Von woher droht Gefahr? Ein gefährliches Leben.

Den Preis zahlte zuerst die Liebe, dann der Körper. Immer kräftiger klopfte es an der inneren Tür: »Wach auf«, schien ihm eine Stimme sagen zu wollen, oder war es seine Angst? Irgendwann war das Klopfen unüberhörbar laut. Judas bekam einen Warnschuss, den er nicht überhören konnte. Da hörte er das erste Mal wieder nach innen. Drinnen sah es mittlerweile trostlos aus. Die ganze Seelenlandschaft hing voller Bedingungen. Jede Bedingung ein Verrat an der Liebe. Der Judas in ihm hatte ganze Arbeit geleistet. Dann kam der Katzenjammer: Wie konnte ich nur ...? Wer ist schuld?

In dieser Zeit lernten wir uns das erste Mal kennen. Wie ein Schiff im Sturm drehte er sich immer wieder um seine Schuldfragen. Wenn Sie einen Menschen in so einer Phase begleiten, ist es wichtig, die Liebe um Geduld zu bitten.

Dann, ganz langsam, begann eine neue Einstellung in ihm zu blühen: Sollte genau dieser Verrat notwendig gewesen sein, um den Wert der Liebe im Leben wertzuschätzen? Sollte dieser Judas in ihm vielleicht sogar eine Seite des Erlösers in ihm sein, der ihm – über scheinbare Umwege – wieder zu einem liebevollen Umgang mit sich und den anderen bringen will? Der Judas in ihm lächelte wie ein weiser Buddha.

»Es ist nie zu spät für einen Neubeginn«, überzeugte ihn seine Frau. Judas verkaufte seine Firma, um endlich das machen zu können, was er wirklich machen wollte. Liebesgedichte schreiben. Das hatte er seiner Seele vor vielen, vielen Jahren versprochen. Nicht nur seiner Seele, sondern auch seiner Frau und seinen Kindern. Damals wusste Judas noch nicht, dass es nicht nur darum ging, Liebesgedichte zu schreiben, sondern wieder sich und sein Leben lieben zu lernen.

Judas spürte eine große Kraft in sich. Eine Kraft, die ihm ein Gefühl gab, wieder neu geboren worden zu sein. Wie neugeboren fühlte sich auch bald eine andere Kraft, die ich »Luciferkraft« nenne. Sie verkleidet sich oft als Zweifel und will uns, nach jeder inneren Erlösung, wieder in alte Spiele hineinführen. Aber auch diese Kraft arbeitet im Dienst der Liebe, wenn wir sie zu nutzen wissen.

So eine »Luciferkraft« beginnt meist mit einfachen Fragen: Ist es nicht zu früh zum Liebesgedichteschreiben? Reicht das Geld dazu wirklich? Solltest du es nicht noch einmal allen zeigen? Lohnt es sich nicht doch, noch ein paar Bedingungen zu erfüllen? Bist du verrückt? Bist du wirklich mit dieser Frau, diesem Mann glücklich? Soll das in Sachen Sex wirklich schon alles gewesen sein?

### Liebesübung

*Schreiben Sie auf der einen Seite eines Zettels auf, wie Sie sich die Liebe zu zweit eigentlich vorgestellt hatten. Auf der anderen Seite schreiben Sie auf, wie Sie Ihre Beziehung zurzeit erleben.*

*Dann schreiben Sie auf, was Sie tun, damit Ihre Beziehung so ist, wie sie ist. Zum Schluss können Sie noch aufschreiben, was Ihr Beitrag sein könnte, damit diese Beziehung gut bleibt oder besser wird.*

## Der heilsame Verrat

Wer unserem Judas vor seiner Krise die richtigen Fragen zur richtigen Zeit stellte, konnte in ihm immer ein Ungenügen wecken und zugleich Bedingungen mit einfließen lassen. Wenn man ihm dann noch das Gefühl gab, nicht alle Bedingungen erfüllt zu haben, blieb er ein leicht manipulierbarer, bequemer Zeitgenosse, solange er keine Fragen stellte.

Die richtigen Fragen zur rechten Zeit stellen, erlöste nicht nur den edlen Ritter Parzival, sondern auch manchen »Macher« unserer heutigen Zeit.

Wenn auch Sie in Ihrem lieben Leben nur nach Bedingungen leben, die Ihnen andere stellen, leben auch Sie fremdbestimmt, nennen das die Psychologen. Das macht auf Dauer unzufrieden, die Liebe fließt nicht mehr und die Seele trocknet aus. Aber das an sich selbst wahrzunehmen, fällt fremdbestimmten Menschen schwer.

Fremdbestimmung führt jeden Menschen in eine Lebenskrise. Wer das Wichtigste und Wertvollste, nämlich seinen größten Schatz für Geld und Beifall verrät, der kann keine ehrlichen und liebevollen Beziehungen aufbauen. Er kann auch den Schatz eines liebenden Du nicht wertschätzen. Er wird unfähig, sich selbst und andere zu lieben. Bestenfalls tauscht er Liebe gegen Silberlinge. Wo so ein Liebesmangel herrscht, wachsen Angst, Schuldgefühle und Zwänge. Das sind nach Einschätzung der Psychotherapeuten auch die Bedingungen für Burnout und die entsprechenden Folgeerkrankungen.

Der erste Schritt, damit aus einem Verrat auch ein Segen wird, heißt Würdigung: Ich erkannte diesen Segen, als ich Judas bei meinem letzten Besuch um ein Blatt Papier bat. Er schob mir das Blatt zu, das neben uns lag. »Liebesgedicht an meine Mutter« stand am oberen Rand. »Nehmen Sie es ruhig«, ermunterte mich Judas. Ich stutzte und bat ihn um ein unbeschriebenes Blatt. Dann versuchte ich den Augenkontakt mit ihm zu halten, während ich ihn fragte: »Wie viel Prozent Ihrer gesamten Lebenskraft widmeten Sie bis heute dem Geldverdienen?«

»90 Prozent«, antwortet er zweifelsfrei.

»Und die anderen zehn Prozent?«

»Die brauche ich, um meine Beziehungsprobleme zu managen.«

Ich schwieg bewusst. Allmählich wurden die Augen von Judas, dem Verräter, leer wie ein Raum, aus dem alles ausgeräumt wurde, damit auch die letzte Erinnerung an den Vormieter verschwunden ist.

»Null Prozent für den Liebesgedichtschreiber?«, rechnete ich ihm vor. »Das ist zu wenig.«

»Verdammt wenig für einen, der sein Leben lang Bedingungen erfüllt, um irgendwann seinen großen Traum erfüllen zu können. Das ist meine Krankheit.« Mehr konnte er nicht sagen, weil lautes Schluchzen alles abwürgte, was er noch sagen wollte. Aber das Wichtigste war ja gesagt.

Auch wenn Sie in Ihrem Leben nie Gedichte schreiben wollten, auch wenn es nie der Traum der Seele war, ein Buch zu schreiben oder ein Bild zu malen, ein guter Schauspieler zu werden oder tanzend durch das Leben zu schwingen – einen Traum hatten auch Sie: das zu werden, was Sie so einzigartig macht. Die Liebe wollte auch Ihnen dabei helfen, ein Glücksleuchtturm zu werden, dessen Licht mit einem anderen Leuchtturm so verschmilzt, dass dort, wo es sich trifft, Tag wird. Vielleicht gibt es auch in Ihnen einen Judas, der erlöst und auch gewürdigt werden will, weil nur durch ihn dieser Irrtum erkannt werden kann, damit sich Leid in Liebe transformiert, damit Sie sich liebend Ihrer Bestimmung hingeben können, um dadurch erst für die ganz große Liebe fähig zu sein.

Als Judas die letzten Tränen eines verratenen Kindes ausgeweint hatte, fragte ich ihn, ob er mit dem Liebesgedicht an die Mutter seine »poetische Karriere« beginnen wollte. Er nickte, nahm das Blatt Papier, das er mir gegeben hatte und faltete es achtsam, fast zärtlich.
»Für ein Liebesgedicht ist es nie zu spät.«
Er schaute vorsichtig nach oben. Die Mutter war schon lange tot.

### Liebesübung

*Mit dem Tod eines geliebten Menschen oder der Trennung von einem Beziehungspartner sterben nicht automatisch auch die Bedingungen, die zu dieser Liebesbeziehung gehörten. Oft überleben gerade die Bedingungen Generationen.*
*Oft hilft hier eine Übung, die ich »Trauerritual« nenne.*
*Schreiben Sie einen letzten Liebesbrief, schonungslos offen und im Geiste der Liebe, weil Liebe verstehen, verzeihen und vergeben will. Lesen Sie sich dann diesen Brief bei einer brennenden Kerze und vielleicht einer verbindenden Musik vor.*
*Sagen Sie dann zur gemeinsam verbrachten Zeit: »Ich gebe dich frei.« Verneigen Sie sich dann tief vor dem gemeinsamen Leben und schauen nach vorn, dorthin, wo für Sie die Zukunft ist.*

## Wieder Flirten lernen

Oft verkleidet sich unsere Sehnsucht in Symbole, wenn es darum geht, wieder den Weg zur Liebe zu finden. Diese Symbole haben dann meist mit einer Zeit zu tun, in der wir andere, vielleicht »kindliche« oder »verträumte« Wertvorstellungen hatten. Die Wertvorstellungen der Erwachsenenwelt überwuchsen diese »Kinderträume« wie Efeu einen alten Tempel. Wenn Sie sich wieder mit der kreativen Kraft dieses Kindes verbünden, finden Sie hinter all dem Gestrüpp und Schutt aus Bedingungen und Vorurteilen wieder den Tempel Ihrer verlorenen Lebensträume. Diese Lebensträume wieder wahrnehmen zu können, ist die Bedingung, auch bei anderen deren

Träume wahrzunehmen, zu würdigen und wertungsfrei und staunend wie ein Kind anzunehmen. Diese Träume brauchen den besonderen Schutz eines Erwachsenen, am besten des Erwachsenen, der Sie heute sind.

Der Manager, Pragmatiker, Judas oder wie immer Sie den Teil in sich nennen, der Ihnen half, all die Bedingungen eines Erwachsenenlebens zu erfüllen, wird Ihnen hier wenig helfen können. Aber auch das ist ein Prozess, der durch permanente Reflexion, durch kritische Begleitung und Pragmatismus unterstützt werden will. Ich nenne diesen Prozess Flirt.

Ja, flirten Sie mit sich und all den Träumen. Gehen Sie so achtsam vor, wie Sie bei einem Flirt vorgehen.

Flirten ist übrigens eine wunderbare Möglichkeit, Wahrnehmung oder Exploration zu lernen. Im echten Flirten begegnen wir uns und einem fremden Du mit Interesse und Wertschätzung. Wir können sehr viel von uns und dem Du mit allen Sinnen erfahren. Wir können mit unterschiedlichen Wahrnehmungskanälen spielen. Ja, wir können sogar erfahren, welcher primäre Wahrnehmungskanal der unsere ist und wie es sich anfühlt, einen neuen Wahrnehmungskanal auszuprobieren. In meinen Explorations-Workshops gehen wir oft so weit, dass wir bewusst auf Sprechen oder Hören verzichten und uns über die Gebärdensprache oder Zeichensprache wahrnehmen lernen. Eine Übung, die ich Ihnen gerne empfehlen kann, weil Sie dadurch schnell Kontakt mit der inneren Kraft bekommen, die ich unser inneres Kind nenne.

## Liebesübung

*Verzichten Sie ganz bewusst auf Worte. Konzentrieren Sie sich auf Gebärden. Wie drücken Sie mit Gesten aus, dass Sie sich entschieden haben? Wie zeigen Sie ein Nein, ein Ja, ein Vielleicht? Wie signalisieren Sie, dass Sie Zeit zum Überlegen brauchen, wie drücken Sie eine Einladung, eine Ablehnung aus? Erfinden Sie und spielen Sie einfach weiter. Lassen Sie Ihrer Fantasie und damit Ihrem inneren Kind freien Lauf.*

Es gibt einen anderen Teil, der Ihnen oder diesem inneren Kind bei der Verwirklichung seines Traums oder bei Ihrer Schatzsuche helfen kann, fündig zu werden. Diesen Teil nennen die Mythen und Märchen Frau Holle, gute Hexe oder den weisen Zauberer. Versuchen Sie auch, diese Geschichten in Ihre Wahrnehmungsübungen einzubeziehen. Was geschieht in Ihnen, wenn Gretel die Hexe in den Ofen schubst? Was geschieht in Ihnen, wenn Rumpelstilzchen im Boden versinkt? Was macht das mit Ihrem Gesicht, Ihren Muskeln? Was macht das mit Ihren Kindern oder den Erwachsenen?

Mehr und mehr wird uns bewusst: Wahrnehmen lernen ist ein Prozess, der unter die Haut geht. Er beginnt damit, dass Sie lernen, sich selbst oder dieses Kind in Ihnen wieder wichtig zu nehmen, sich verletzbar und angreifbar zu machen.
Wer sich als der zeigt, der er ist, wird auch so wahrgenommen werden. Davor hat nicht nur der Kaiser in dem Märchen »Des Kaisers neue Kleider« Angst, sondern auch ein Macher, eine »starke Frau« oder ein vermeintlich schwaches Geschlecht.
Wahrnehmen lernen heißt wieder neugierig werden, Freude am Flirten zu entwickeln.

Dieser Flirt beginnt zuerst bei Ihnen selbst. Vielleicht beginnt er einfach so:

## Liebesspiel

*Sie begegnen einem Fremden: Sie schauen nach innen. Aha, so verkrampft ist meine Hand jetzt. Aha, jetzt komme ich ins Schwitzen. Aha, seine Stimme schwingt angenehm sanft an mein Ohr. Aha, er interessiert sich für mich. Aha, meine Augen interessieren sich auch für Ihn. Aha, so formuliert er seine Absichten. Aha, so sucht er Kontakt.*
*Nutzen Sie jede Gelegenheit, Ihre Wahrnehmungskompetenz zu schulen.*

Sie werden schnell feststellen, wie schwer es Ihnen fällt, neugierig und wertungsfrei zu beobachten. Das gehört zu diesem Lernprozess. Sie können nur dann wieder sich und Ihr ganzes Leben lieben lernen, wenn Sie sich und alles um Sie herum als einen Prozess sehen, bei dem alles einem ständigen Wandel unterworfen ist. In einem Prozess verstärkt sich alles von selbst, also versuchen Sie immer öfter sinnlich wahrzunehmen, statt Bedingungen zu stellen oder zu verurteilen.

## Sich selbst wieder wichtig nehmen heißt mit sich selbst zu flirten

»Alles, was wir tun, wirkt sich auf das Leben des anderen aus.« Wenn Sie jetzt Ihre Fähigkeiten zu sehen, zu hören, zu tasten, zu schmecken, zu fühlen, zu riechen in den Dienst der Liebe stellen, werden Sie nicht nur bei sich, sondern auch bei allen Menschen eine große Veränderung feststellen. Flirten wird eine ganz andere Bedeutung für Sie bekommen.

Ein Liebesspiel wird endlich ein sinnliches Vergnügen. Und alles wird mit jedem Tag sinnlicher, reicher, ekstatischer.

So wie Sie lernten, dass »verliebt sein« etwas ganz anderes ist als lieben, so werden Sie jetzt lernen, dass ein Image etwas ganz anderes ist als ein Mensch. Wenn »verliebt sein« die Insel der Seligen ist, dann ist lieben die Unendlichkeit.

Als Sie sich das erste Mal ohne Maske zu zeigen trauten, hatten Sie schon einen langen Weg in diese Unendlichkeit hinein zurückgelegt. Die Sehnsucht, sich von Ihrer selbst geschaffenen Isolation in dieses große weite Unbekannte zu wagen, führte Sie durch das Tor des Vertrauens. Sie fanden sich in einem Himmel, in dem alles, so wie es ist, gut ist.

Mit dieser Ahnung, dass auch Sie, so wie Sie sind, gut und wertvoll sind, trauten Sie sich zu zeigen. Vor diesem neuen Erfahrungshorizont zeigte sich auch ein Riese, den Sie mit zunehmender Wahrnehmungskompetenz immer sicherer als einen Scheinriesen entlarven werden.

### Liebesübung

*Erlauben Sie sich selbst eine Erfolgskontrolle. Beobachten Sie die Menschen aus Ihrem Bekanntenkreis. Versuchen Sie an der Art, wie Ihre Bekannten reden, wie sie sich verhalten, deren primären Wahrnehmungskanal herauszufinden. Dann fragen Sie sich: Was ist mein primärer Wahrnehmungskanal? Stinkt mir etwas? Kann ich etwas nicht mehr sehen? Fühlt sich etwas gut an? Wie gehen Sie damit um, wenn Sie auf unterschiedlichen Wahrnehmungsebenen miteinander kommuni-*

Der Scheinriese, den wir Angst nennen, wird Ihnen immer weniger Bedingungen diktieren können, damit Sie sich endlich als der zeigen können, der Sie wirklich sind: verletzbar, aber authentisch. Die Drohungen, die er ausspricht, werden Sie immer weniger dazu bringen, klein beizugeben. Auch werden Sie immer seltener mit einer alten Art der Abwehr reagieren. Sie werden nicht mehr verdrängen, auch nicht mehr verniedlichen. Ihre alten Antworten auf altbekannte Gefahren beim Zeigen bleiben Ihnen erhalten. Durch Ihre wachsenden Fähigkeiten, mit allen Sinnen wahrzunehmen, was wirklich ist, gewinnen Sie riesige Erfahrungsschätze dazu. So können Sie frohen Mutes durch das nächste Tor in einen nächsten Himmel.

Schon ahnen Sie das Licht eines kommenden großartigen Sonnenaufgangs, der sich leicht bläulich silbern im Tor der Liebe spiegelt.

Nehmen Sie jetzt fest das wiedergefundene innere Kind an die Hand, damit es Ihnen auf dem Weg zu Ihrer Ursehnsucht ein liebevoller und dankbarer Begleiter sein kann.

Der Macher oder die Macherin in Ihnen wird langsam wieder lernen, sich von dem Kind in Ihnen wie von einer inneren Weisheit führen zu lassen. Weil Sie den Kontakt zwischen Macher und Kind wieder wahrnehmen können, nehmen Sie auch den stillen Zauber der Kindheit wahr und die Heilkraft, die durch die zarte Berührung zwischen Kind und Macher wieder lebendig wird.

Gemeinsam werden Sie bald staunend vor einem Tor stehen, das Sie in eine neue, unbekannte Welt eintreten lässt. Es ist die Welt der großen Gefühle, des Einfühlens, des Mitfühlens, aber auch des dunklen Schattenreichs der Gefühle. Wenn Sie das Tor durchschritten haben und in diesem neuen Bewusstseinshimmel stehen, wissen Sie, was es heißt, bewusst wahrzunehmen.

Unten ist dieses Tor noch dunkel, aber der werdende Sonnenaufgang lässt schon die Schönheit dieses Tors erahnen. Wie bei einem Schattenspiel hebt es sich dunkel vom glutroten Hintergrund ab. Einem Zauberspiel gleich verwandelt sich langsam das glühende Rot des Himmels mehr und mehr in ein freudiges Orange, das von einer neuen Leichtigkeit künden will. Jetzt, da Sie dieses Schauspiel mit allen Sinnen wahrnehmen können, sind Sie bereit für den nächsten Schritt.

Und nun treten Sie ein in den neuen Himmel der großen, bewussten Gefühle.

### DER VIERTE SCHLÜSSEL ZUM ACHTEN HIMMEL

... heißt wahrnehmen lernen. Wenn Sie wieder neugierig werden wie das Kind, das Sie einmal waren, können Sie wertungsfrei und absichtslos tastend auf Entdeckungsreise gehen. Diese Entdeckungsreise üben Sie am besten zuerst bei sich selbst. Lernen Sie mit sich flirten. So kommen Sie selbst zuerst in den Genuss einer neuen sinnlichen Erfahrung und lernen zugleich den Reichtum des Landes kennen, das Ihren Namen trägt.

Wahrnehmen heißt zuerst alle Sinne zu gebrauchen und dann wertungsfrei anzunehmen.

# KAPITEL 5

# Fühlen, was der andere fühlt

Wenn Ihnen Beziehungen zu wichtig und zu wertvoll für Machtspiele geworden sind, dann ist es jetzt an der Zeit, mit Worthülsen und Phrasen radikal aufzuräumen. Lernen Sie stattdessen, sich selbst und andere in einer neuen Tiefe zu verstehen. In dem Maß, in dem Sie sich achtsam und liebevoll auf den anderen einschwingen können, erlösen Sie Ihre Gefühle von Einsamkeit.

## Das Geheimnis der schüchternen Frau

Christine war eine schüchterne Frau. Das sagte ihr Mann. Das sagten die Kolleginnen und das wusste auch ihr Chef. Christine wusste es auch. Sie wusste es von ihren Eltern. »Du warst schon immer schüchtern«, sagen sie noch heute.

Christine erinnerte sich noch an ihren ersten Auftritt. Da war sie sieben Jahre alt und sollte zum Schulfest auf der Bühne ein Gedicht aufsagen.

Christine lernte das Gedicht so gut sie konnte. Dann kam der Tag, an dem ihr großer Auftritt war. Ganz allein stand sie da oben, den Blicken von so vielen Menschen ausgeliefert. Die Lehrerin gab ihr das vereinbarte Zeichen. Christine sollte beginnen. Da begann es sich in ihrem Kopf zu drehen. Die Augen der vielen Zuhörer wurden immer größer und böser. Christine wollte beginnen, suchte irgendeinen Halt, suchte nach Worten, nichts kam. Unten wurde es unruhig. Christine versuchte trotzdem zu lächeln. Das gelang ihr immer weniger. Es dauerte eine Ewigkeit, bis die Lehrerin kam. In ihrem Beisein ratterte sie noch das Gedicht herunter, dann fiel sie der Lehrerin weinend in die Arme.

Seit dieser Zeit blieb Christine lieber unsichtbar. Nur nicht auffallen, wurde ihre Devise. Ein Leben lang lebte es sich gut damit, lieber im Hintergrund zu bleiben. Warum, das blieb lange Zeit ihr Geheimnis. Musste sie trotzdem einmal sichtbar werden, zum Beispiel, wenn der Chef sie bat, ihre guten Zahlen vor dem Team zu präsentieren, bekam sie schon vorher Schweißausbrüche oder bat einen anderen aus dem Team, diesen Job zu übernehmen. So blieb Christine eine fleißige graue Maus, machte die Arbeit und überließ anderen den Applaus. Wie lange konnte das noch gutgehen?

Umso mehr wunderten sich die Leute, dass ausgerechnet Christine einen Mann heiratete, der sich überall in die erste Reihe schob. Manche bezeichneten den Mann heimlich sogar als Ekel. Christine hatte keine Freundinnen, nur den Bekanntenkreis ihres Mannes.

Manchmal, wenn Christine sich an ihn anlehnen wollte, wich er aus. Wenn andere Zärtlichkeiten austauschten, machte er sich darüber lustig.

»Der hat nur seine Karriere im Sinn«, sagten Christines Eltern.

## Exkurs: Wissen

*Ernsthafte Wissenschaftler sind überzeugt, dass wir unseren Partner nach einem unbewussten biologischen Muster aussuchen. Nach Überzeugung dieser Forscher scannen wir im Augenblick der ersten Begegnung instinktiv unser Gegenüber nach diesem Muster ab und bekommen erst nach diesem biologischen Check durch unseren Körper unbewusst ein »Go« oder »No«. Diesem ersten Check folgt eine Feinselektion. Wir wollen niemanden, der so riecht wie wir selbst, sondern der sich von unseren Duftstoffen unterscheidet. Entsprechend gestalten sich dann unsere nächsten Schritte.*

## Der Mann an Christines Seite

Christines Mann, wir nennen ihn Christian, machte tatsächlich schnell Karriere, so schnell, dass er bald nur noch von Applaus zu Applaus hetzte. Von seiner Frau sah man immer weniger.

Dann kam der Absturz. Christian verschwand so schnell aus den Schlagzeilen, wie er hineinkam. Wenn sich jemand nach ihm erkundigte, hörte man nur aus gut unterrichteten Kreisen, dass es ihm schlecht gehe und er zurzeit ans Bett gefesselt sei.

»Vielleicht holt er jetzt im Bett mit ihr all das nach, was er vorher wegen seiner Karriere versäumt hatte. Eine satte Abfindung macht doch immer noch sexy«, hörte man die bösen Zungen flüstern, was Christine zugetragen wurde.

Aber bald wurde Christian selbst für die bösen Zungen uninteressant.

# Die Bettfalle

All das erzählte mir Christine bei unserem ersten Termin. Sie wollte endlich über alles reden, weil sie in diesen krisenhaften Zeiten dringend Hilfe brauchte. Klein, zierlich, stark abgemagert und geduckt, so saß die Frau vor mir. »Seit er nur noch zu Hause ist, geht er nicht einmal mehr fremd. Je länger er im Bett liegt, umso schlimmer wird alles«, begann sie verbittert. »Ist er krank?«, fragte ich.

»Nicht wirklich. Ach, ich weiß auch nicht.«

Dann berichtete sie, dass ihr Mann seit seinem beruflichen Absturz »wie verhext« sei. War er früher schon nicht einfach, so wäre er jetzt unerträglich geworden. Sie hätte so gerne die Chance für einen gemeinsamen Neuanfang genutzt. »Wir hatten noch nie richtig Zeit für Sex miteinander. Jetzt hätten wir genügend Zeit, vieles nachzuholen Aber er will nicht oder kann nicht mehr. Er liegt viel lieber stundenlang im Bett, starrt an die Decke und sagt kein Wort. So geht das schon seit Wochen. Neulich las ich irgendwo in der Zeitung, dass dieses andauernde Im-Bett-Liegen sogar impotent machen soll.«

Ich kannte diese Untersuchung und erinnerte Christine daran, dass es Probleme geben kann, an deren Lösung man auf Dauer besser nicht alleine arbeitet. »Vielleicht bin ich doch nicht an allem alleine schuld?«, fragte sich Christine halblaut.

## Exkurs: Wissen

*Australische Ärzte fanden heraus, dass schon einige Tage Bettruhe unser gesamtes System »Mensch« verändern können. So fällt der Spiegel männlicher Geschlechtshormone rapide und die Spermienproduktion wird entscheidend zurückgefah-*

ren. Die Libido der Männer nimmt ab. Wichtige Botenstoffe im Gehirn wie das Bindungshormon Dopamin und unser Glückshormon Serotonin werden weniger produziert, was sich wiederum auf unseren Schlaf und unser gesamtes Wohlbefinden auswirkt.

## Die verblühte Narzisse

Irgendwann saß ich dann auch Christian, Christines Mann, gegenüber. Er wüsste überhaupt nicht, wie er dieses Gespräch aushalten solle, ließ er mich sofort wissen. Es ginge ihm so schlecht, er könne sich nicht einmal mehr im Spiegel ansehen, sonst käme ihm das kalte Entsetzen. Dann begann er sofort mit seiner Leidensgeschichte, schilderte detailliert den plötzlichen Absturz und die damit verbundene Ungerechtigkeit. Immer wieder musste er betonen, wie viele Fehler die anderen seit seinem Ausscheiden machen würden. »Allein, wenn ich daran denke, wie genau ich jeden Medienauftritt plante, mir immer wieder die Videos von mir ansah. Erfolgskontrolle, verstehen Sie? Da saß jedes Wort, jede Geste. Heute noch sind diese Auftritte das Beste, was es bisher gab.«
Dabei strich er sich elegant und selbstverliebt über seine Haare, seinen Oberkörper, sein Gesicht, wie zu seinen besten Zeiten, um sich kurz darauf heftig zu erinnern, was mit ihm alles verloren ging.

Wenn Ihnen Menschen wie Christian begegnen, kann es sein, dass Sie sich alter Vorurteile bedienen, die sich im Laufe der Begegnung als hinderlich herausstellen. Ich empfehle in meinen Kursen, hineinzufühlen, immer ganz nah bei sich zu bleiben und gleichzeitig beim anderen zu sein. Dabei sind einige Begriffsklärungen hilfreich.

## Exkurs: Empathie

*Unter Empathie verstehen Psychologen die Fähigkeit, sich in einen anderen Menschen einfühlen zu können. Es geht darum, die Gefühle und deren Tiefe fühlen zu können, richtige von falschen Gefühlen zu unterscheiden oder Übertragungen und Gegenübertragungen zu erkennen, ohne sich darin zu verlieren.*

*Durch Mitschwingen in den Gefühlen des anderen, durch Fühlen des Gegenteils oder bewusste Übertreibung entsteht ein Bild der aktuellen Gefühlswelt des Gegenübers.*

*Anders als in der Empathie, fühlen wir in der von Wohlwollen getragenen Sympathie mit dem anderen, machen uns Freude oder Leid, Trauer oder Schmerz des anderen zu eigen, bis hin zum Mitleiden.*

*Das Gegenteil der Sympathie ist die Antipathie, die von innerer Ablehnung geprägt ist.*

Wenn sich Menschen empathisch auf ein Du einschwingen, lohnt es sich, immer wieder auch den Blick nach innen zu richten und sich Fragen wie diese zu erlauben: »Was macht das mit mir, wenn mir dieses Gefühl entgegenkommt? Was macht das mit mir, wenn ich hinter diesem Gefühl ein falsches Spiel entdecke?«

Auch ich schwang in diesen Fragen. Und hinter diesen Fragen schwang noch etwas anderes: der Respekt vor dem kleinen Christian, der sich all diese Spiele erfunden hatte, um zu überleben. So entstand ein Raum, in dem Würdigung möglich war.

Dies ist auch eine gute Möglichkeit, Ihnen etwas mehr vom inneren Beobachter zu erzählen. Vom inneren Beobachter sprechen die Psychologen, wenn es Ihnen möglich ist, sich selbst in Ihrem Kontakt mit einem Du zu beobachten und dadurch eine distanzierte Haltung zum Geschehen zu bekommen. Im Märchen und in den Mythen nennt man diesen inneren Beobachter deshalb gerne auch den »Weisen« oder den »Ratgeber«. Diese innere Instanz hilft Ihnen dabei, das Geschehen in sich zu reflektieren und sich Dramaturgien, Fallen oder Verstrickungen bewusst zu machen. Später können Sie sogar noch einen Beobachter in sich installieren, der auch den Beobachter beobachtet. Psychotherapeuten brauchen oft solche inneren Hilfen, damit sie ihrer eigenen Übertragungen und Gegenübertragungen bewusst werden.

Auch bei meinem Gespräch mit Christian sollten sich diese Hilfen als wertvoll erweisen. Wir hatten sehr viel Zeit eingeplant, und Christian brauchte diese Zeit. Am Ende seiner Erzählung fragte ich ihn, wie er sich jetzt fühle.

Ich konnte erkennen, dass sein Atem ruhiger, die Stimme weniger gehetzt und die Bewegungen seiner Finger etwas lebendiger wirkten als zu Beginn unseres Gesprächs. In der Tiefe seiner Seele fühlte ich tiefe Ratlosigkeit und Scham. »Diese in unqualifizierte Kritik nur mühsam verpackte Undankbarkeit machte mir lange zu schaffen. So gesehen ist die Abfindung nur ein Schmerzensgeld, viel zu wenig übrigens für das, was ich geleistet habe.«

»Wie geht es Ihnen jetzt?«, wiederholte ich meine Frage.

»Etwas besser. Vor allem da.« Er deutete auf die Halsgegend. Ich bat den Mann, zu beschreiben, was jetzt besser ist. Er machte mit, ja er bemerkte sogar, dass seine linke Hand zu einer Faust zusammengeballt war und dass die rechte Hand seine Faust zu beruhigen schien. Ich bat Christian, die rechte Hand mit der linken Hand sprechen zu lassen. Vielleicht bräuchte sie etwas, was die linke Hand im Überfluss hat. Die Antwort kam prompt. Sofort begann die linke Hand die rechte Hand ganz zärtlich zu streicheln. Ich ermunterte ihn: »Vielleicht möchten sich beide Hände streicheln.«

Er machte auch dieses Spiel immer lebendiger mit, wurde immer mutiger, fantasievoller, inniger, zärtlicher. Irgendwann bewegte sich sogar die Zunge, dann bewegten sich die Augen. Dann irgendwann, fast unmerklich, begann dieser ehemals gefrorene Mund zu summen. »Es duftet nach Frühling«, rief er plötzlich und schaute dabei zum Fenster. »Die ersten Frühlingsblumen, sehen Sie doch, es blüht! Es blüht, da, da, da, es blüht. Es ist, als würde die Natur ihre Farben ändern und ihr Duft bekäme etwas Leidenschaftliches! – Entschuldigung, es ging etwas mit mir durch ...« Christians Stimme war zu einem Instrument geworden, das ein Liebeslied spielte.

»Ich würde das, was da singt, Ihre Sehnsucht nennen. Eine Sehnsucht, die Sie zur Liebe führen will«, sagte ich.

### Liebesübung

*Suchen Sie sich eine Musik zum Mitsingen oder Mitsummen aus. Hören Sie diese Musik immer bewusster. Was geschieht in Ihnen?*

*Welche Gefühle kommen hoch? Versuchen Sie diesen Gefühlen einen Klang zu geben. Einen Summton vielleicht oder einen Laut. Folgen Sie den inneren Impulsen. Wenn die Töne lauter werden wollen, lassen Sie es zu. Wenn sie sich verändern wol-*

*len, lassen Sie es zu. Werden Sie mehr und mehr zum Beob-*
*achter eines Spiels, das sich aus der Tiefe befreien will, um*
*erlebt werden zu können. Vielleicht trägt Sie dieses Spiel in*
*einen zeitlosen Raum, den Sie aus der Kindheit kennen.*
*Gönnen Sie sich diesen Aufenthalt in diesem Raum so lange,*
*wie Sie wollen, in der äußeren realen Zeit ein paar Minuten.*
*Dann genießen Sie die Nachwirkungen in der Stille.*

Als »Flow« bezeichnen Glücksforscher ein Hineinfließen ins Glück. Sie kennen es von der Kindheit, als Sie plötzlich alles um Sie herum vergaßen und nur noch eins waren mit allem um Sie herum.

Suchen Sie sich eine Lieblingsmusik aus. Lauschen Sie der Musik. Folgen Sie dann achtsam den Bewegungsimpulsen in Ihrem Körper, ganz langsam, ganz vorsichtig, so als ob Sie das erste Mal etwas ganz Zartes fühlen würden. Fühlen Sie diese Zartheit immer bewusster. Welche Farbe hat diese Zartheit, welchen Geruch, welche Stimme, welchen Geschmack? Welche Erinnerungen ruft sie hervor? Folgen Sie diesen Eindrücken und lassen Sie immer deutlicher die Bewegungen zu, die aus Ihren Händen, Beinen, Hüften entstehen wollen.

Dann geben Sie sich ganz diesen Bewegungen hin, wie immer sie auch sind. Noch mehr, noch inniger, noch tiefer, tiefer, tiefer. Erlauben Sie Ihrer Stimme mitzugehen. Vielleicht will sie singen, schreien, jauchzen! Erlauben Sie allen Gefühlen, dabei zu sein. Dann spüren Sie diese langsam in den Fußsohlen. Lassen Sie leichte Wurzeln daraus wachsen. Folgen Sie den Wurzeln. Mit dem Wachsen der Wurzeln kommen Sie wieder langsam ins Hier und Jetzt. Bedanken Sie sich durch ein leichtes Verneigen bei sich selbst.

Nach einigen dieser sogenannten Flow-Tänze hatte ich Christians Seele als Verbündete gewonnen. Seine Seele verband sich mit meiner Seele und wollte wieder fühlen lernen. Sie wollte nicht nur sich fühlen, sie wollte Christine fühlen, sie wollte Menschen fühlen, eintauchen in die Gefühle wie in warmes Wasser. Fühlen, fühlen, welch eine Welt, welch eine Vielfalt an Welten!

Der ehemalige Macher Christian taute auf. Noch gefiel es ihm, von seinen früheren Leistungen zu erzählen. Noch gefiel es ihm, Masken auszuprobieren. Aber immer mehr interessierte es ihn, von seinen aktuellen Erfahrungen mit diesem fremd gewordenen Körper erzählen zu können. »Ich glaube, wir sind mitten in einem Fitnessprogramm in Sachen Liebesglück«, verabschiedete er sich eines Tages nach einem Tanz, den er »Healthflow« nannte und bei dem es darum geht, immer achtsamer den traurigen Impulsen der Seele zu folgen, bis daraus ein Glückstanz wird.

## Fit für ein neues Glück

Von da an sahen wir uns oft und regelmäßig. Christian schaute in das Geheimnis seiner Scham. Christian schloss Frieden mit seiner Trauer. Christian lernte seiner Sehnsucht folgen. Langsam fielen ihm auch lange verschollene Träume ein, über die er sprechen wollte. Es waren Träume, in denen er mit seiner Frau Liebestechniken ausprobierte, die er sich im wirklichen Leben verboten hatte. Das Erzählen schien ihm gutzutun. Irgendwann hörte ich, dass er sogar ein Buch über die Geschichte der Traumdeutung gekauft hätte. Auch für die alten Mythen schien er sich plötzlich zu interessieren. Immer öfter zitierte er scheinbar zufällig daraus.

»Bei Ihnen geht es zu wie im alten Heilerzentrum Epidauros«, scherzte er einmal und erzählte mir danach ausführlich, wie viel Weisheit in diesen alten Beschreibungen über Epidauros stecke. »Da ging es den Leuten gleich besser, wenn sie heilsame Geschichten zu hören bekamen.«

Ein breites Lächeln zog durch sein Gesicht »Möchten Sie eine dieser heilsamen Geschichten hören? Eine, die Sie vielleicht in Ihrer Ahnung bestärken könnte?«, nahm ich ganz vorsichtig den Faden auf.

Wusste ich doch, dass Menschen mit einer inneren Prägung, die ich bei Christian vermutete, den anderen schnell zum Feind abstempeln, wenn er dem eigenen Image gefährlich werden könnte. Er wollte, schränkte jedoch ein: »So lange es nicht das Märchen mit dem Spieglein, Spieglein an der Wand ist, bei dem ich die Person bin, die sich immer wieder im Spiegel ansieht, um sich sagen zu lassen, was sie sowieso schon weiß.«

Ich konnte Christian beruhigen. »Nein, Schneewittchen ist es nicht, obwohl darin ein Aspekt sehr interessant ist.«

»Welcher?«, wollte er sofort wissen.

»Wenn sich diese Person ihrer Großartigkeit und Schönheit so sicher ist, warum muss sie dann vermeintlichen Konkurrenten nach dem Leben trachten?«

»Ich sehe mich, wenn überhaupt, in diesem Märchen als diesen jungen schönen Menschen, den man vergiften wollte.«

»Sie meinen das junge, unschuldige Schneewittchen?«

Christian strich sich über seine leicht ergrauten Schläfen und musste lachen. Dann beschwichtigte er sich selbst. »Sie haben sich sicher eine Geschichte ausgesucht, die zu mir passt.« Ich bestätigte ihn. »Ich hatte an die Geschichte von Narziss gedacht, weil diese Geschichte besser zu Epidauros passt.«

»Das hätte ich mir denken können.«

Christian lehnte sich zurück und setzte sich in der Pose eines gönnerhaften, alten griechischen Königs in Position. Er hatte für kurze Zeit seine alte Form wiedergefunden, auch wenn er äußerlich nur »ein Schatten seiner selbst« war, wie er es zwischendurch formuliert hatte.

### Die Geschichte von Narziss

*Narziss war das Kind einer Nymphe und eines Flussgottes, der die Nymphe vergewaltigte. Das Kind wuchs an Schönheit und Ausstrahlung. Bald weckte es die Leidenschaft vieler Männer und Frauen, blieb aber davon unbeeindruckt.*
*Irgendwann wurde Narziss von der Nymphe Echo entdeckt, die keine eigenen Sätze sprechen, sondern nur vorgegebene wiederholen konnte. Auch ihre Liebe verschmähte Narziss. Bis auf den Klang ihrer Stimme blieb durch diese Zurückweisung nichts mehr von Echo zurück.*

*Kurz darauf ereilte Narziss ein Schicksal, das ihm Seher voraussagten, wenn er bei sich selbst und seiner Selbstbetrachtung steckenbleiben würde. Der Fluch eines verschmähten Liebhabers ist die Ursache, dass sich Narziss beim Blick in das kristallklare Wasser in sein eigenes Spiegelbild verliebte.*
*Aber immer dann, wenn Narziss, von heißer Begierde getrieben, in das Wasser griff, um sein eigenes Spiegelbild zu küssen, löste es sich in den von ihm selbst verursachten Wellen auf.*
*Als ihm seine Tragödie bewusst wurde, quälte Narziss sich und seinen Körper, um schmerzerfüllt unsichtbar zu werden wie die Nymphe Echo.*
*Zurück blieb eine Narzisse, die nun statt seiner blüht.*

# Die Sehnsucht des Narziss

Narziss ist der Mythos einer unerfüllten Sehnsucht. Unerfüllte Sehnsüchte können in die Sucht führen. Sucht führt von der Liebe weg. Wer süchtig ist, glaubt, dass ein »Mehr des Gleichen« die Erlösung ist. Für Narziss wird dieses Missverständnis zur tödlichen Falle.

Wenn Sie im Mythos vom Narziss den roten Faden suchen, dann ist dies die vergebliche Suche nach einem liebevollen DU und zugleich die Angst vor Bindung.

So wiederholte sich in Narziss das Schicksal seiner Eltern. Ein Vater, der immer unterwegs ist, vielleicht auf Geschäftsreise, vielleicht bei immer neuen Frauen, der kennt das Geheimnis guter Beziehungen nicht. Bestätigt wird dies dadurch, dass er die Nymphe vergewaltigen muss, um das zu bekommen, was er will. Dann verschwindet er wieder. Er ist nicht bindungswillig und auch sicher nicht bindungsfähig. Die Sehnsucht nach Empathie und Liebe bleibt im Ich stecken. Bevor es darum geht, Gefühle in feste Bindungen zu investieren, verschwindet er lieber in seiner ichbezogenen, manischen Großartigkeit.

Das Wasser des Flusses ist nie das Gleiche. Der Vater ist in diesem Element der Unbeständigkeit und Oberflächlichkeit zu Hause.

Aber auch die Sehnsucht der Mutter ist nicht geerdet und findet deshalb keine Wurzeln. So lebt sie »nymphomanisch« in ihrer traurigen Weltverweigerung. Manie und Depression gehören ja bekanntlich zusammen.

Wenn wir den Ergebnissen der Bindungsforscher vertrauen, dann wäre dies das Klima, in dem narzisstische Störungen entstehen. Der kleine Narziss wird mit seiner Sehnsucht nach stabiler Bindung allein gelassen, fühlt sich verlassen. »Nie mehr so wie damals einem unzuverlässigen Du ausgeliefert sein« wäre dann die Botschaft des Kindes, das durch alle Bindungsträume des Heranwachsenden tönt. Oder: »Du kannst dich nur auf dich selbst verlassen, vor allem dann, wenn es um die Liebe geht.« Die Sehnsucht nach Beachtung wird von der Angst vor Enttäuschung überschattet.

Menschen mit narzisstischen Störungen erkennen Sie also daran, dass sie einerseits großartig und mächtig erscheinen wollen, um ihre Sehnsucht nach Beachtung zu stillen. Alles, was dieses Weltbild gefährlich werden könnte, wird als feindlich eingestuft. Kritik und Schwächen werden bestenfalls ignoriert. Die Manie, der egozentrische Größenwahn, ist der außen erlebbare Teil. Aber es gibt noch einen zweiten, dunklen Teil, und der liegt unbewusst im tiefen Kerker der Seele.

In diesem tiefsten Innern fühlen sich solche Menschen meist klein, minderwertig, einsam und nicht liebenswert.

Viele Fachleute gehen davon aus, dass unser Wirtschaftssystem diese Persönlichkeitsstörung sogar fördert und verweisen auf viele Beispiele aus Wirtschaft, Politik und Gesellschaft.

Wer den anderen nur als Spiegel für seinen Größenwahn missbraucht, sieht ihn primär als Objekt oder als Erfüllungsgehilfen seiner manischen Triebe und Begierden statt als ein Wesen mit eigenen Sehnsüchten, Gefühlen oder auch Träumen. So ein Mensch sieht den anderen deshalb so, weil es niemanden gab, der ihn fühlen lernte, oder weil er durch den unerlösten Schmerz alter Wunden zum Gefühlsverdränger wurde.

**Exkurs: Emotionen**

*Emotionsforscher nennen uns je nach den zugrunde liegenden Theorien sieben bzw. acht Basisemotionen: In der Summe gehören dazu Erstaunen, Interesse, Freude, Wut, Angst, Abscheu, Ekel, Scham, Pein, Seelenschmerz bzw. Überraschung, Freude, Wut, Angst, Ekel, Trauer, Verachtung.*
*Basisemotionen entsprechen also in unserem Allgemeinverständnis unseren Grundgefühlen. Für die Wissenschaftler sind diese Grundgefühle Veränderungsenergien, die aber keine Aussage über die Veränderungsrichtung geben.*

## Die Bewunderungsfalle

In meinen Coachings erlebe ich immer öfter solche Gefühlsverdränger. Oft finde ich nach langem, geduldigem Forschen irgendwo in einer angsterfüllten verlassenen Herzenskammer ein einsames, vergessenes Kind, das vor Schmerzen schweigt. Der Riese, der im großen Körper grausam wacht, ist der erwachsene, erfolgreiche Mensch, der aus Angst, nicht mehr bewundert und anerkannt zu werden, jeden Tag sein Kind verrät. Nur deshalb ist Empathie ein Fremdwort für diese Narzissten. Nur deshalb erwarten sie immer von den anderen das, was in ihnen auf Erlösung wartet: das Mitgefühl und die in Bewunderung verpackte Liebe. Bewunderung ersetzt die Liebe nicht. Ihren Absturz erleben narzisstisch geprägte Menschen wie Christian dann als ein Verkennen ihrer Genialität. Sie versinken in einer Hölle, die ihnen bestens bekannt ist: in der Hölle des Selbstmitleids.

Beziehungspersonen empfinden diese Zeit auch meist als Hölle, die Mitleid heißt. Mitleid kennt nur Verlierer. Mitleid hat im Gegensatz zum Mitgefühl keine Aussicht auf den achten Himmel. Diese Höllenqualen dauern so lange, bis aus dem Innern eine neue Antwort kommt. Vor dieser neuen Antwort aber steht die alte Abwehr wie eine trutzige Gefängnismauer. Aber es gibt eine Kraft, die stärker ist. Diese erlösende Kraft werden Sie bald finden.

## Liebesübung

*Richten Sie für ein paar Augenblicke Ihre Aufmerksamkeit nach innen. Fragen Sie sich, wie es mit Ihrer Kritikfähigkeit bestellt ist. Wo sind Ihre Schwächen und wie verhalten Sie sich, wenn Ihnen jemand diese Schwächen vorhält?*
*Jetzt können Sie auch den Blick nach außen richten. Wo fallen Ihnen Menschen auf, die keine Kritik vertragen können?*
*Wie gehen Sie mit diesen Menschen um?*

## Die Wurzeln der Sehnsucht

Wochen nach unserem letzten Termin sah ich einen sehr nachdenklichen Christian vor mir sitzen. »Diese Narzissmus-Geschichte war in den letzten Wochen wie ein Spiegel für mich. Sogar den heutigen Namen der Nymphe kenne ich: Sie heißt Christine. Sie ist gerade dabei, unsichtbar zu werden. Sie wiegt nur noch gute fünfzig Kilo. Lange Zeit wiederholte sie nur noch das, was ich hören wollte. Jetzt zahlt sie einen verdammt hohen Preis dafür.«

»Sie sehen mir das erste Mal in die Augen«, wunderte ich mich. Christian nickte und ergänzte, dass er auch seine Frau erst vor kurzem bewusst wahrgenommen hätte. Dann versuchte er mir zu erklären, warum sie für ihn vorher als ein eigenständiges Wesen unsichtbar war, und verwundert schob er nach: »So wie sie aussieht, muss sie schon lange sehr leiden. Aber wie es ihr wirklich geht, weiß ich bis heute nicht. Hat sie Schmerzen? Leidet sie an meiner Lieblosigkeit? Fühlt sie sich minderwertig? All das hat mich bis heute auch nie interessiert. Jetzt ist mir das zu wenig. Es begann damit, dass ich ihr in die Augen schaute und sie hielt meinem Blick stand. Mehr noch, sie öffnete eine Tür, die mir einen Blick in ihr Herz möglich machte.«

### Exkurs: Bindungstheorie

*Einige Psychologen und Beziehungsforscher gehen davon aus, dass narzisstische Störungen ihre Ursache in frühkindlichen Phasen haben.*

*In einer Zeit, in der sich das Neugeborene in einer noch fremden Welt zurechtfinden muss, braucht es eine Beziehungsperson. Mit dieser Beziehungsperson geht es in Augenkontakt und ordnet dadurch die Welt in Bekanntes und Unbekanntes, Sicherheit und Fremdheit ein. Mütter, die ihren Kindern diesen innigen Kontakt nicht ermöglichen können, erlebt das Kind als »flüchtig«. Zurück bleibt ein Ungenügen. Glaubt man den Erkenntnissen der Bindungspsychologen, dann neigen besonders depressive Mütter unbewusst dazu, ihren Kindern diesen sicheren Augenkontakt zu erschweren. So bleibt das Bedürfnis nach einem Du unerfüllt und wird durch ein Bedürfnis nach dem Ich ersetzt. Selbstsucht, Größenwahn, Egozentrik sind*

## Das Kind im Mann

Manchmal ist die Geduld die Verbündete der Liebe. Dann machen Zufälle scheinbar Unmögliches möglich. Der Zufall wollte es, dass unser Folgetermin auf einen kalten Wintertag fiel. Der Schneesturm stemmte sich jedem entgegen, der sich seiner Gewalt nicht beugen wollte. Sibirische Kälte krallte sich an die Gesichter der wenigen Menschen, die sich nach außen wagten. Die Bergstraße zu meinem Haus war für Autos nicht mehr befahrbar. Ich stand am Fenster und wartete auf Christian. Ich konnte die Anstrengung fühlen, die Kälte auf seiner Haut und die Angst, es nicht mehr zu mir zu schaffen. Ich konnte aber auch seine Sehnsucht fühlen, die einen Weg in die Freiheit suchte und zugleich einen Weg in die Liebe. Dann sah ich ihn durch den Tiefschnee stapfen. Er war da.

Christian brauchte lange, um sich wieder aufzutauen. Ich konnte erkennen, wie schwer ihm der lange Marsch durch die Kälte zugesetzt hatte, und zollte ihm Bewunderung. »Nie mehr dieses Wort bitte! Nie mehr dieses Wort!« Er schrie. »Es hat mir so viel Unglück gebracht, immer nur bewundert werden zu müssen, das hat meine Liebe umgebracht.« Dann beruhigte er sich langsam, um ausführlich und gründlich den Ballast seines Lebens loszuwerden. Er begann noch im Hinsetzen, erstmals seine Lebensgeschichte zu erzählen.

Christian war das Kind einer Künstlerin, so bezeichnete sich stets die Mutter, wenn sie von ihrem Beruf erzählen sollte. Die Mutter träumte davon, groß heraus zu kommen und wartete deshalb auf ihren Entdecker. Der kam auch und verabschiedete sich so schnell, wie er gekommen war. Zurück blieb eine schwangere Frau.

Christian wurde also in eine Welt voller Not hineingeboren, in eine Welt, in der es keinen Vater gab, bis zu dem Tag, an dem überraschend ein Mann zu Besuch kam und mit seiner Mutter plötzlich zu streiten begann. Irgendwann schlug er brüllend auf den kleinen Christian ein. »So fühlt sich also ein Vater an«, dachte sich der Kleine in seinem einsamen Schmerz. Weil das so weh tat, wollte Christian nichts mehr mit Vätern und erst recht nichts mit Gefühlen zu tun haben. Wenn er etwas fühlen wollte, dann streichelte er sich selbst. Bald konnte er sich so schön streicheln, dass seine Hände feucht vor Freude wurden.

### Liebesübung

*Suchen Sie sich ein Du aus. Versuchen Sie sich in diesen Menschen bewusst einzufühlen. Vielleicht üben Sie zuerst das Einfühlen und das Wieder-bei-sich-selbst-Sein. Der eigene Atem kann dabei sehr hilfreich sein. Schwingen Sie sich dann tiefer auf diesen anderen Menschen ein. Welche Basisemotionen fühlen Sie? Ist da Trauer, Wut? Interesse? Was macht welche der gefühlten Emotionen mit Ihnen? Welche inneren Bilder kommen dabei hoch? Installieren Sie jetzt diesen inneren Be-*

*obachter, also diese weise Person. Wir brauchen diesen weisen*
*Teil in Ihnen jetzt als Regisseur eines Lebensfilms.*
*Zoomen Sie die aufsteigenden Bilder mal näher heran oder*
*weiter weg. Spielen Sie, damit Ihnen diese Technik vertraut*
*wird. Machen Sie sich zugleich immer wieder bewusst, dass*
*Sie der Entscheider sind, der dieses Spiels jederzeit ganz aus-*
*schalten kann. Wenn Sie ausgeschaltet haben, machen Sie*
*eine kleine Pause und sprechen dann mit dem Du über Ihre*
*Erfahrungen.*

Uns selbst lieben zu lernen, ist eine unserer ersten großen
Aufgaben, die uns das Leben aufgibt. »Hab Freude an dir!«,
ruft uns die Kinderseele zu. So lernen wir uns kennen, werden
uns vertraut, lernen uns mit all dem, was zu uns gehört, anzunehmen, zu achten und uns auch von dem zu trennen, was
nicht mehr zu uns passt. Dies ist auch die Grundausstattung
für Beziehungskompetenz.

Wer sich diese große Sehnsucht erfüllt, kann sich der zweiten
großen Sehnsucht widmen: der Beziehung zu einem fremden,
ganz anderen Du. Er kann, wie Hänschen Klein, sogar über
dieses erste Du hinauswachsen, in eine Welt voller Du, kann
daran wachsen, reifen und vollständig werden. Irgendwann
wird er dann sagen können: Dieses mein Leben ist mir geglückt und sich in einem großen Ganzen erfüllen.

Wer in der Erfüllung der ersten großen Sehnsucht stecken-
bleibt, ist wie eine Tänzerin, die sich immer um die eigene
Achse dreht und dabei die ausgestreckten Hände der Liebe
übersieht.

Mit der Entdeckung der Spiegelneuronen wissen wir, dass es
oft unsere Vorbilder sind, die uns die Dramaturgie solcher
Sehnsuchtsspiele vorgeben, bis wir uns dies bewusst machen

und eigene Regeln entwickeln. Aber dies ist ein Prozess, der zuerst meist in die Hölle führt.

Der kleine Christian konnte dieses Bewusstsein noch nicht haben. Er liebte sich, wenn er selbstversunken mit sich spielte, er liebte sich für so viel Zärtlichkeit, die er mit niemandem teilen musste, ja er konnte sich selbst sogar alle geheimen Wünsche von den Augen ablesen und lernte sich immer besser kennen und lieben. Auch Mutter beobachtete der Junge manchmal dabei, wie sie sich selbst liebte. Auch sie hatte scheinbar sehr viel Freude damit.
Wenn es so schön ist, sich selbst zu lieben, warum ließ Mutter dann trotzdem diesen Mann in die Wohnung? Warum heiratete sie diesen Mann sogar, obwohl er so gemein und ungerecht war, fragte sich der kleine Christian. Gut, der Mann hatte das, was Mutter nicht hatte: ein großes Auto, viel Geld und scheinbar einen tollen Beruf, der Anerkennung brachte und er war auch Christians Vater. Da hatte Christian plötzlich eine ganz tolle Idee: Er wollte so werden wie dieser Mann, nur besser! Er wollte sogar der Allerbeste der Besten sein, ganz cool werden, so wie dieser Mann, der angeblich sein Vater war und den Mutter auch dann in die Wohnung ließ, wenn er viel zu spät nach Hause kam. Die Falle schnappte zu, ohne dass es der kleine Christian merkte.

## Das letzte Geheimnis

Mythen zeigen nicht nur den Weg in die Hölle, sie zeigen auch den Weg in den nächsten Himmel. Diese Lösung ist dann eine allgemeingültige, also archetypische Lösung. Auch im

Mythos von Narziss versteckt sich dieses Lösungsangebot. Ganz unauffällig und leicht zu übersehen, wie meist auch im Leben.

Ich bat Christian, die Szene aus dem Mythos zu malen, die ihn am meisten beeindruckte. Er malte eine blühende Landschaft. Rechts oben die Umrisse einer Frau mit einer leeren Sprechblase. Er malte einen kleinen Narziss, der sein Spiegelbild im Wasser verschwinden sieht. Hinter ihm, ganz groß, stand der verschmähte Liebhaber. Er hatte große Augen und glich einem weisen, liebevollen Mann. »Der hat den vollen Überblick«, rief Christian sofort erstaunt und fuhr fort: »Ja, der erkennt die Tragödie. Er sieht aber auch die Zusammenhänge. Er sieht mehr als nur dieses schwindende Spiegelbild. Er sieht, dass der See viel größer ist als dieses Spiegelbild. Er sieht sogar die Nymphe, die sich auf ihn zu bewegt. Der Nymphe wachsen leichte Wurzeln unter den Fußsohlen.« Christians Stimme schien sich zu überschlagen. Ich fragte kurz dazwischen: »Was will hier werden?«

»Die Nymphe will bunt ausgemalt werden, damit sie gesehen werden kann. Wenn Narziss erlöst ist, dann gibt es nur noch diesen wunderschönen Mann mit dem weiten Blick über den See. Er geht auf die Nymphe zu, schaut ihr tief in die blauen Augen, in denen sich das Wasser des Sees und die ganze Landschaft spiegeln. Dann sagt er ihr, wie schön sie ist und dass er fühlen kann, was sie fühlt. Dann lässt sie sich in ihn hineinfallen und er sich in sie. Und sie lieben sich für immer. Draußen wird die Oberfläche des Wassers immer glatter. Und die Wolken spiegeln sich in der Oberfläche des Sees.«

»Das können die Wolken erst, wenn der See zur Ruhe kommt.« Er schaute mich dabei an wie ein kleines staunendes Kind. Ich legte meine Hand auf seine Schulter, dann schauten wir uns in die Augen. Nun konnte ich ihm das Geheimnis verraten: »Dieser Mann, der das alles erleben wird, sind Sie.«

»Im aufgewühlten Wasser der Krise kann sich der Himmel nicht spiegeln«, sagen uns die großen Mystiker. Ein aufgewühlter, vom Sturm des Lebens gezeichneter, vereinsamter Mensch hat noch keine Einsicht in das Bild seiner Sehnsucht. Er sieht nur sein Leid. Die ganze Welt sieht er mit den Augen des großen Leids eines Kindes, das immer Angst hatte, nicht beachtet und weggesteckt zu werden. Erst wenn er den Blick weitet, sieht er, dass die Liebe schon bereit ist, ihn aufzunehmen. »Der Himmel auf diesem Bild ist so groß, dass er alle Gefühle aufnehmen kann. Den Schmerz der Schläge, der Nichtbeachtung, der Angst, aber auch den Geruch von Abschied, Neubeginn. Die Wolken sind Symbole dieser Gefühle, und der Wind riecht nach Veränderung«, gab ich Christian mit auf den Weg. »Ja, ich werde Christine bunte Kleider schenken und ihr allen Grund zum Strahlen geben!«

### Liebesübung

*Nehmen Sie ein Blatt Papier und malen Sie darauf das Gesicht eines Kindes so groß, damit es für eine Maske verwendet werden kann. Das Gesicht sollte ein Glückskind darstellen. Wenn Sie fertig sind, können Sie noch Sehschlitze herausschneiden, damit Sie durch die Maske sehen können.*
*Dann stellen Sie sich vor den Spiegel und machen sich bewusst, dass Ihre Seele schon weiß, wie Sie als Glückskind aussehen. Laden Sie auch einen lieben Menschen zu dieser Bastelstunde ein.*

Wenn Sie Mythen, Märchen und Träume so verstehen, wie sie gemeint sind, dann erkennen Sie, dass jeder Protagonist ein Teil einer Gesamtpersönlichkeit ist, in unserem Fall einer narzisstisch geprägten Persönlichkeit.

So verstanden ist die Nymphe Echo die Projektion eines weiblichen, stark von der Mutter geprägten Frauenbildes. Dann ist der zurückgewiesene Liebhaber die Projektion eines vom Vater geprägten Männerbildes.

Wohin es führt, wenn wir die zweite Sehnsucht nicht in Liebe wandeln, erfahren wir im Mythos durch den Fluch.

Wenn Sie einen Menschen kennen, der voller Selbstsucht ist, werden Sie schnell seine immer blutende Wunde erkennen: Bewundern Sie ihn, dann sind Sie der Freund. Der Preis: Ihre eigene liebenswerte und einzigartige Persönlichkeit wird zum Echo seiner Selbstsucht. Sie werden nicht mehr als eine eigenständige Persönlichkeit gesehen, sondern bestenfalls als eine Stimme aus dem Hintergrund.

Leben Sie in einer Beziehung mit so einem narzisstisch strukturierten Menschen, dann wissen Sie, dass er zuerst jede Kritik mit Feindschaft beantwortet. Seine mangelnde Kritikfähigkeit ist zugleich seine Falle, in der er umkommt, wenn er sich nicht einem liebenden Du öffnen kann.

Aber die Tatsache, dass Sie sich in diese Beziehung wagten und trotz des vielen Leids vielleicht schon einige Zeit darin verharren, hat ja auch etwas mit Ihnen zu tun. Diesen Teil werden wir uns im Sinne Ihrer Sehnsucht noch genauer anschauen.

# Wie Sie sich aus der Narzissmusfalle befreien

Als ich mich entschloss, den Focus meiner Arbeit als Coach zu erweitern, hatte ich viele, viele Jahre Schattenarbeit hinter mir. Egal welche der vielen Werkzeuge ich auch nutzte, immer ging es um das Aufspüren von unerlösten Konflikten. Heute weiß ich, dass dies mein gesamtes Denken, Fühlen und Handeln beeinflusste. Neurobiologen hätten sicher festgestellt, dass meine Regionen im Gehirn, die mit Emotionen wie Leid, Trauer oder Angst in Verbindung gebracht werden, sehr einseitig entwickelt waren.

Ich war wie ein Spürhund, der hinter jedem Grinsen sofort den Schmerz erahnte. Je mehr mir bewusst wurde, welch großen Einfluss so ein »Hirndesign« nicht nur auf mich, sondern auch auf mein soziales Umfeld und nicht zuletzt auf meine Lebens- und Liebeslust hatte, umso konsequenter suchte ich nach Lösungen.

Dabei stellte ich fest, dass es nicht nur mir so ging, auch viele Kollegen, Therapeuten, Ärzte und Sozialarbeiter schauten zuerst auf den Mangel.

»Was fehlt Ihnen denn?«, klang in den Fragen mit wie die Nostalgie in einem Weihnachtslied. Solche Fragen machen traurig und führen zu Einstellungen, die zu einem von Mangel geprägten Schicksal werden.

Bald erkannte ich, dass solche Einstellungen und das entsprechende Verhalten auch das Lebensgefühl vieler Menschen aus Wirtschaft, Politik, ja aus unserer breiten Gesellschaft prägten. Die beruflichen Beziehungen dieser Menschen waren meist genauso vom Mangel geprägt wie ihre Liebesbeziehungen.

Könnte es sein, so meine Überlegung damals, dass die Frage

nach dem Mangel die Falle ist? Was würde geschehen, wenn ich mich in meiner Arbeit mit den vielen, von einem Mangel an Liebe gezeichneten Paaren auf die Chancen, Ressourcen, Sehnsüchte und die Fülle statt auf den Mangel ausrichte?

Hatte ich nicht in den vielen Jahren klassischer Lehranalyse und den vielen Jahren unterschiedlichster Therapien nicht immer auch die Fülle blitzen sehen? So entstand langsam mein Ansatz, den ich seitdem »Visions-Coaching« nenne.

Seit dieser Ansatz auch von Kliniken und Therapeuten übernommen wurde, gibt es auch viele Erfahrungen im klinischen Kontext, vor allem auch in der Arbeit mit Beziehungsstörungen, die zeigen, wie heilsam ein Ausrichten auf Fülle und Sehnsucht sein kann.


## Die Opferrolle

Der Mythos von Narziss ist besonders hilfreich, wenn wir ihn um den Aspekt der Opfer erweitern.

Christians Frau Christine war so ein Opfer. Aber ein Opfer, das nicht mehr Opfer sein wollte und die Fülle der Liebe und des Lebens in Liebe erleben wollte.

Ihre Sehnsucht, sich endlich zeigen zu können, wollte sich nicht mehr darin erfüllen, dass sie vom Licht der Bewunderung, die man Christian entgegenbrachte, etwas abbekam. Sie hatte erkannt, dass so ein Leben zu einem Leben aus zweiter Hand degradiert wird. Im anderen erfüllt sich stellvertretend meine Sehnsucht nach Größe und Bewunderung, ist das Credo dieses Lebensgefühls.

Wir werden gemeinsam diese Liebesfalle entlarven und die Lebenslüge in eine neue Wahrheit transformieren. Diese

Wahrheit heißt: Sie sind so wertvoll und so einzigartig, dass Sie sich nicht verstecken brauchen.

Dazu ist es wichtig, sich einer Ihrer größten Ressourcen bewusst zu werden: Ihrer Fähigkeit, mitfühlen zu können.

In dem Maße, in dem Ihnen dies glückt, kann jede Krise zur Chance werden. Ein emotionales Bewusstsein erweitert den Freiheitsgrad bei Ihren zukünftigen Entscheidungen. Sie werden selbstverantwortlicher und erlösen dadurch eine Einstellung, die in eine Opferrolle führt.

## Exkurs: Emotionen

*Hirnforscher betonen immer wieder, dass unser Leben emotional ist und verweisen auf die drei Hirnareale, in denen unsere emotionalen Prozesse ablaufen: auf unser Balancehirn, primär zuständig für Ausgleich, unser Dominanzhirn, primär zuständig für Durchsetzung, und unser Stimulanzhirn, zuständig für alles Neue. Selbst die Entscheidungen, die wir in unserem sogenannten Dominanzhirn treffen, das primär für Macht und Kontrolle zuständig ist, laufen die Entscheidungsprozesse emotional ab, denn hinter Kontrolle versteckt sich die unbewusste Sehnsucht nach Sicherheit.*

*Das Schlagwort dazu heißt: emotionales Bewusstsein. Den Freiheitsgrad bei unseren emotionalen Entscheidungen beziffern Hirnforscher auf immerhin ca. 20 Prozent.*

# Das fehlende Ich

Vielleicht ist auch Ihr Leben von Ereignissen geprägt, die dazu führten, dass Sie sich mehr als Opfer und nicht als ein selbstverantwortliches Wesen fühlen. Meist gibt es dann einen roten Faden, der in die Kindheit führt. So lange dieser rote Faden unbewusst bleibt, bleiben Sie auf diese Opferrolle festgelegt. Konditionierung nennen das die Psychologen. Der innere Zwang, allen helfen zu müssen, auch wenn man selbst Hilfe bräuchte, also ein sogenanntes Helfersyndrom, deutet auf so eine Opferrolle hin. Dahinter steckt die Lebenslüge:»Ich bin nur bedingt liebenswert.« Diese Lebenslüge ist Chance und zugleich Aufgabe. Wenn in Chancen denken, dann geht es darum, eine Lektion Selbstliebe nachzuholen. Es sieht gut aus, dass Ihnen dies glückt. Denn Sie sind auf Ihrem Weg zur Selbstliebe schon sehr weit gekommen.

Ihre Sehnsucht führte Sie schon durch die Tore des Vertrauens. Mit dieser Grundausstattung an Vertrauen trauten Sie sich das Geheimnis, das Ihren Namen trägt, bedingungslos anzunehmen. Sie trauten sich zu zeigen, wissend, dass Sie damit auch den Vorurteilen von lieblosen Menschen ausgesetzt sind. Dann entdeckten Sie wieder Ihre kindliche Neugierde. Die Welt wuchs mit Ihrer Fähigkeit, wahrnehmen zu können, statt alles als wahr annehmen zu müssen. Sie wuchsen über die Vorurteile, die man Ihnen vorsetzte, hinaus. Jetzt sind Sie dabei, zu einem bewusst empfindenden Wesen zu werden.

Der nächste Schritt wäre jetzt, sich immer wieder neu in sich selbst einzufühlen, um dann wieder Mitgefühl für sich selbst zu entwickeln. Auch dabei hilft Ihnen Ihre Sehnsucht. In dem Maße, in dem Sie Mitgefühl für Sie selbst entwickeln, werden Sie auch Ihre emotionalen Beziehungen zu anderen transformieren. Deshalb geht es jetzt vor allem darum, die richtige Reihenfolge zu beachten: Der Weg zum nächsten Himmel geht zuerst durch Sie selbst und mit wachsendem Einfühlungsvermögen immer tiefer in das Du. Vom Ich zum Du. Allerdings ohne im Ich steckenzubleiben und ohne die Übertreibung, die Sie von narzisstisch geprägten Menschen kennen. Solche Menschen haben umgekehrt durch Sie die Chance, echte Gefühle in sich zu entdecken und Gefühle zu einem Du zu entwickeln. Fühlen ist ab jetzt keine Einbahnstraße mehr. Fühlen ist dann keine Einbahnstraße mehr, sondern eine Eingangsstraße zu neuen Welten und neuen Geheimnissen.

Wenn Sie vor diesem neuen Eingangstor angelangt sind, werden Sie den Fluch, dem Narziss erlag, als Segen für Ihre künftige Beziehung erkennen, weil der Mythos des Narziss Ihnen half, über sich hinauszuwachsen bis in Höhen, aber auch Tiefen, in denen bewusste Beziehung möglich ist. Bis es so weit ist, werden Sie ziemlich sicher noch Selbsttäuschungen enttäuschen, werden Sie noch mehrmals Einfühlen und Mitgefühl verwechseln, werden mitleiden statt mitfühlen, werden vielleicht aus unbewussten Vorurteilen Antipathie zu Menschen aufbauen, statt respektvoll einem Geheimnis zu begegnen, das von Ihnen erfühlt werden will, um sich in einer würdevollen Beziehung zu erfüllen. Aha, wird es immer öfter in Ihnen sagen, jetzt verstehe ich, warum ich nur dieses oder jenes von dir fühlen konnte! Aha, jetzt verstehe ich, warum du so und so reagierst!

Dieses »Jetzt verstehe ich« wird es Ihnen auch leichter machen, sich mit anderen Menschen auszutauschen, vielleicht sogar Gemeinsames auszuprobieren. Der Unterschied ist einmal mehr Ihr neues Bewusstsein.

In diesem neuen Bewusstsein strahlt schon jetzt das nächste Tor in einem neuen Glanz, der durch Ihr neues Bewusstsein möglich wurde. Im Hintergrund zeigt sich erstmals das hell golden strahlende Licht der aufgehenden Sonne. Ein beginnender Lichtertanz, der neue Farben, neue Formen, neue Vielfalt möglich macht. Und Sie sind dabei, ein Teil dieser neuen einzigartigen Vielfalt zu werden. Die Energien, die diese Explosion von Licht, Schatten und Farben möglich machen, sind die Gefühle. Das Tor, durch das Sie jetzt in diesem neuen Bewusstsein schreiten, ist wie das Tor zu einer neuen Fülle, zu neuen Möglichkeiten. Vorbei die Welten, in denen Mangel herrschte. Die neue Fülle wartet auf Sie!

## DER FÜNFTE SCHLÜSSEL ZUM ACHTEN HIMMEL

... heißt verstehen lernen. Erst wer verstehen kann, ist auch beziehungsfähig. Beziehungsfähigkeit erlöst Ihre Gefühle von Einsamkeit. Bevor Sie den anderen routinemäßig fragen, wie es ihm geht, versuchen Sie sich in ihn einzufühlen und gleichzeitig ganz bei sich zu sein. In einem vom Respekt getragenen Mitschwingen wird es immer leichter fallen, sich auf das Geheimnis des Andersseins einzuschwingen.
Sich mit seinen tiefsten Gefühlen verstanden fühlen, schafft Nähe.

# KAPITEL 6

# Im Menschsein verbunden

*Weil Sie immer bewusster erkennen, was Menschsein
wirklich heißt, erkennen Sie jetzt auch die Dimensionen
menschlichen Daseins in jedem Ihrer Mitmenschen. Zwischen Ekstase und Angst, zwischen Zerstörung und Verschmelzung suchen Sie in der Dämmerung Ihren Weg,
um wieder durch die Kraft der Liebe zu leben.*

Ein alter Weiser erzählte seinen Schülern, dass er nach langem Suchen entdeckte, dass es zwei Hunde in ihm gäbe:
einen guten und einen bösen. Ein eifriger Schüler fragte sofort: »Und wer ist der Stärkere?« Der Weise schaute in die
Runde seiner Schüler, als wollte er in jedem von ihnen die
Hunde finden. Dann schloss er die Augen.
Nach einiger Zeit antwortete er mit einem leichten Lächeln
auf den Lippen: »Der stärkere Hund ist der, den ich am meisten füttere.«

Diese Geschichte stand am Anfang eines Workshops, der zu
einem ganz besonderen Erlebnis werden sollte. Nicht nur weil
ich viele altbekannte Gesichter wiederentdeckte, sondern auch
weil wir eine der größten Liebesfallen erkennen sollten, die es
in unserem menschlichen Dasein gibt.

## Liebesübung

*Lassen Sie die Geschichte mit den zwei Hunden auf sich wirken. Fragen Sie sich dann, welchen Hund Sie am meisten füttern. Ist es der Hund, der auf andere Druck ausübt, damit er so ist, wie Sie ihn gerne hätten? Ist es der Hund, der sich klein macht, weil die Angst, ihn zu verlieren, so groß ist? Ist es vielleicht der schwarze Hund, der heimlich hasst, neidisch ist oder sich schämt und sich selbst belügt, oder ist es der weiße Hund, der zu sich steht, sich zu seiner Einzigartigkeit bekennt und deswegen sogar vermeintliche Nachteile in Kauf nimmt? Schreiben Sie auf, was Ihnen dazu einfällt. In welcher dieser Hundefallen stecken Sie?*
*Nutzen Sie diese Arbeit für ein Gespräch mit Ihrem Beziehungspartner.*

Die Liebe aus einer Hundefalle zu befreien heißt, den Himmel der Liebe unendlich zu vergrößern und Türen zu entdecken, die ein neues Glück möglich machen. Aber dazu ist es wichtig zu erkennen, wer welchen der Hunde füttert.

Christine, die Frau mit einem reichen Erfahrungsschatz im Umgang mit einem narzisstisch geprägten Mann, meldete sich sofort, um wortreich zu erklären, dass auch in ihr diese zwei Hunde wären. Einer würde immer nur bellen, weil er solche Angst hätte.

»Dieser Hund erinnert mich an meinen Mann«, übernahm eine Teilnehmerin, die das erste Mal in der Gruppe war, das Gespräch. Dann erzählte sie, dass ihr Mann, wie gemeinsam beschlossen, als Hausmann zu Hause war. Aber sein Jammern sei in letzter Zeit immer unerträglicher geworden. Bei genauerem Hinterfragen erfuhren wir, dass der Mann schon immer zum Jammern neigte. »Als wir uns kennenlernten, erzählte er mir bereits, dass er eigentlich etwas ganz anderes machen möchte. Aber er konnte sich nicht entscheiden, dies auch in die Tat umzusetzen. Dann schimpfte er, dass er wegen uns und der Kinder auf eine tolle Karriere verzichte und schilderte die Karriere in den schönsten Farben. Er schaffte es immer wieder, mir Schuldgefühle zu machen, obwohl es bis heute keinen Grund dazu gibt.« Ich hörte mir die Geschichte ganz genau an und beobachtete, wie die Frau immer wütender wurde. Ihr Hals lief rot an, sie wurde immer kurzatmiger und die schmalen Lippen schienen noch schmaler. Ich fühlte die Angst des Kindes in ihr.

»Was wäre, wenn Sie den anderen Hund in Ihnen mehr füttern würden, den Hund, der endlich frei laufen will?«, fragte ich.

»Dann hätte ich Angst, dass meinem Mann etwas passieren könnte und ich wieder schuld wäre. Ich musste immer auf meine kleinen Geschwister aufpassen. Nur einmal wollte ich nicht und da geschah es. Ich kann nicht so, wie der arme Hund in mir es gerne möchte.«

Wir konnten alle die tiefe Verzweiflung in den ausgetrockneten Augen der Frau fühlen. »Jetzt, da ich das erste Mal darüber reden kann, merke ich, dass Menschen auch eine Medizin sein können.« Die Frau wanderte ganz bewusst von Augenpaar zu Augenpaar, hielt manchmal inne, nickte freundlich, lächelte dankbar, atmete ruhiger und wurde ganz still. »Ich weiß, nur ich kann es tun. Nur ich.«

## Exkurs: Co-Abhängigkeit

*Der Begriff Co-Abhängigkeit bezog sich zuerst primär auf die Partner von Süchtigen und beschreibt mittlerweile eine der*

*häufigsten Beziehungsstörungen. Ausgangspunkt ist eine ge-*
*störte Beziehung zu sich selbst, die wiederum eine Bezie-*
*hungsstörung mit anderen Personen zur Folge hat. Dahinter*
*steckt meist eine Lebenslüge, analog von »ich bin minderwer-*
*tig«. Die Beziehungspersonen werden »süchtig« nach Bestäti-*
*gung des Gegenteils, nach Würdigung und Anerkennung ihres*
*Wertes und packen dies in Fürsorge.*
*Diese Fürsorge gipfelt in einem Grübeln, was für den anderen*
*gut sein könnte, oder im Protest. Beides führt dazu, sich selbst*
*fremd zu werden.*

Wenn es stimmt, dass der Mensch des Menschen beste Medizin sein kann, dann stimmt es auch, dass diese Medizin wenig
mit Angst und viel mit Liebe und Freiheit zu tun hat. Dann
stimmt es erst recht, dass es zum Menschsein gehört, sich
diesen inneren Kämpfen zu stellen.
Dies kann auch bedeuten, durch die Schatten des Mensch-
seins zu schreiten, um so zum Wesenskern zu kommen.

## Das Stressgen

Waches Wahrnehmen ist oft der erste Schritt in eine neue
Freiheit und damit in eine neue Liebe.
Wer Christines mäandernden Blick in die Augenpaare unserer
Gruppe wach und empathisch folgte, konnte erkennen, dass
eine Frau aus der Gruppe Schwierigkeiten hatte, den Blick
auszuhalten. Die Frau fiel mir schon bei der Eröffnungsrunde
auf, weil sie als Einzige auf dem »Sie« statt des obligatorischen »Du« bestand. Dann begann sie langsam, schleppend
und sehr unsicher von sich zu erzählen, um trotzdem immer

wieder zu betonen, dass man ihr sowieso nicht zuhören würde.

Ich fragte die Frau, wie es ihr jetzt, in diesem Augenblick, ginge. Die Frau schien von der Frage überrascht und sagte nichts. Ich wartete und hielt die Stille aus. Dann bot ich ihr an, so viel von sich zu erzählen, wie sie gerne möchte. Verwundert schaute die Frau in die Runde. Ich fragte die Gruppe, ob jeder einverstanden sei, sonst würde ich auch nach unserem Workshop gerne alleine zuhören. Die Gruppe wollte. »Entscheide du, wann es genug ist.« Mit diesem Angebot übergab ich der Frau unseren obligatorischen Redestab.

Sie begann sehr zögernd. Immer wieder versicherte sie, dass sie auch niemanden auf die Nerven fallen möchte. Sie erzählte von ihrer Arbeit. Sie erzählte von den Kolleginnen, sie erzählte von den Kunden. »Man kann sich auf niemanden verlassen«, begann sie mehrmals ihre Sätze und begründete ihre Behauptungen mit Erfahrungen aus vielen Männergeschichten anderer Frauen. »Man wird doch nur ausgenützt und dann vergessen.« Die Frau schaute während des Erzählens fortwährend auf den Boden, so als ob sie Selbstgespräche führte.

Als ich sie bat, mehr von sich zu erzählen, erfuhren wir, dass sie allein im achten Stock eines Hochhauses am Rande einer großen Stadt lebte, so wie ihre Mutter, die in einer anderen Stadt ebenfalls allein in einer anonymen Vorstadt lebte. Zu der Mutter hatte sie keinen Kontakt mehr. Warum, wusste sie auch nicht. »Wir haben uns nicht viel zu sagen.«

»War das schon immer so?«, fragte ich.

»Ja. Mutter war nie da, wenn ich sie brauchte.« Die Mutter hatte ein kleines Geschäft und kämpfte Monat für Monat ums Überleben. Wenn Mutter mal zu Hause war, dann versuchte sie all das nachzuholen, was ihr sonst an Fürsorge nicht möglich war. Das war dem Kind dann zu viel. Mit einer Kundin war zwar vereinbart, dass diese sich ein wenig um die Kleine kümmern sollte, aber diese Kundin war höchst unzuverlässig. Für Mutter war das kein so großes Problem. Sie war es ja auch aus ihrer Kindheit so gewohnt.

Irgendwann erfuhren wir, dass die Frau unter ihrer Einsamkeit sehr litt. Manchmal, wenn ihr die Einsamkeit zu groß wurde, bekam sie Schweißausbrüche und leichte Panikattacken. Nur mit Mühe gelang es ihr dann, sich abzulenken.

Die Frau war mit einem Mann befreundet, der viel unterwegs war und der sie wissen ließ, dass sie nur seine Zweitfrau sei. »Besser so als ganz allein«, lautete ihre Begründung. Schließlich kannte sie diese Situation von ihrer Mutter. »Solange der Sex mit dir Spaß macht, bleib ich bei dir. Also streng dich an.« Diesen Wortwechsel hatte sie bei einem Gespräch zwischen der Mutter und ihrem Partner belauscht. »Männer sind eben so, aber einsam sein, das macht noch mehr Stress«, war Mutters Kommentar, als die Tochter um eine Erklärung bat. Das verstand die Tochter. Schließlich wusste sie sehr genau, wie schlimm es war, einsam zu sein. Keiner, der da ist, wenn man als kleines Kind krank ist oder schlimme Angst hat. Keiner, der tröstet; keiner, der zuhört. Jetzt waren wir bei des Pudels Kern. Viele kleine Geschichten von der großen Einsamkeit eines allein gelassenen Kindes folgten, viele alte Tränen flossen. Dann wurde es still, heilsam still. Und diese Stille war ansteckend. »Hast du das Gefühl, dass dir jemand zugehört hat?«, fragte ich. Sie nickte, zuerst zögernd, dann unterstützt von einem entschlossenen »Ja«. Es folgte eine lange Pause. Dann hörten wir eine leise, helle Stimme. War es die Stimme eines kleinen Kindes, das endlich nach Jahrzehnten des Wartens gehört wurde? »Ich danke euch allen. Ich hätte es nicht mehr lange ausgehalten. Aber der achte Stock ist so hoch ...«

## Exkurs: Hirnforschung

*Wie ein Haus aus Bausteinen, so ist unser Körper aus Zellen aufgebaut. Die Zellen sind unterschiedlich in Struktur und Funktion. So gibt es zum Beispiel Hautzellen, Muskelzellen oder Nervenzellen.*

*In jeder dieser Zellen ist der Bauplan des gesamten Körpers im Zellkern enthalten. Wie ein Managementzentrum verwaltet dieser Zellkern die Chromosomen. Sie sind die Träger unserer Erbanlagen. Diese Erbanlagen nennen wir Gene. Über die Gene werden in der Zelle die grundlegenden Baustoffe des Körpers hergestellt, so zum Beispiel auch die Botenstoffe Dopamin, Serotonin oder der Glücksbotenstoff Endorphin. Über diese Botenstoffe, auch Neurotransmitter genannt, kommunizieren beispielsweise die Nervenzellen und wirken so auf unser Verhalten ein. Umgekehrt nimmt unser Verhalten auch Einfluss auf unsere Gene.*

*Dies kann sogar so weit gehen, dass über die Funktion der Spiegelneuronen unbewusst nachgeahmtes Verhalten unsere Erbanlagen beeinflusst.*

*Die Tragweite dieser Erkenntnis wird an einem Beispiel besonders deutlich:*

*Für die Stressregulierung ist bei uns Menschen ein besonderes Stressgen zuständig. Dieses Stressgen ist in der Nachgeburtsphase noch nicht aktiviert. Jedes Empfinden, sei es Hunger, Durst oder Bauchweh, wird mit panischer Stressreaktion beantwortet und sichert so in dieser Lebensphase das Überleben, nach dem Muster: Kind schreit, Mutter kommt.*

*Langsam entwickeln sich durch Wiederholung dieses Musters Sicherheit, Urvertrauen und Stresskompetenz. Durch unsiche-re Bindungserfahrungen wird diese Stresskompetenz aller-dings nur mangelhaft weiterentwickelt. Das Stressregulie-rungsgen kann dann selbst im Erwachsenenalter nicht voll-ständig aktiviert werden.*

Als ich am Abend nach unserem Workshop die Frau fragte, ob sie schon mit jemandem über ihre Not gesprochen hatte, kam sofort: »Erst vor kurzem, bei einem Familienstellen. Da wur-den mir einige Zusammenhänge schnell klar. Aber erst jetzt weiß ich, dass Menschen auch einander helfen können.«

In diesem Familienstellen gehen Therapeuten und Berater da-von aus, dass alles Lebendige geheimnisvoll miteinander ver-woben ist. Dieses zeitlos verwobene Energiefeld, in dem sich auch Erinnerungen miteinander austauschen, nennen die Wissenschaftler morphogenetisches Feld.

Wenn ich Familienstellen als Werkzeug für die Sehnsuchtsar-beit nutze, stelle ich immer wieder fest, dass es auf diesem Energiefeld auch eine leise Sehnsucht gibt, die unsere Gefüh-le von Trennung und Verlorensein heilen will. Solche Gefühle entstehen, wenn die Liebe nicht mehr fließen kann. Oft sind es geerbte Gefühle, die nicht unbedingt von den direkt betrof-fenen Personen ausgelöst wurden. Aber gelebt und durchlit-ten werden sie von den Lebenden. Deshalb haben die Leben-den auch das Privileg, die Ursachen dieser stark emotional aufgeladenen Konflikte zu heilen.

Die bisherigen Erkenntnisse der modernsten Hirnforschung erlauben uns, neben diesem morphogenetischen Ansatz, noch eine vollkommen neue Sichtweise auf mögliche Konfliktlö-sungen. Manche Fachleute gehen sogar davon aus, dass dieser sogenannte »Gen-Ansatz« noch eine ganz andere, bedeutendere Einsicht ermöglicht. Am Beispiel des Stressgens wird dies deutlich.

## Ei oder Henne

Bisher gingen Wissenschaftler davon aus, dass unsere Erbanlagen so etwas wie unsere unveränderbare Hardware sind. Erbanlagen wären in diesem Verständnis das gesammelte Wissen bereits gelebten Lebens. Dazu gehören natürlich auch die Lebenserfahrungen unserer Eltern, Großeltern und deren Ahnenkette.

Wenn wir durch die Hirnforschung wissen, dass wir mit Hilfe der Spiegelneuronen durch Nachahmen lernen, bedeutet dies auch, dass wir unser Verhalten dem Verhalten von emotional gebundenen Vorbildern anpassen. Je emotionaler die Bindung, umso größer die Vorbildfunktion und umso intensiver das Nachahmen.

Wissend um die Eigenheiten des Stressgens, hätte dies zur Folge, dass eine Bezugsperson, die durch schicksalhafte Ereignisse Belastungen schwer verarbeiten kann, die Entwicklung der Stresskompetenz ihres Kindes negativ beeinflusst.

Eine Mutter, die von ihrer Mutter ein nur mangelhaft entwickeltes Stressgen »erbte«, neigt nach dieser Logik auch zu panischen Reaktionen und den entsprechenden Folgen.

Die Entwicklung der Erbanlage ist ein offener Prozess. Prozesse zeichnen sich dadurch aus, dass sie selbstverstärkend sind.

Am Beispiel Erbanlagen bedeutet Prozesshaftigkeit, dass emotional eng gebundene Bezugspersonen mit mangelhaft entwi-

ckelter Stresskompetenz über die Generationskette die Erbanlagen zukünftiger Generationen selbst verstärkend beeinflussen können.

Eine Mutter, die von ihrer Mutter eine nur mangelhaft entwi-
ckelte Stresskompetenz erbte, würde also an ihr Kind einen
sich noch mehr selbst verstärkenden Mangel weitergeben. Das
Kind würde diesen Mangel wieder verstärken, mit immer stär-
kerem Einfluss auf zukünftige Müttergenerationen. Ein Prozess, der in die Ohnmacht führt?

## Der Weg aus dem Teufelskreis

Wenn die Erbanlage die Hardware ist, dann wäre unser Verhalten die Software. Kann die Software auch die Hardware
beeinflussen? Kann also eine Änderung unseres Verhaltens
auch die Erbanlagen beeinflussen? Könnte es sein, dass uns
die Erkenntnisse der Hirnforschung nicht nur den Weg zu
noch mehr Leid, sondern auch zu neuer Liebesfähigkeit bewusst machen? Welche Rolle könnte unsere Sehnsucht dabei
spielen?

Darüber sprach ich im Workshop, als ich mit der Gruppe nach
Wegen in eine neue Freiheit und eine neue Liebe forschte und
wir wurden fündig. Die Frau und ihr Leid waren uns Führer.

Der Schlüssel hieß »Bewusstsein«. Ich erklärte der Frau, dass
Verhalten immer das Ergebnis einer Einstellung ist. Also kön-
nen wir unser Verhalten nur ändern, wenn wir unsere alte
Einstellung ändern.

Unsere alte Einstellung können wir nur ändern, wenn wir sie
würdigen. Das wusste die Gruppe aus einem der vorherge-
henden Seminare. »Schließlich ist diese alte Einstellung nicht

nur die Leistung eines Kindes, das wir immer noch im Innersten sind, sondern sie ist auch durch Einstellungen unserer Ahnenkette geprägt – und alles half uns, bis heute zu überleben«, bestärkte ich die Teilnehmer. Die alte Einstellung der Frau hieß: »Ich bin minderwertig«. Dementsprechend verhielt sie sich seit Kindertagen. So wurde sie eine Überlebenskünstlerin. »Lieber einen Narzissten im Haus als eine einsame Maus«, zitierte die Frau den Freund, der einen ihrer Vorwürfe parierte.

»Ich bin gleichwertig« wäre eine neue Einstellung gewesen, die ein neues Verhalten möglich gemacht hätte. Aber vom Überlebenmüssen zum Lebenskünstlerinsein ist manchmal ein schwieriger Weg.

## Liebesübung

*Ihre Mutter ist das Verbindungsglied zu einer weiblichen Ahnenkette mit mehr als 30 000 Müttern in einem bereits mehr als viele Millionen Jahre andauernden Vererbungsprozess.*
*Stellen Sie sich jetzt vor, dass diese Mutterkette hinter Ihnen steht, um all das aufzufangen oder zu kompensieren, was dieser aktuellen Mutter-Kind-Beziehung nicht möglich war.*
*Schauen Sie dann gedanklich oder faktisch Ihre Mutter mit diesem Bewusstsein an.*
*Schreiben Sie anschließend auf, was diese neue Einsicht mit Ihnen machte.*

Es kann sein, dass auch Sie so einen Befreiungsweg gehen wollen. Es kann sein, dass Sie sich beim Lesen im Schicksal der Frau wiederfanden. Es kann auch sein, dass Ihnen jetzt viele Ideen und Ahnungen kommen, warum nicht nur Ihr eigenes Leben, sondern auch das Leben Ihrer Mutter, Ihrer Großmutter und anderer Ahnen in einer durch Leid geprägten Tradition ablief. Und es kann sein, dass Sie eine große Sehnsucht in sich spüren, um der Liebe willen mit all diesen Menschen, die Sie noch nicht oder nicht mehr lieben können, Versöhnung feiern und danach vergeben wollen. Dann ist der erste Schritt das Erkennen. Aha, es führt nicht in die Liebe, einen Schuldigen zu suchen! Aha, ich bin Teil einer Schicksalskette, die den Namen Mensch trägt oder Lebewesen oder Schöpfungsgeschichte. Aha, ich spüre ein Ungenügen in mir. Ich will in dieser Schicksalskette vom Opfer zum Mitgestalter eines Heilungsprozesses werden. Wo ich Ungenügen spüre, gibt es auch eine Kraft, die Veränderung möglich macht. Diese Kraft, die mir Begleiter bei diesem Veränderungsprozess sein kann, heißt Sehnsucht. Aha, ich verstehe jetzt, wohin mich diese Sehnsucht zuerst führen will: in eine neue Autonomie, die viel mit der Fähigkeit zu tun hat, wieder mich und die anderen in dieser Schicksalskette Mensch lieben zu können. Aha, ich erkenne einmal mehr die Angst vor Veränderung in mir, ich erkenne die Zwänge, in denen ich stecke, und die Schuldgefühle.

Aber neu ist jetzt: Diese Ängste sind mir bewusster denn je und ich kann sie verstehen und würdigen. Neu ist auch die Erkenntnis, dass mit diesen Ängsten auch meine Sehnsucht wächst, wieder wirklich lieben zu können. Aha, diese Ängste sind die Ängste des kleinen Kindes, das ich war und immer sein werde. Ich kann dieses kleine Kind daran erinnern, wie oft es schon durch die Angst vor dem Neuen ging: bei der Geburt, beim ersten Schritt, beim ersten Tag im Kindergarten, dem Schulanfang. Manches ging leichter, weil es sich aufgehoben in einer Gemeinschaft fühlte. Manchmal bestand diese

Gemeinschaft aus einem Freund, einer Freundin oder aus einer Klasse, manchmal war es eine Gemeinschaft, die sich nur über Zeitschriften, Briefe oder Internet kannte, sich immer veränderte, von gleichen Interessen oder Werten getragen. Aha, ich bin ja ein Experte für Neues. Was verliere ich, wenn ich eine neue Einstellung wage, was gewinne ich? Was verliere ich, wenn ich erste kleine Schritte hin zu einer neuen Selbstwertschätzung wage? Was verliere ich, wenn ich den anderen nicht mehr nur als Feind, sondern als einen Fremden sehe, an dem es derart vieles zu entdecken gibt, dass ein einziges Leben dafür nicht ausreicht? Was gewinne ich, wenn ich mit diesem *anderen* mal etwas gemeinsam ausprobiere, etwas, das uns beide verbinden kann? Was verliere ich, wenn ich zum Erforscher meiner eigenen Beziehungen und Beziehungskompetenz werde? Was verliere und was gewinne ich, wenn ich meine Beziehungen bewusst nach dem Freiheitsgrad erforsche und damit mit den Augen der Liebe sehen lerne?

## Liebesübung

*Es kann sein, dass Ihnen bei all den Fragen nach der Qualität Ihrer Bindungen viele Bilder in den Sinn kommen. Versuchen Sie deshalb diese Gedanken oder Bilder etwas zu ordnen, indem Sie diese in den nächsten Tagen einfach aufschreiben. Beginnen Sie mit einer der Fragen, z. B.: Wie bin ich überhaupt gebunden? An Menschen, an Produkte, ans Image? Wie sicher bin ich mir bei wem? Was verbindet mich mit meiner Familie, was trennt? Welchen Wert hat welche aktuelle Beziehung für mich? Was würde geschehen, wenn wir uns eine bestimmte Zeit nicht mehr sehen oder kommunizieren würden?*

*Dann sprechen Sie mit den Personen darüber, mit denen Sie gerne reden möchten. Schreiben Sie auch die Ergebnisse dieser Gespräche auf. Sparen Sie auch Ihre Arbeits- oder Geschäftsbeziehungen dabei nicht aus.*

Wenn Ihnen bewusst geworden ist, dass Ihre Erbanlagen nichts Statisches, sondern ein sich entwickelnder Prozess sind, dann können Sie sich auch leicht vorstellen, welchen Einfluss nicht nur Ihr unbewusstes, sondern auch Ihr bewusstes Verhalten auf Sie selbst und auf die nach Ihnen kommenden Generationen, allen voran Ihre eigenen Kinder, hat.

In einem liebevollen Gespräch erklärte mir ein bekannter Wissenschaftler dazu, dass wir nur zwei Chancen im Leben haben, diese Prägungen zu korrigieren bzw. zu verändern.

Eine Chance in der Pubertät haben wir bereits vertan. Die andere und zugleich letzte Chance liegt noch vor uns. Vielleicht wollen Sie diese Chance nutzen. Dann sind Sie auf einem guten Weg. Denn diese zweite und zugleich letzte Chance hat viel mit Bewusstsein und Selbstverantwortung zu tun, mit einem neuen Beziehungsverständnis und mit Liebe.

## Das Ende der Abhängigkeit

Der schicksalhafte Workshop, wie ihn die Frau später nannte, lag schon einige Zeit zurück. Mittlerweile durfte ich die Frau duzen und auch Margit nennen. Margit begann seit dem letzten Workshop jeden Tag mit einem kleinen Ritual, bei dem sie ihrem inneren Kind für die alte Einstellung dankte und sich zugleich bewusst mit einem Bild aus der Kindheit vor den Spiegel stellte, um sich vorzusagen: »Ich bin gleichwertig.«

Je mehr diese neue Einstellung nach außen wirkte, umso mehr veränderte sich auch die Beziehung zwischen Margit und dem Freund, bis Margit sich schließlich von ihm trennte, und das, obwohl er ihr Chef war. Margit hatte dies stets verschwiegen, wie sie vieles verschwiegen hatte.

Durch diese Trennung wurden neue Wunder möglich. »Ich bin gleichwertig« wurde zu einer Zauberformel, die Margits ganzes Leben erfasste. Margit lernte zuerst wieder lächeln. Ihr Gesicht wurde lebendiger. Ihre Haut weicher, die Augen strahlten heller und sanfter. Der Gang wurde weiblicher, die Stimme erotischer und zugleich selbstbewusster. Sogar der Duft ihres Körpers bekam eine andere geheimnisvoll neue Note. Kurzum: Margit strahlte mehr und mehr eine Liebe zum Leben aus.

In einem meiner Workshops, die Margit seit unserer ersten Begegnung regelmäßig besuchte, erfuhr ich, dass es sogar eine Versöhnung mit der Mutter gegeben hatte. So ganz nebenbei erzählte Margit dann, dass sie auch einen Neuanfang mit dem Freund plante. »Er zahlte einen sehr hohen Preis. Ich weiß aus eigener Erfahrung, was es heißt, durch seine Angst zu gehen«, begründete Margit ihre tapfere Entscheidung. Der Freund hatte seit der Trennung eine schwere Krise hinter sich. Es stellte sich heraus, dass sich hinter der Fassade des strahlenden Helden, erfolgreichen Geschäftsmannes und Frauentyps ein impotenter, ängstlicher Junge versteckte. Margit war die einzige Frau, bei der er überhaupt Sex haben konnte. Bei allen anderen Frauen wurde er zum Gefangenen seines eigenen Images. Wer es allen beweisen muss, bekommt statt Freude am Sex nur Versagensangst und sucht nach Ersatzbefriedigungen. Davon wusste Margits Freund einiges zu erzählen. Aber sie spürte, trotz Enttäuschung, Wut und Abscheu, wieder

Interesse an diesem Mann. Neuer Mut entstand. Dieser Mut machte den Weg zu einem neuen »Ja« leichter.

## Exkurs: Wissen

*Unser Glücksgedächtnis bringt uns dazu, einmal gelernte positive Erfahrungen in einem Glücksfahrplan zu speichern und zukünftige Beziehungen danach auszurichten. All das, was uns an die glücklichen Zeiten erinnert, wird von Neuronen verarbeitet und von Synapsen an andere Neuronen weitergeleitet. Dabei fließt das Bindungshormon Dopamin. Wir fühlen uns umso glücklicher, je mehr der Dopaminspiegel ansteigt. Die Aussicht auf ein Wiedersehen eines geliebten Menschen genügt schon, um den Dopaminspiegel ansteigen zu lassen. Selbst ein Kleidungsstück oder Symbol gemeinsamen Glücks genügt, um die Schmetterlinge im Bauch zu aktivieren und uns zu Handlungen zu aktivieren, damit wieder alles so wie »damals« wird. Fehlt die Aussicht auf Erfolg, wird die Bindungssehnsucht schnell zur Suche nach Ersatz. Das Kleidungsstück oder Symbol wird dann zum Ersatzobjekt.*

Bei unserem Wiedersehen hatte Margit einen Überraschungsgast mitgebracht. Es war der Freund. »Dass ich dabei bin, hatte sie sich als Geburtstagsgeschenk gewünscht«, erklärte er mir verlegen. Umständlich versuchte er zuerst zu erklären, warum er so war, wie er war. »Ich bin ein Geschöpf Darwins, so wie viele Erfolgsorientierte, die in unserem Wertesystem immer beweisen müssen, dass sie besser, schneller oder größer als die anderen sind. Wie es drinnen ausschaut, darf keiner wissen. Sonst bist du gleich ein Verlierer.« Dann erklärte er mir und vor allem sich selbst, warum er so wie bisher nicht mehr weitermachen möchte. »Es gibt auch einen wirtschaftlichen Grund, warum es besser ist, so wie bisher nicht weiterzumachen«, antwortete ich.

»Meinen Sie die hohen Kosten durch Krankheiten, Depressionen, Ängste und Burnouts?«, fragte er.

»Auch, aber nicht nur.«

Der Freund wurde hellwach. »Wer nicht um die Schätze, die in einem Mitarbeiter versteckt sind, weiß, ist vielleicht geneigt, ihn als Belastung zu bezeichnen. Er wird ihn bestenfalls motivieren, sich noch schneller im Hamsterrad zu drehen, statt ihn zu inspirieren, Schatzsucher im Dienste aller zu werden«, nahm Margit den Gedankenfaden auf, um gleich darauf ein Feuerwerk bunter Ideen zu zünden. All das mündete darin, dass die beiden ein »Projekt Liebe« für die Firma beschlossen. Margit sollte die Projektleiterin werden und eine Kultur der Wertschätzung, des Respekts und der Inspiration in dem Unternehmen etablieren. Gemeinsam wollte man ein Schiff bauen, das neue Ozeane findet. »Gemeinsam im Sinne aller zu neuen Erfolgen«, hatte sie sich als Motto ausgedacht. »Könnte das nicht auch das Motto unseres Neubeginns sein?«, fragte der Freund. Wer Körpersprache versteht, verstand die Antwort von Margits Körper.

### Liebesübung

*Stellen Sie nur bis morgen Abend Ihr inneres Programm darauf ein, zu erkunden, was durch eine gute Zusammenarbeit von Menschen möglich wurde. Die Straßen, auf denen Sie laufen, die Häuser, in denen Sie arbeiten, die Annehmlichkeiten des Lebens, die kulturellen Fortschritte, Erfindungen. Setzen Sie diese Liste fort, so gut es Ihnen möglich ist.*

Wer die Liebe finden will, muss bereit sein, hinter die Masken der Liebe zu schauen. Die Masken sind unsere Vorurteile, in denen sich leicht die schwarzen Gefühle einnisten.

Ähnliches empfahl ich auch Christine, die Sie nicht zuletzt aus dem letzten Workshop mit Margit kennen.

## Der Kinderdieb

»Hassen heißt, den Weg zur Liebe verloren zu haben.« Als ich Christine konfrontierte, war sie in den dunklen Räumen ihrer Psyche angekommen und stellte erschrocken fest, wie viel Hass sich im Laufe der Jahre dort angesammelt hatte.

Sich diese dunklen Kammern der eigenen Seele betreten zu trauen, ist auch Teil eines Befreiungsprozesses, der in die Liebe führt. Denken Sie an die vielen Märchen unseres Kulturkreises, in denen es genau darum geht. König Blaubart, Froschkönig oder Eisenhans stehen nur stellvertretend für diese inneren Mutproben im Dienste der Liebe. Am Ende haben sich Heldin oder Held selbst wieder lieben gelernt. Die Masken der Liebe sind erlöst, ein tiefes Mitgefühl macht es möglich, dass die Seelenlandschaft wieder blüht und Hochzeit mit den ehemals ungeliebten inneren Wesensteilen gefeiert wird.

Zurück bleibt die Erkenntnis, dass Sie erst durch die vielen Masken des Lebens sich selbst und anderen das Leben und Lieben schwergemacht haben. Wenn Sie sich beim Lesen in der Opferrolle oder der Narzissmusfalle wiederfanden, dann sind dies nur zwei von vielen Masken, die Sie tragen. Einige andere werden Sie noch kennenlernen.

Wenn Sie sich ab jetzt, ganz vorsichtig, Maske um Maske erleichtern, werden Sie erkennen, dass es nie einen wirklichen Grund gab, sich minderwertig zu fühlen. Alle scheinbaren Schattenseiten sind in Wirklichkeit nur verborgenes Licht. Das trifft für alle Menschen zu, also auch für Sie.

Genau das erzählte ich auch Christine. »Können mir Märchen vielleicht sogar helfen, mich wieder lieben zu lernen?«, fragte sie mich daraufhin.

»Auf jeden Fall sind sie ein Spiegel, in dem sich Ihre Sehnsüchte spiegeln«, antwortete ich.

Dies genügte Christine.

Von da an wurde sie immer mehr zur Märchenexpertin. Sie war überzeugt, dass sie durch die Weisheit unserer Ahnen auch Antworten auf ihre entscheidenden Fragen bekommen würde, wenn sie nur deren Sprache verstehen lernen würde.

## Exkurs: Wissen

*Im Bemühen um Austausch und gemeinsames Tun steht uns Menschen ein breites Spektrum von Kommunikationsebenen, Kommunikationskanälen und Kommunikationsstilen zur Verfügung. Dabei stellten die Kommunikationsforscher fest, dass jeder Mensch im Lauf seines Lebens seine ganz eigenen Präferenzen im Umgang mit diesen Möglichkeiten hat.*

*Es ist für gemeinsames Tun wichtig, sich nicht nur gegenseitig diese Präferenzen bewusst zu machen, sondern auch die dazugehörigen individuellen Hintergründe und die Motive.*

*Wer weiß, ob der andere Mensch primär auf den visuellen, akustischen, sensomotorischen, olfaktorischen oder gustato-*

*rischen Sinneskanal festgelegt ist, kann dieses Wissen im Sin-
ne eines Austausches, aber auch im Sinne seiner Zielerrei-
chung berücksichtigen.*

Bei einem unserer letzten Termine erzählte mir Christine, wie
sehr sie das Märchen von Rumpelstilzchen bewegt hatte. Wir
besprachen in einem Treffen vorher den Teil, in dem sich
Rumpelstilzchen das Kind versprechen ließ. »Gott sei Dank,
kann mir das nicht passieren. Ich habe kein Kind.« Ich konnte
die Trauer in ihr fühlen. »Wofür steht im Märchen meist das
Kind?«, fragte ich die Traurige.

»Für unsere eigene Kreativität, unsere Lebendigkeit, Lebensfreude, aber auch für unsere Sehnsucht, unsere Zukunft.«
Ich nickte.

Dabei bemerkte ich, wie viele Spuren die krisenhafte Beziehung mit Christian in Christines Gesicht hinterlassen hatte.
»Spüren Sie jetzt diese Kreativität, Lebendigkeit und Lebensfreude in sich?«

»Nein.« Christines Stimme kam ins Stocken. »Wenn ich in dem
Märchen von Rumpelstilzchen das arme Mädchen wäre, dann
wäre Christian für mich dieser Rumpelstilz. Dann war er es,
der mir all das stahl, wofür Kind im Märchen steht!« Ein kurzes Nachdenken, ein kurzer Blickkontakt mit mir, ein inneres
Aha, dann fuhr Christine fort: »Jetzt verstehe ich: Es geht
nicht um das äußere Kind, es geht um das innere Kind. Das
stimmt auch! Was war ich früher für ein liebes, fröhliches
Kind. Er ist schuld, dass ich derart traurig geworden bin. Er
lebte sein Leben auf meine Kosten!« Dann folgte eine lange
Abrechnung mit vielen Emotionen. Wieder viel Hass, viel
Zorn, viel Neid und viel Schattenarbeit. Wie ein emotionaler
Durchfall, der bereinigend, entgiftend und befreiend wirkt.

»Jetzt wird endlich gelebt. Das eigene Leben, nicht das Seine!«
Jetzt endete ihr Gefühlsmarathon.

»Was ist dann der nächste Schritt?«, wollte ich sie festlegen.
Sie schwieg. »Vielleicht hilft uns noch ein anderes Märchen.
Kennen Sie Hänsel und Gretel?« Sie nickte. Dann erklärte ich
ihr, dass Märchen eigentlich für Erwachsene gedacht waren,
um ihnen neben der Unterhaltung auch Lebenshilfe zu geben.
Plötzlich wurde Christine hellwach und wollte nicht nur das
Märchen, sondern auch die versteckte Lebenshilfe hören.

### Das Märchen von Hänsel und Gretel

*Hänsel und Gretel waren die Kinder armer Leute. Als die Not
so groß wurde, dass die Eltern nicht mehr wussten, wie sie
gemeinsam überleben sollten, kam die Frau auf die Idee, die
Kinder im tiefen Wald allein ihrem Schicksal zu überlassen.
Weil die Kinder vor Hunger nicht einschlafen konnten, wurden
sie Zeuge dieser Unterhaltung. Hänsels Idee, mit weißen Kie-
selsteinen den Weg zu markieren, um so aus dem Wald zu-
rückzufinden, ersparte beiden fürs Erste ein schreckliches
Schicksal. Aber die Lösung war das noch nicht. Denn die Frau
ließ die Kinder das nächste Mal noch tiefer im Wald zurück.
Weil Hänsel diesmal keine Kieselsteine sammeln konnte,
glaubte er mit dem Streuen von Brotstückchen ähnlich erfolgreich zu sein. Aber die Brotstückchen wurden von den Waldvö-
geln aufgepickt. Als sie sich schon verloren glaubten, zeigte
ihnen einer der Waldvögel den Weg zu einem Haus, das ganz
aus Brot und Kuchen gebacken war. Die Kinder konnten nicht
wissen, dass es das Haus einer bösen Hexe war, die beide ver-
speisen wollte. Hänsel sollte eingesperrt und gemästet werden. Gretels List ersparte beiden nicht nur den grausamen*

*Tod, sondern machte zugleich der Armut ein Ende, denn das Haus war im Innern voller Perlen und Edelsteine.*

*Ein Entchen brachte die Kinder noch nacheinander über ein unüberwindbar großes Wasser. Von da an fanden sie gemeinsam den Weg zurück in das heimatliche Haus, in dem der Vater nach dem Tod der Frau einsam seinen Kindern nachtrauerte. Die Freude wurde noch größer, als er erfuhr, dass auch die materielle Not fortan ein Ende hatte.*

Als ich mit dem Erzählen des Märchens fertig war, fühlte ich den Herzschlag der kleinen Christine im Raum. Die Bilder des Knusperhäuschens schwebten in der Luft und die Freude über das gute Ende strahlte aus den Augen der Erwachsenen, so als hätte sie das erste Mal in ihrem Leben das Geheimnis des Märchens in seiner Tiefe verstanden. Ich schaute die Frau ruhig und geduldig an. »Sie wissen schon so viel über Märchen, dass es Ihnen leichtfällt, die Symbolsprache von ›Hänsel und Gretel‹ zu entschlüsseln.« Sie nickte zögernd. »Der Wald steht für unser Unbewusstes. Die Eltern sind prägende Teile unserer Persönlichkeit.« Ich bestärkte sie, um dann tiefer zu gehen. »Worum könnte es dann in diesem Märchen gehen?«, versuchte ich Christines inneres Kind anzusprechen. Das innere Kind reagierte sofort. »Dass man einen großen Bruder braucht, um zu überleben. Der wusste einen Ausweg aus dieser ausweglosen Situation. Sonst wäre die Gretel verloren gewesen.«

Ich war auf diese Antwort vorbereitet und nutzte die Chance. »Ja, aber das war nur ein Teil des Geheimnisses. Was hätte es den beiden geholfen, wenn Gretel sich nur auf Hänsel verlassen hätte?«

»Dann wären beide verloren gewesen.« Aha!

Auch Christine hatte einen großen Bruder, dem sie mehr zutraute als sich selbst. Ohne ihn hätte sie sich oft so verlassen gefühlt wie auf der großen Bühne. Mit ihm an der Seite war sie nicht schüchtern. Da traute sie sich einiges zu. Da gab es Parallelen zur Ehe. Christine hatte für sich plötzlich erkannt, dass sie in ihrem Mann auch den großen Ersatzbruder gesehen hatte. Nicht zuletzt aus Angst, ihren Ersatzbruder Christian zu verlieren, ließ sie sich so viel von ihm gefallen, dass sie in die Opferrolle rutschte. Dass der Bruder im Märchen auch die Schwester brauchte, hatte sie übersehen.

Diese Idee gab ich ihr mit auf den Weg, als sie sich nachdenklich verabschiedete.

Mehr und mehr begann Christine mit jedem unserer folgenden Gespräche auch die Leistung der »Schwester« wertzuschätzen und auch die Leistung, die beiden als Team möglich war.

Die Wiederholung ist oft die Mutter aller Weisheit. Deshalb wiederholte ich: »Jeder von beiden hatte seinen Anteil am Erfolg. Dadurch erst wurde eine Lösung möglich. Jeder schätzte den anderen. Jeder vertraute dem anderen. Jeder wertschätzte auch das, was durch diese Zusammenarbeit möglich war.« Christine nickte. Das war eine neue Erkenntnis für sie. Ihre Sehnsucht bekam eine neue Richtung.

Beim nächsten Treffen kam ich zu Christian und Christine. Sie hatten mich herzlich darum gebeten. Bei ihm ging es um seine heimliche Sehnsucht. Und bei ihr ging es um ihre Schüchternheit.

# Auf der Bühne der Erlösung

Wenn es auch Ihnen manchmal so vorkommt, dass Sie im Grunde Ihres Wesens ein schüchterner Mensch sind, dann können Sie diese Schüchternheit in dem Maße erlösen, in dem es Ihnen glückt, Ihre Schüchternheit als die Leistung eines Kindes zu würdigen, das eine starke Sehnsucht nach Überleben in sich spürte und in einer lebensbedrohlichen Situation eine Lösung suchte und auch fand.

Denken Sie an Christines ersten und schicksalhaften Auftritt auf der ersten Bühne des Lebens.

Die Strategie des kleinen Kindes, das sich Hunderten von kontrollierenden Augen strenger Erwachsenen ausgesetzt sah, hieß solche Situationen vermeiden. Bleib lieber im Hintergrund. Bleib lieber unauffällig, halte dich lieber dort auf, wo keiner das, was du tust, kritisieren kann. Bleibe lieber unsichtbar, damit dich die strengen Elternaugen nicht bemerken.

Was in der Kindheit funktioniert, wurde mit zunehmendem Alter zur Last. Spätestens dann, als Christine die strengen Augen der Eltern als ein Introjekt in sich trug. Damit bezeichnen Fachleute eine Autorität, die wir verinnerlicht haben.

Diesem inneren Kritiker kann man es nie recht machen. Irgendwann sehen sich schüchterne Menschen nur noch aus den Augen dieses inneren Beobachters, lassen sich leicht von vermeintlich Stärkeren und Aufdringlicheren einschüchtern und werden so zu Opfer von Menschen, die um dieses Geheimnis wissen. Vielleicht kennen Sie in Ihrer Umgebung Menschen, die sich schnell einschüchtern und verunsichern lassen und wundern sich, was solche Menschen alles mit sich machen lassen.

Psychologen erkennen solche Menschen daran, dass sie sehr

kontrolliert wirken und dass ihnen jede Spontaneität und jede Lebendigkeit im Umgang mit anderen Menschen fehlt, was irgendwann sogar zu einer Angst vor Menschen führen kann. Aber Psychologen kennen auch Strategien, die aus dieser Falle führen.

### Exkurs: Gehirn

*Schüchternheit ist aus Sicht der Hirnforscher eine Verschaltung im Gehirn, die alles Neue als gefährlich einstuft. Der Schüchterne reagiert dort bereits mit Angst, wo andere höchstens Furcht empfinden. Weil an diesem Prozess auch andere Hirnregionen beteiligt sind, wird daraus generalisierte Angst. Generalisierte Angst braucht nur noch kleine Anstöße, um das gesamten Angstsystem in Alarmzustand zu versetzen.*

*So erleben Schüchterne schon vorauseilende körperliche, angsttypische Symptome und reagieren darauf mit Abwehrstrategien.*

Zuerst fragte ich Christine, ob sie ihre kleine, innere Christine unterstützen möchte. Eifriges Nicken. Ich bat dann die große Christine, mit der kleinen Christine in sich Kontakt aufzunehmen. Die große Christine nickte wieder eifrig und brav, oder war es schon die kleine? »Willst du die kleine an der Hand nehmen?«, fragte ich. Ein eifriges, aufgeregtes Nicken. »Wie fühlst du dich, wenn du die Hand der anderen Christine spürst?«

»Bei einer warmen und sicheren Hand geht es mir gut.«

Jetzt wusste ich, dass ich mit der kleinen Christine spreche.

»Was müsste geschehen, damit es dir sehr gutgeht?«

»Sie müsste mit mir sprechen.« Dann sprachen die beiden

miteinander. Der erwachsene Teil sprach mit dem kindlichen Teil. Irgendwann waren die beiden sich so vertraut, dass sie spontan das Lachen anfingen. »Du bist lustig, kleine Christine. Ich bin froh und dankbar, deine Hand zu spüren. Wir werden noch viele Abenteuer erleben.« Der Kindteil freute sich.

»Wie könnte ein Abenteuer aussehen?«, fragte ich, wissend, dass Abenteuer immer die Begegnung mit etwas Neuem sind, bei dem alte Grenzen überschritten werden.

»Egal, es muss nur ein Abenteuer sein.« Dann schob ich den schweren, runden Tisch in die Mitte. »Möchtest du, kleine Christine, noch einmal auf der großen Bühne stehen?« Christine überlegte nicht lange. Sie wollte endlich einen alten Schmerz erlösen und sich wieder zu zeigen trauen. »Ja«, antwortete sie klar und mit lauter Stimme, »wenn die große Christine auch dabei ist.« Die linke Hand Christines deutete auf die Brust. »Bist du, große Christine, auch dabei?«, fragte ich, stellvertretend für die kleine Christine, die rechte Hand, die für die große Christine zu stehen schien. Da begann die rechte Hand die linke Hand zu streicheln und Christine sprang spontan auf den Tisch. »Willst du mir ein Gedicht vortragen, kleine Christine?«, fragte ich.

Groß und stark schaute sie vom Tisch zu mir nach unten. Ich musste nicht lange bitten. Schnell fing sie an, sich zu verneigen, dann ein paar Schritte zu tanzen, um sich danach ganz artig hinzustellen. Nun begann sie ihr Gedicht vorzutragen, genau so, wie sie es mit sieben Jahren gelernt hatte. Als sie fertig war, konnte ich nicht anders, als begeistert zu klatschen und bravo zu rufen, so, wie es sich bestimmt damals auch die kleine Christine erträumt hatte. Ich stand auf und klatschte noch lauter, stellvertretend für Hunderte und Tausende von Menschen, die ihr alle zu Dank verpflichtet waren, weil Christine auch stellvertretend für sie alle diesen Riesenfortschritt gemacht hatte.

Zwischendurch schrie ich all die Namen nach oben, die ich aus unseren Gesprächen kannte: »Und jetzt klatscht dein Chef; jetzt klatscht auch noch die neidische Kollegin. Jetzt klatschen deine Eltern und jetzt deine strenge Lehrerin und jetzt, ja wer ist denn das: Jetzt klatscht auch noch dein Mann.«

Da begann Christine zu weinen und zu lachen, zu jauchzen und zu schreien, zu springen und zu tanzen. All das war Teil eines lange zurück gehaltenen Lebens. Christine wurde dabei schöner und schöner.

Sie bat Christian zu sich nach oben auf den großen, runden Tisch, der in diesen Augenblicken die Bühne eines neuen, gemeinsamen Lebens wurde. Er sprang zu ihr hoch, so leicht und so federnd, wie ich ihn noch nie springen gesehen hatte, und umarmte Christine. Er tanzte ausgelassen mit und ließ sie hochleben.

Das Kind in Christian hüpfte so ausgelassen mit, dass sich auch der Erwachsene Christian nicht ausschließen konnte. Für einen Augenblick glaubte ich, der schwere Tisch mit den beiden würde davon fliegen.

Dann sah ich, wie Christian, zärtlich und neugierig zugleich, Christines Nacken berührte, so, als würde er diesen Nacken das erste Mal sehen. Er tastete sich mit der Zunge achtsam zu den Ohren, schmeckte den frischen Schweiß, hörte ihr leises genießendes Stöhnen, erlebte sein eigenes Stöhnen als ein Echo und eine Frage zugleich und schob langsam die Bluse nach oben.

Es war Zeit für mich zu gehen.

### Liebesübung

*Nehmen Sie Ihre eine Hand und suchen Sie mit geschlossenen Augen Ihre andere Hand. Geben Sie der einen Hand den Namen des Kindes, das Sie einmal waren. Die andere Hand repräsentiert die erwachsene Person. Lassen Sie beide Hände miteinander sprechen. Ihre Hand, die den erwachsenen Menschen repräsentiert, bietet der Kindhand jeden erdenklichen Schutz an. Fragen Sie Ihr Kind, was durch diesen Schutz alles möglich ist. Versprechen Sie dem Kind, es dabei zu unterstützen, so gut es Ihnen möglich ist.*

An einem Tag im Mai, als ich von einer längeren Reise zurückgekommen war, fand ich eine Einladung zu einer Neueröffnung vor. Drüber stand handgeschrieben: Unsere Sehnsucht nach neuen Abenteuern ist so groß. Wir starten jetzt ein gemeinsames Projekt und nennen es einfach: Projekt Liebe! Darauf wollen wir anstoßen. Kommen Sie?

### Exkurs: Wissen

*Darwins Evolutionstheorie prägt uns moderne Menschen mehr, als es uns bewusst ist. Dabei gibt es immer mehr Stimmen aus der Neurobiologie, die uns eines Besseren belehren. Neben diese Auslesetheorie stellen die Neurobiologen das Prinzip der Kooperation. Sie behaupten, dass der Mensch ein auf Kooperation und Koexistenz angelegtes Wesen sei, gemeinsames Handeln wäre so eines der menschlichen Grundbedürfnisse.*

Wenn die Sehnsucht nach gemeinsamem Tun vom Herzen getragen wird, wenn diese Herzlichkeit immer größer wird und Grenzen auflösen will, wenn die Sehnsucht nach Gemeinsamkeit Flügel bekommt, dann kündigt sich, wie am Ende eines rauhen Winters, unsichtbar und doch von beschwingender Hoffnung durchströmt, ein neuer Himmel an.

Vor diesem neuen Himmel aber geht es erst durch ein neues Tor. Dieses neue Tor ist eine neue Einsicht. Aus dieser neuen Einsicht heraus ist etwas möglich, was die Hirnforscher nüchtern Koexistenz nennen. Koexistenz reicht weit über den eigenen Körper, die eigene Existenz hinaus.

## Das Projekt Liebe

Durch Koexistenz bekommt jedes »Projekt Liebe« nicht nur über die Ahnen- bzw. Kinderkette eine vertikale Richtung, sondern gleichzeitig eine horizontale Entwicklungsachse zu allen Lebenden, zu allen unseren Zeitgenossen. Der Einstieg in dieses Projekt beginnt immer bei uns selbst.

Es gibt Schamanen, für die ist unser Leben mit all seinen sichtbaren und unsichtbaren Veränderungen der lange Körper. Auch Sie haben einen langen Körper, der von der Geburt bis zum Sterben reicht, von der Gesundheit bis zur Krankheit, vom Hassen bis zum Lieben, vom Ausgeliefertfühlen bis zur Hingabe. Vom »Ich« über das »Du« bis zum »Wir«.

Auch Ihre Zeitgenossen haben diesen langen Körper und die gesamte Spezies Mensch. Alles Leben hat diesen langen Körper. Das verbindet, meist unbewusst, fein versponnen alles Lebendige.

Eine Erkältung, die Sie plötzlich überfällt, beeinflusst Ihr gesamtes System. Wenn Sie gesund sind, betrifft auch das Ihr ganzes System. Der lange Körper der Spezies Mensch funktioniert nach analogen Gesetzen. Probieren Sie es aus.

Wenn ich als Coach in ein Unternehmen komme, brauche ich nur wahrnehmen und hineinfühlen, dann erlebe ich, wie sich der lange Körper dieser Firma fühlt.

Wenn Sie Gast in einer Familie sind, die Sie das erste Mal besuchen, erleben Sie mit zunehmender Explorations- und Empathiekompetenz immer wacher und intensiver, was in diesem langen Familienkörper »los ist«.

So ergeht es Ihnen, wenn Sie einen Abend lang auf einer Party Paare beobachten oder Geschäftspartner bei ihren Verhandlungen.

Selbst als Politiker lernen Sie im Laufe Ihrer Karriere mit dem langen Körper eines Politikerlebens umzugehen. Sie lernen Menschen von Problemen zu unterscheiden, Sie lernen, dass immer nur lieb sein auch keine Lösung ist.

Sie lernen, dass auch Gegner oder Feinde mit Ihnen in einer Beziehung stehen. Sie lernen, dass Sie Mitgestalter dieser Beziehung sind. Sie lernen, eine gute Beziehung vom Zweck der Begegnung zu unterscheiden. Sie lernen sich auch in die Lage des anderen zu versetzen und nach gemeinsamen Interessen zu suchen. Vor allem lernen Sie, nicht die Menschen anzugreifen, sondern die Probleme.

Wenn Sie noch dazu ein guter Politiker, Chef oder Partner sind, dann gelingt es Ihnen darüber hinaus sogar, gemeinsame Visionen, Ziele oder Projekte zu finden, die inspirieren, statt nur zu motivieren. Sie brauchen nicht mehr zu manipulieren, sondern können sich gemeinsam gegenseitig inspirieren.

Wenn Sie das können, stehen Sie dem Tor zum sechsten Himmel schon sehr nahe.

Der sechste Himmel ist der Ort, an dem die Menschen sich als Teil eines langen Körpers Mensch begreifen und gemeinsam an der Entwicklung, Gesundung und Kultivierung dieses Körpers arbeiten. Der sechste Himmel, das ist auch der Ort, an dem die letzten Überreste der Baustelle Babylon als Mahnmal stehen. Der sechste Himmel ist der Ort, an dem sich Menschen wieder ihrer gemeinsamen Ursprache erinnern, der Sprache, die ohne aufteilende Worte auskommt, weil sie verbinden statt trennen will und die von vielen Weisen die Prä-Babelsprache genannt wird.

## Alle sprechen eine Sprache

Genetisch unterscheiden wir Menschen uns ganz wenig voneinander. Selbst mit Tieren verbindet uns mehr, als uns trennt. 96 Prozent unserer Gene sind zum Beispiel identisch mit denen der Schimpansen.

Was aber bringt dann Menschen dazu, sich oder andere als schlechter, besser, minderwertiger oder höherwertiger zu definieren?

Manche Menschen antworten darauf, dass sie das Geschlecht zu etwas Besserem werden ließ. Mancher argumentiert über die Herkunft. Mancher über den Besitz, die Macht, den Status oder die Nationalität, die Sprache oder gar den Rang des Fußballvereins.

Dass sich Menschen im Laufe ihrer Geschichte schon immer schwer damit taten, sich gleichwertig zu fühlen, zeigen die Mythen, Märchen und historischen Lügengeschichten, die

Generationen als Wahrheit lernen mussten. So wurde Verbindendes und Trennendes erfunden, statt nach wirklicher Identität und Unterscheidung zu forschen.

## Identität oder Authentizität

Wenn Sie vor diesem sechsten Tor stehen, wissen Sie bereits, wofür Sie wirklich verantwortlich sind. Sie wissen dann auch, dass Großes nur gemeinsam zu verwirklichen ist und bringen sich als der, der Sie sind, in den »langen Körper Menschsein« ein, damit ein liebesfähiger Körper daraus werden kann, mit Sehnsucht nach Eigenständigkeit und Verschmelzung, nach Sicherheit und Freiheit, nach Nähe und Distanz.

Sie sind dann lebendige und eigensinnige Zelle einer Wertschätzungskultur, die sich gleichzeitig und gleichwertig in dem langen, zeitlosen Ahnenkörper und dem langen, zeitlichen Zeitgenossenkörper geborgen fühlt.

In diesem die Ewigkeit berührenden langen Körper sind Sie unbedeutend klein und zugleich schöpfungsgeschichtlich groß. Es gibt keinen Mythos, kein Schicksal, keine Träne, kein Lachen, keine Geburt und kein Sterben, in dem Sie sich mit Ihren existenziellen Fragen nicht wiederfinden können.

Alles ist schon einmal geschrieben, beschrieben, jetzt wird es auch von Ihnen durch Ihr einzigartiges Leben bestätigt, ergänzt, erweitert, vergrößert, geheilt oder vervollständigt.

Die Energie, die das alles möglich macht, ist die Liebe. Die Energie, die Ihnen die Richtung in die Vervollständigung zeigt, nennen wir Sehnsucht.

In diesem Bewusstsein bekommt das Eingangstor, unter dessen Bogen Sie jetzt stehen, eine neue Gestalt: Leichter, durchsichtiger und einladender sieht es jetzt aus. Erstmals zeigt sich die Sonne in ihrer vollen Pracht, löst sich vorsichtig vom Horizont und lässt die schweren, dunklen Berge unter sich. Das macht neue Farben und Formen möglich, schafft neue Verbindungen, wo gerade noch das Trennende überwog. Der Himmel ist blau geworden, zartblau und weit. Dies wird Ihr neues Lebensgefühl. Schon fließt es Ihnen wohlwollend entgegen.

## DER SECHSTE SCHLÜSSEL ZUM ACHTEN HIMMEL

... heißt verbunden sein. Zwischen den Extremen von Isolation und Aufopferung entdecken Sie eine neue Welt, in der sich alles mit allem verbunden fühlt. Noch ist Ihre Ahnung nicht zur Gewissheit geworden, aber Ihr tiefes Wissen bereitet sich schon auf eine heilige Hochzeit vor. Am Horizont, genau dort, wo sich Himmel und Erde berühren, erkennen Sie schon die Sonne eines neuen Bewusstseins.

# KAPITEL 7

# Ich bin Du

Endlich in Ihrem neuen siebten Himmel angekommen, geht es Ihnen wie einem Reisenden, der nach langer Abwesenheit mit einem neuen Blick auf seine Heimat sieht. Diese Heimat ist wie eine Oase in einer großen Wüste. Im Bewusstsein dieser Wüste erkennen Sie in jedem liebenden Du Ihre eigenen Projektionen. Ihre Sehnsüchte und Hoffnungen erkennen Sie in diesem Bewusstsein als das, was sie sind: Inseln im Ozean der Zeit.

## Der Inselkönig

Es ist schwer, das Glück in uns zu finden, und es ist ganz unmöglich, es anderswo zu finden.« Dies stand auf einer bunten Postkarte, die ich eines Tages bei mir im Briefkasten fand. Gela, die vor kurzem eine dramatische Scheidung hinter sich gebracht hatte, war die Absenderin. Das Scheidungsdrama war wie eine Schlacht, bei der jeder um die Schwachstellen des anderen wusste und dieses Wissen gnadenlos missbrauchte. Verrat, Hass und Rache waren die Gefühle, aus denen dieses Drama gestrickt war. Dort, wo lange Jahre die Liebe zu Hause war, mit ihrem Lachen, Juchzen und Freuen, war jetzt eine seltsam beklemmende Totenstille. Die Liebe war seitdem auf der Flucht. Sie wusste nicht mehr, wohin, und mit ihr das Glück.

Als im Äußeren endlich alles geschafft schien, bat sie ihr »Ex« noch zu einem abschließenden Gespräch. Ein Friedensangebot vielleicht? Die Hoffnung stirbt zuletzt. Aus dem Gespräch wurde ein so heftiger Streit, dass Gela um ihr Leben fürchten musste. In panischer Angst sprang sie ins Auto und raste davon. Den entgegenkommenden Lastwagen hatte sie übersehen. Lange lag sie mit schweren Beinbrüchen im Krankenhaus. Der Chef der Spezialklinik hatte sich rührend um sie gekümmert. »Das schaffen wir schon«, sagte er ihr zum Abschied. Das »Wir« irritierte sie und trotzdem war sie dankbar für dieses »Wir«.

Dann kam sie auf Rehabilitation und hoffte bald wieder laufen zu können. Aber noch war sie auf Krücken und Rollstuhl angewiesen, und das tat ihr in der Seele weh. Selbstvorwürfe wechselten sich mit Flüchen, Hass und Wut auf den »Ex« ab. Wenn sie mit ihren teuflischen Schmerzen in diesem schlichten Reha-Zimmer saß, kam sie sich vor wie im Vorhof zur Hölle. Sie würde sich nie mehr binden, schwor sie sich bei ihrer Seele und ließ einen Mann, den sie zufällig im Krankenhaus kennenlernte, auch gleich ihre neue Härte spüren.

Aber die Liebe gibt nicht auf, wenn es darum geht, das Glück in uns wiederzufinden. Eines Tages bekam die Frau überraschenden Besuch. Es war der Chef der Spezialklinik, der ihr damals so geholfen hatte. Seine Klinik war mittlerweile verkauft. Er wollte sich endlich gemeinsam mit seiner Frau all die aufgeschobenen Lebensträume erfüllen. Da starb die Frau ganz überraschend. Das brachte den Mann in eine schlimme Sinnkrise. Irgendwann erinnerte er sich an die Patientin von damals, die mit ihrem schweren Schicksal scheinbar so vorbildhaft umging. Nun stand er da und bot sich an, sie mit dem Rollstuhl in den Frühlingstag hinauszufahren. Gela war schon lange nicht mehr außerhalb des Reha-Geländes und willigte sofort ein.

So begann eine Zeit, in der sich die beiden fast täglich sahen. Irgendwann fuhr er sie zum Grab seiner verstorbenen Frau. Die Erde sah noch so frisch aufgeschüttet aus. Die Blumen blühten so bunt und lebendig. Auf dem schlichten Holzkreuz lachte dem Schauenden das Bild einer lebenslustigen, wunderschönen Frau entgegen. »Meine Frau liebte diese Rosen. Das hing mit unserer Liebesgeschichte zusammen. Die begann mit langem Schweigen und so endet sie auch.« Der Mann deutete auf einen Strauß dunkelroter Rosen auf der Grabmitte und schwieg. »Gemeinsam trauert es sich leichter, und auch das Schweigen tut dann nicht so weh«, antwortete Gela und nahm seine Hände, als sie spürte, dass er vor dem Grab zu schluchzen begann.

»Ja, gemeinsam trauert es sich leichter und es schweigt sich auch leichter«, wiederholte er ihre Worte. Seitdem duzten sie sich. Er hieß Bruno.

### Exkurs: Geheimnis

*Die Rose ist seit Menschengedenken eines der geheimnisvollsten Symbole. Im antiken Mythos wird das Geheimnis der Rose so erzählt: Die Liebesgöttin hatte eine leidenschaftliche Affäre. Ihr Sohn wollte nicht, dass diese Affäre öffentlich wird. Deshalb sandte er Harpokrates, dem Gott des Schweigens, Rosen. Seitdem brachte man nicht nur in der Antike Rosen mit dem Schweigen in Verbindung, sondern auch die Christen und*

*später auch die braven Bürgersleute. Was »unter der Rose«*
*(sub rosa dictum) oder durch die Rose gesagt wird, soll seit-*
*dem geheim bleiben. Unter der Rose wird, zum Beispiel im*
*Beichtstuhl, nicht nur geschwiegen, sondern auch gebeichtet,*
*bereut und vergeben. So bleibt, nicht zuletzt durch die Rose,*
*auch unser Liebesleben das, was es sein soll: ein Geheimnis.*
*Reden ist Silber, Schweigen im Angesicht einer Rose ist Gold.*
*So lange, bis unser Bedürfnis nach Sicherheit das Versprechen*
*zu schweigen bricht.*

## Die gebrochene Rose

Bruno schob Gela von dieser Stunde an auffallend oft zum
Grab seiner verstorbenen Frau. Zuerst schwiegen sie: Auf dem
Weg zum Grab. Am Grab. Auf dem Rückweg, so lange, bis
Bruno irgendwann zu Gela sagte, wie gut sie ihm täte. Ab
dann wollte Gela viel von Brunos verstorbener Frau wissen
und Bruno wollte viel von ihr erzählen. Irgendwann wollte er
nicht nur erzählen, sondern auch viel von Gela hören.
Gela erzählte von ihrer Angst, nie mehr richtig laufen zu
können und Bruno machte ihr Hoffnung, dass sie bald wieder
wie ein junges Reh laufen würde. Das tat Gela gut und Bruno
tat es gut, dass ihn Gela nach seinen aufgeschobenen Träumen fragte. Sein größter Traum war Tonga, eine kleine Insel-
kette im großen Pazifischen Ozean. Aber noch war er zu sehr
an das Grab gebunden. Wie eine große dunkle Regenwolke
verdeckte sie den Blick auf Tonga. Wäre Gela eine Windgöt-
tin, sofort hätte sie diese dunkle Wolkenfront weggeblasen,
so aber war sie nur Gela. Was konnte sie tun? Die Zeit ver-

ging. Irgendwann brauchte Gela keinen Rollstuhl mehr. Das lag auch an Bruno. Er hatte ihr so fürsorglich geholfen, seine Kontakte zu Arztkollegen genutzt und ihr Mut und Zuversicht gegeben. Gelas Herz war voller Dankbarkeit. Sie überlegte, mit welcher Geste sie sich bedanken könnte. Rosen waren ihr zu nah. Ein Essen war ihr zu wenig. Ein Gutschein für einen Wellnessurlaub war ihr zu unpersönlich. Paris war ihr zu verräterisch. Gelas Ideenkarussell drehte sich im Kreis.

Irgendwann saßen wir uns gegenüber. Ich staunte über Gelas Verwandlung. Ihre Haare waren seit unserer letzten Begegnung sportlich frisch gestylt. Die Lippen voll und sinnlich rot geschminkt. Das Kleid machte Lust auf Sommer. Ein leichter beschwingter Duft ging von Gelas Körper aus. Ja, alles deutete darauf hin: Gela war endlich wieder auf der Straße der Sehnsucht, bereit, sich wieder neu zu verlieben.

Dann erzählte sie mir die Geschichte des Schmerzes, der Enttäuschung, des Hasses, der Trauer, der Hoffnung, erzählte von ihren Ängsten, aber auch von ihrer Dankbarkeit. Woher kam dann dieser leichte Trauerschleier in ihren Augen? Woher kamen dann diese dunklen Wolken auf ihren auftauchenden Seelenbildern, die mir beim Einfühlen entgegenkamen? Kamen sie wirklich nur davon, dass sie kein passendes Geschenk für Bruno fand? »Wohin würden Sie fliegen, wenn der Himmel wolkenlos blau und Ihre Gedanken angstfrei wären?«, fragte ich in Gelas Seelenlandschaft hinein und wartete auf die Antwort. Die kam prompt: »Nach Tonga?!« Ich stutzte. »Am liebsten würde ich mit ihm gemeinsam nach Tonga fliegen, würde mit ihm gemeinsam ausprobieren, wie es ist, sich noch einmal zu verlieben. Aber das geht nicht.« – »Sind es die Kosten?«, fragte ich.

Sie schüttelte heftig den Kopf. »Sie wissen ja, das Geld ist es nicht.«

Ich schwieg. »Könnten Sie sich vorstellen, ihm ein Ticket nach Tonga als Dankeschön zu schenken?«, fragte ich vorsichtig nach längerem Schweigen. Ich hatte zufällig ein paar Tage vorher von einer günstigen Reise in den fernen Pazifik gelesen.

Gela zögerte. »Dann würde er sofort fragen, ob ich ihn begleite!«, schoss es aus Gela heraus. Aber irgendetwas gefiel Gela trotzdem an diesem Gedanken.

Langsam erfuhr ich, dass sie schon mehrmals auf der Besucherterrasse des Flughafengebäudes stand und den großen bunten Vögeln beim Starten und Landen zusah. Aber immer wieder kam die Angst. Seit dieser grausamen Trennungsgeschichte traute sie sich nicht mehr zu fliegen. Auch früher flog sie ungern, aber jetzt ging gar nichts mehr.

Die dunklen Regenwolken im Herzen waren bedrohlich nahe gekommen. Wir wollten beide einen sonnigen Tag.

»Was könnte der nächste Schritt auf der Straße der Sehnsucht sein?«, fragte ich Gela. »Ich werde ihm ein Ticket schenken.« Sie schaute mich dabei schüchtern und unsicher an. Ich nickte. Ein paar Tage später erfuhr ich von ihr am Telefon, wie sehr er sich gefreut hatte und wie sehr er sie bat, doch mitzufliegen.


## Eine alte Angst oder eine neue Liebe

Am Folgetag gestand ihr Bruno, dass er in dieser Nacht zuerst eine schreckliche Angst bei dem Gedanken spürte, alleine zu fliegen. Durfte er das überhaupt? Würde er nicht das Versprechen brechen, das er seiner verstorbenen Frau gegeben hatte? Was würde diese Angst mit ihm im fernen Tonga machen?

Jetzt aber wüsste er: Wenn er durch diese Angst hindurch fliegen würde, könnte er sich auch wieder neu verlieben. Und diese Belohnung wäre jedes Risiko wert. Tonga war schon einmal eine Eintrittskarte in eine neue Freiheit, damals als er sich von seinem strengen Elternhaus befreite.

Gela ahnte etwas von der Symbolkraft, die diesen Mann mit einer kleinen Insel am anderen Ende der Welt verband. Deshalb nannte sie ihn von da an scherzhaft den König von Tonga und er hätte sich so gewünscht, dass sie die Königin von Tonga würde. Das spürte Gela genau. Ihre Sehnsucht mitzufliegen wuchs mit Brunos Vorfreude, nicht zuletzt deshalb, weil sie dann seine Königin von Tonga wäre. Fast schon hatte sie sich entschlossen, mitzufliegen, aber kurz vor dem Ja begann die Angst siegessicher zu lachen. Und Gela begann einmal mehr mitten in einer schlaflosen Nacht an sich und an ihrer Fähigkeit zu zweifeln, sich jemals wieder neu verlieben zu können. Oder war sie nur noch nicht bereit, sich neu zu verlieben?

Dann kam der Tag, als der König von Tonga abhob. Leicht ging es und schnell, dann war der Flieger hinter der dunklen Wolkenfront verschwunden.

Und zurück blieb Gela mit ihren Fragen: Was wäre, wenn ihm etwas zustoßen würde? Was wäre, wenn er sich auf dieser Insel der Schönheit, der Liebe und der Sinnlichkeit in eine dieser Blumenmädchen verlieben würde, dort bliebe, wo die Leichtigkeit zu Hause ist? Könnte ich mich irgendwann mit ihm über sein Glück freuen, auch wenn ich ihn verloren hätte, noch bevor ich ihn fand? Warum bin ich nicht einfach mitgeflogen? Warum kaufe ich mir kein Flugticket und flieg ihm hinterher?

Es waren Fragen einer verletzten Seele, auf die Gela noch keine Antwort hatte. Gela konnte noch nicht wissen, dass hinter diesen scheinbar wichtigen Fragen eine ganz andere Angst lauerte. Es war die Angst, sich wieder zu verlieben. Gela wusste, dass sie mit dem Kauf eines Flugtickets zugleich ja sagte zu einem neuen bewussten Verlieben. In diesem zerstörerischen Zweifel meldete sie sich noch einmal bei mir. »Was wäre Ihnen möglich, wenn Sie wüssten, dass Ihre Angst Ihr Freund werden will?«, fragte ich. Schnell, ganz schnell kam die Antwort: »Dann würde ich nach Tonga fliegen, würde mich in ihn verlieben trauen und würde Königin von Tonga werden.«

Wir hatten beide verstanden.

### Liebesübung

*Jetzt ist ein guter Zeitpunkt, sich neu zu verlieben. Von den Hirnforschern wissen wir, dass innere Bilder den Umgang mit äußeren Bildern vorbereiten können. Dieses Wissen machen sich zum Beispiel Leistungssportler zunutze, indem sie immer wieder ihre Wettkämpfe »im Kopf« durchspielen. In der Arbeit mit der Sehnsucht kommen uns diese Erkenntnisse zugute. Stellen Sie sich einfach vor, Sie möchten sich ganz bewusst neu verlieben. Wie könnte das geschehen? Was könnten Sie dazu beitragen, damit dieses große Abenteuer gelingt? Stellen Sie sich vor, Sie wären eine begnadete Künstlerseele, die dieses große Abenteuer beschreiben sollte. Wie würde sich dieses bewusste Verlieben vom ersten Verlieben unterscheiden? In wen würden Sie sich gerne bewusst verlieben? Beginnen Sie*

*die Geschichte Ihres neuen bewussten Verliebens mit einem*
*»Ich«. Lassen Sie sich dann von Ihrer Seele inspirieren. Schrei-*
*ben Sie, ohne Ihren Kopf um Hilfe zu bitten. Bitten Sie lieber*
*Ihr Herz. Lesen Sie sich dann diese Geschichte ganz bewusst*
*vor.*

## Vom Geheimnis, sich bewusst neu zu verlieben

Wenn Sie zu den Menschen gehören sollten, die von sich behaupten, dass sie sich bis heute, warum auch immer, noch nie
verliebten und deshalb auch keine Ahnung hätten, wie es ist,
sich bewusst zu verlieben, dann fragen Sie Ihre Seele oder
bitten Sie in einer Meditation die große Seele der Menschheitsgeschichte um eine Antwort. Fragen Sie die Göttinnen
und die Götter der Antike, fragen Sie die Heldinnen und Helden der großen Märchen, die Protagonisten der großen Lite-
ratur.

Es ist das Verdienst der Tiefenpsychologen, dass sie erkannten,
dass es sich bei all den Liebenden in diesen Geschichten um
Projektionen ihrer eigenen Seelenanteile handelt. In den
männlichen und weiblichen Protagonisten erleben sie ihre eigenen männlichen und weiblichen Seelenanteile. Animus und
Anima nennen Tiefenpsychologen diese Projektionsgestalten.
Nach Überzeugung dieser Tiefenpsychologen geht es im Leben darum, diese gegensätzlichen Teile genau so zu integrieren bzw. zu transformieren und schließlich zu transzendieren
wie andere Schattenanteile, zum Beispiel die Gefühle, die man
am liebsten verstecken möchte. »Das Leben will Vollständig-
keit und keine Vollkommenheit, sonst hätte uns die Schöp-

fung bei all ihrer Genialität auch vollkommen erschaffen«, sagte einer meiner Lehrer.

Es gibt also eine genetisch angelegte Sehnsucht, dass dieses noch nicht Sichtbare von Ihnen sichtbar wird, um dadurch gelebt und entwickelt werden zu können. Wenn Sie eigene unverwirklichte Aspekte von sich erfahren, erkennen oder auch verstehen wollen, brauchen Sie sich nur bewusst zu machen, welche Projektionen Sie beim Verlieben im anderen sehen.

Es gehört zu unseren Geheimnissen, dass wir diese unverwirklichten Aspekte von uns zuallererst in einem Du erkennen. Es ist aber in Ihnen und dort will es sich erfüllen und verwirklichen. Wenn Ihnen dies nicht gelingt, ziehen Sie sich zuerst vom anderen zurück, projizieren Hass, Zerstörungsenergien und Enttäuschungen auf den anderen. Sie zerstören diese äußere Beziehung, damit Sie sich nicht selbst zerstören müssen.

Die Beziehung zum Du wird also geopfert, damit ein neuer Versuch möglich wird. Gelingt das nicht, bleiben wir im Selbsthass, in Selbstzerstörungen, Angst, Schuldgefühlen, Zwängen oder Selbstverleugnungen stecken.

### Exkurs: Wissen

*Persönlichkeitsforscher stellten fest, dass Frauen in ihrer Partnerwahl viel anspruchsvoller sind als Männer. Das ist auch evolutionsgewollt. Denn anders als die Männer, haben Frauen nur ca. 400 Eizellen zu verschenken. Sexualität ist generell das Ergebnis des Diktats unserer Evolution. Im Sinne des Überlebens geht es um Vielfalt. Bestmögliche Vielfalt wird durch Sexualität garantiert und nicht durch Asexualität.*

*Entwicklung, Ergänzung, Auswahl und Vielfalt sind also besonders entscheidende Schlagworte bei sexuell orientierten Beziehungen.*

Verlieben hat, mit dem Blick auf die Evolution, also auch den sehr pragmatischen Grund, auszuwählen, unbewusste eigene Potenziale wohlwollend und wertungsfrei im anderen zu erkennen. Um dieses Verlieben möglich zu machen, reduzieren Sie den anderen unbekannten Fremden auf ein Ideal. Ein Ideal blendet die Schatten aus. Die andere Person wird schattenlos, also unvollständig, wie ein überblendetes Bild, bei dem Sie auch alles Dunkle ausblenden. Würden Sie den anderen mit all seinen dunklen, fremden, bedrohlichen Seiten sehen, hätten Sie wahrscheinlich Angst vor seiner Nähe. Dies würde Sie auf Dauer genauso unglücklich machen wie das Verharren im Verliebtsein, weil Sie dann auch Ihre vielen guten Seiten nur dem anderen zuschreiben und sich minderwertiger machen.

Wenn es Ihnen glückt, Ihre Projektionen über den anderen bewusst zu sehen und in Ihnen selbst weiterzuentwickeln oder zu verwirklichen, dann sind Sie auf der Straße der Liebe.

Sie können den anderen Menschen dann auch als Ihren evolutionsgewollten Lehrer sehen und zugleich ist er Ihr Schüler, der durch Sie lernen will. Sie unterstützen sich gegenseitig bei Ihrer Erfüllung Ihres inneren Auftrags. Je bewusster Sie sich in diesen Prozess einlassen, umso bewusster erleben Sie das Geschenk, das sich in diesem Prozess versteckt. Es geht für die Beziehungspartner dabei um Gleichzeitigkeit, nicht chronologisches Nacheinander, auch nicht um Überlegenheit oder Unterlegenheit.

Lange sprach ich mit Gela über diese Geheimnisse des Verliebens, vor allem des bewussten Verliebens. »Verliebte leben wie auf einer Insel in einem Ozean, weit weg und getrennt von der Komplexität der großen, weiten Welt.« Erstaunen schwang in Gelas Frage mit.

Ich bestärkte sie: »Vielleicht ist eine Fokussierung auf zwei Menschen bei so einem Abenteuer sogar eine Notwendigkeit, damit beide bei ihrem Abenteuer der Entdeckung ihres eigenen, unbekannten Universums nicht abgelenkt werden.«

Gela nickte und fragte: »Was aber könnte das Geschenk sein, wenn Menschen sich bewusst verlieben trauen?«

Ganz bewusst ließ ich eine fragende Frau zurück.

### Liebesübung

*Nehmen Sie sich ein Kissen, das Ihr inneres Kind symbolisiert. Das Kind also, das Sie einmal waren und das so lange in Ihnen lebt, wie Sie leben, und das auf Ihre Hilfe wartet. So wie auch der Schmerz, das Leid, der Hass und die Rache auf Ihre Hilfe warten, um in die Liebe hineinwachsen zu können.*

*Stellen Sie sich vor, dass Schutz, Fürsorge und Führung mit jedem Ihrer Atemzüge in das innere Kind fließen, so lange, bis Ihr inneres Kind vollkommen erfüllt davon ist. Wiederholen Sie diese Übung.*

## Die neue Dimension

Als Gela mir freudestrahlend berichtete, dass sie eine beschriebene Kokosnuss aus Tonga bekommen hätte, nutzte ich die Chance im Sinne der Liebe. Gela schwärmte von der

Schönheit der Insel, der unendlichen Weite der Strände, den freundlichen Menschen, die einen einfach einladen würden. Vom kleinen Hafen, der wie eine offene Muschel die Schiffe aufnimmt, um sie zu schützen. Ich ließ Gela all das, was ihr der König von Tonga in seinem Brief vorgeschwärmt hatte, in inneren Bildern erleben, brachte die Sehnsucht zum Kochen wie heißen Kava, diesem Liebesgetränk aus dem fernen Tonga, brachte die Hoffnung zum Blühen, die Freude zum Tanzen und die Lust zum Singen.

Gelas Angst hatte noch einen Trumpf und den spielte die Angst aus, als ich fragte: »Willst du dir ein Ticket kaufen?«

»Wenn er neben mir wäre, würde ich fliegen. Alleine fühle ich mich verloren.« Ganz sanft erinnerte ich Gela daran, dass ich eine ähnliche Aussage auch von Bruno kannte. Der aber wäre jetzt der König von Tonga.


## Der Himmel über Tonga


Es war irgendwann in der Nacht, als Gelas Anruf kam. Es klingelte so lange, dass ich überzeugt war, es müsste etwas ganz Wichtiges geschehen sein. Ich erfuhr, dass der König von Tonga verunglückt sei und dass er darum bat, Gela dringend zu informieren. Mehr teilte man ihr nicht mit. Gela hatte sich sofort nach Flügen erkundigt. Alles, was sie durch die vielen Gespräche wusste, war plötzlich präsent. Es wurde ihr bewusst, dass sie durch seine vielen Erzählungen ein Experte für Tonga geworden war. Jetzt gab es nur noch ein Ja oder ein Nein. Für diese Entscheidung war sie ganz allein zuständig. Als ihr das bewusst wurde, wuchs eine Kraft in ihr, die ihr von vielen bedrohlichen Situationen her bekannt war und die tief

in ihrem Innern wohnte. Eine Kraft, die Gela hieß. Eine Kraft, die ein JA möglich machte. Ein Ja, so wie früher und doch anders. Ein bewusstes Ja. »Ich will. Ich bin gleich da.«
Bevor ich Gela in der großen, geschäftigen und anonymen Halle des Flughafens verabschiedete, sagte sie noch einmal dieses »Ja«, ganz bewusst, ganz laut zu sich. Ich sollte es hören. »Ich habe verstanden. Viel Glück«, gab ich ihr beim Verabschieden mit.
Ihr Flug wurde aufgerufen und Gela wurde von der Menschenmenge verschluckt, ohne sich noch einmal umzudrehen.

Als Wochen später der Himmel glutrot über mir und meinen Gedanken an dieses ferne Inselreich unterging, bekam ich eine Nachricht auf meinem Handy: »Alles ist gut. Ich habe mich bewusst verliebt und er verliebte sich ganz bewusst in mich. Die Königin von Tonga. Danke für Ihre Liebe. Gela.«

### Exkurs: Hirnforschung

*Ein körpereigener Cocktail aus Duftstoffen und den bereits erwähnten Botenstoffen macht es möglich, dass Sie sich verlieben. Spezialisten fanden heraus, dass Partner der Duftstoff am meisten anzieht, der am meisten von ihrem eigenen Duftstoff abweicht.*

*Botenstoffe wie Pheromone, Dopamin, Serotonin, Endorphin, Noradrenalin, Adrenalin und Cortisol helfen dann dabei, dass aus Sehnsucht Verliebtsein wird.*

# Der Liebe wuchsen Flugzeugflügel

Bewusstes Verlieben will immer mehr des Gleichen. Mehr vom unbekannten Duft, mehr Botenstoffe, mehr Sehnsucht. Verliebte wollen sich immer neu erfinden, damit Liebe daraus werden kann. Manchmal heilt ein bewusstes Verlieben sogar die in Pflicht und Routine erstarrte Liebe. Eine gute Möglichkeit, sich bewusst neu zu verlieben, ist für Eltern die Zeit, wenn die Kinder ihre eigenen Nester bauen. Dann gilt es für die Eltern, sich und ihre Beziehung vollkommen neu zu erfinden. Das können sie am besten, indem sie sich bewusst neu verlieben lernen.

Das Ehepaar, das eines Tages zu mir kam, wollte eigentlich mit mir über etwas ganz anderes sprechen. Das ist nicht selten. Denn sehr oft sind die Probleme der Menschen das Ergebnis von unbewussten Lebenslügen, die durch scheinbare Wichtigkeiten überwuchert werden wie alte bemooste Steine. Außen fühlt sich alles weich an, aber darunter ist es erstarrt. An dieses Bild dachte ich zuerst, als ich die beiden vor mir sitzen sah.

Diesmal aber war es ganz anders. Die beiden, ich nenne sie Klaus und Anne, waren schon mehr als dreißig Jahre verheiratet. Sie hatten vier erwachsene Kinder. Das letzte der Kinder ging vor kurzem aus dem Haus. Das sei eine schwierige Trennung gewesen, betonte Klaus. Denn der Kleine war ein typischer Nesthocker, der beide Ehepartner bis an die Grenzen ihrer Belastbarkeit brachte. Alles drehte sich nur noch um ihn. War es schon mit den anderen nicht leicht, war es mit dem Jüngsten ein Kraftakt.

Die Liebe reduzierte sich auf ein Machtspiel der Eltern gegen den Sohn, bis dieser endlich seinen Weg gefunden hatte.

Jetzt erst konnte die ersehnte Ruhe wieder ins Haus kommen. Aber nach einiger Zeit stellten die überraschten Eltern fest, dass die Liebe scheinbar mit dem Sohn ausgezogen war.

Sollten sich die beiden Ehepartner nichts mehr zu sagen haben? Sollte diese Ehe nur äußerlich weiterbestehen? Beide suchten nach Antworten, nach Gemeinsamkeiten, nach Verbindendem, Tragendem, wurden aber nicht fündig. »Sie war immer eine gute Mutter, aber sie vergaß dabei ihren Mann«, sagte der Mann resigniert. »Er war nie ein Familienmensch«, kam die Retourkutsche. Die beiden hatten sich in alten Einstellungen festgefahren, die viel mit Machtspielen und wenig mit Liebesspielen zu tun hatten. Wie zu Beginn ihrer Ehe. Nach und nach wurde aus diesen alten Einstellungen ein die Liebe tötendes Verhalten, bei dem jeder auf sein Recht beharrte. Dies führte zu einem Ungenügen, aus dem eine neue Sehnsucht werden wollte. Wenn Sie solchen Paaren helfen wollen, ist es gut, zwischen Nähe und Distanz hin und her zu »switchen«, sonst werden Sie Gefangener des Spiels. Das können Sie durch das entsprechende Bewusstsein. »Wo ist hier also Sinn stiftende gemeinsame Sehnsucht?«

Meist finden wir sie zwischen den Zeilen. Dabei hilft uns auch ein Blick in die gemeinsame Beziehungsgeschichte.

In den vielen gemeinsamen Jahren hatten beide eine Firma aufgebaut, die sie mit dem Auszug des letzten Kindes gut verkaufen konnten. Endlich war Zeit im Überfluss da. Zeit für gemeinsame Interessen, für gemeinsame Spaziergänge, für ausgedehnte Reisen, am besten Abenteuerreisen und noch vieles mehr.

Dies war Annes Vorstellung. Die Vorstellung von Klaus unterschied sich extrem davon. Er wollte endlich zu kurz Gekommenes nachholen. Darunter verstand er aufstehen, wann er wollte, ausgiebig Zeitung lesen, seiner Fernseh-Leidenschaft frönen, spontane Kneipenbesuche. Dazwischen wollte er sich um seine Gesundheit kümmern, denn da stimmte auch einiges nicht mehr. Also wollte er sich erstmals so richtig durchchecken lassen. »Wenn man schon hart gearbeitet hatte, wollte man wenigstens das Geld noch selbst ausgeben, bevor es die Erben machen«, wiederholte Klaus gebetsmühlenhaft.

Diese Arztbesuche nahmen allerdings eine unerfreuliche Eigendynamik an. Der Terminkalender füllte sich wie zu alten Zeiten. Die Fantasie erfand immer neue Gründe für Arztbesuche. Dadurch gab es auch immer neue Gründe, um Aktivitäten, die seine Frau unternehmen wollte, zu verschieben. »Du siehst doch, ich kann das jetzt einfach nicht«, war seine stereotype Antwort. Diesen Standardspruch kannte seine Frau fast ein ganzes Eheleben lang. Immer wieder übernahm sie die Rolle der Einpeitscherin, der Motivatorin – wie sie es nannte –, eine Rolle, in die sie nicht mehr schlüpfen wollte. Irgendwann begann das Fass überzulaufen. »Entweder wir fahren jetzt gemeinsam ans Meer, oder ich fahre allein«, brachte Anne ihre Vorstellungen auf den Punkt. »Nein, bestenfalls fahre ich mit dir hier in unserer schönen Heimat ins Gebirge.« Und gleich schob Klaus eine lange Liste von Gründen nach. Vor allem verstand er unter Meer den Teutonengrill und sie unter Bergen Ausflüge in die Biergärten.

Eines Tages buchte die Frau zwei Flüge in den Süden, ohne ihn zu fragen. »Wenn ich ihn gefragt hätte, wäre die Antwort gekommen, dass es ihm nicht gutgehe. Dieses Machtspiel kenne ich schon zu lange«, gab sie offen zu. »Böser Junge.« Als sie dies zu ihm sagte, kniff sie ihn in die Wangen, so dass er vor Schmerz zuckte. »Das sagte schon seine Mutter immer zu ihr. Pass auf, wen du da heiratest, er kann auch ein ganz böser Junge sein.«

Er nickte, als ich ihn fragend ansah. Wir sprachen noch länger darüber, zu welchen Einstellungen und Lebenslügen diese Erziehungsmethode beim »bösen Jungen« führte. »Hatte der böse Junge auch gute Zeiten?«, fragte ich im Dienst der Liebe. Jetzt lachte die Ehefrau. »Ich habe ihn ja trotzdem geheiratet. Beantwortet das Ihre Frage?« Dann erfuhr ich, dass beide nach all den Jahren voller Zwänge eine große Sehnsucht nach Weite hatten. Beide wollten noch etwas vom Leben haben. Beide liebten die Natur. Beide hatten eine Sehnsucht nach Sicherheit und fühlten sich unter Gleichsprachigen aufgehoben.

## Was die Liebe will

»Wie kann unter so vielen gleichen Sehnsüchten eine sich anbahnende Tragödie zu einem überraschenden Happyend kommen?«, fragte ich beide. Sie stutzten. »Mit einer neuen Einstellung?«, fragte zögernd die Frau zurück.

Ich bestärkte sie. »Ja, und welche Einstellung könnte das sein?«

Diesmal antwortete der Mann zuerst. »Du bist mir wichtig.«

Diese Antwort genügte für einen nächsten Schritt in ein neues, bewusstes Verlieben.

### Liebesübung

*Träumen Sie sich in ein zweites Verliebtsein hinein. Vielleicht erinnern Sie sich an die Musik von damals. Vielleicht gibt es noch einen Gegenstand vollgefüllt mit Erinnerungen, ein Bild,*

*vielleicht ein inneres Bild. Welche Eigenschaften, Einstellun-*
*gen, Gefühle, Werte und Tugenden gefielen Ihnen damals an*
*dem Menschen, in den Sie so verliebt waren, bevor so viel*
*Routine und Selbstverständlichkeiten die Liebe erblassen lie-*
*ßen? Schreiben Sie alles auf. Dann fragen Sie sich, was davon*
*Sie bei sich selbst schon verwirklichten. Jetzt schauen Sie sich*
*im Spiegel an und sagen sich: Heute ist ein guter Tag, mit*
*diesem Verwirklichen zu beginnen. Nehmen Sie sich nur einen*
*kleinen Schritt vor. Wenn Ihnen zum Beispiel die Pünktlichkeit*
*des anderen gefiel, dann sind Sie morgen früh beim Aufstehen*
*pünktlich.*

## Zum zweiten Mal verliebt

Es war einer dieser Tage, die nach Geschenken schmeckten.
Der Postbote klingelte und übergab mir ein Päckchen. Es war
von Anne und Klaus. Ich öffnete es vorsichtig und staunte
nicht schlecht, als ich einen kleinen Plastikbeutel mit Meeres-
sand und kleinen Muscheln darin fand. Dazu ein Brief mit
vielen kleinen Fotos, liebevoll zusammengestellt. Es waren
Fotos von Anne und Klaus, mal am Strand, mal in einem Res-
taurant, mal in einer Gruppe lachender Paare, mal bei einem
ausgedehnten Dünenspaziergang. Ein Bild interessierte mich
dabei besonders. Die ganze Familie mit allen Kindern feierte
ausgelassen und fröhlich. Dahinter eine glutrote Sonne, die im
Meer unterging.
»Herzliche Grüße vom Nordseestrand. Wir lieben beide diese
Weite, die langen Dünenspaziergänge und natürlich auch unser Familienleben. Heute bekamen wir das erste Mal Besuch

von unseren Kindern. Die Wochen vorher waren wie eine Reise in ein verlorenes Land. Ahnen Sie schon, wohin es uns beide verschlagen hat? Wir sind jetzt dort, wo wir uns vor fast vierzig Jahren kennenlernten. Es hat sich so viel verändert. Die erste Zeit war Spurensuche, eine Suche, die in die Vergangenheit führte. Dann gingen wir auf eine andere Art von Entdeckungsreise: Wir entdeckten gemeinsam die Falten in den Gesichtern unserer Altersgenossen.

Wir entdeckten die Spuren der Zeit in unseren eigenen Gesichtern, in unseren Augen und auf der Haut. Die Haut fühlte sich anders an als damals. Auch wie wir uns aneinander drückten, war anders. Die Figur war anders, der Gang beschwerlicher, aber was war das alles gegen das Geschenk, das mitschwang?

Jetzt war es möglich, dies alles bewusst wahrzunehmen und bewusst zu erforschen: Traue ich mich mit meinen Falten, meinem Alter, meinem schon gelebten Leben zu zeigen? Traue ich mich auch, den anderen mit den Spuren seines gelebten Lebens mit allen Sinnen wahrzunehmen? Was macht das mit mir? Was macht meine Berührung mit dem anderen? Interessiert mich der andere Mensch noch? Was können wir jetzt noch gemeinsam erleben? Wollen wir das noch? Wir probierten ganz bewusst aus, nach den fremden, unentdeckten Geheimnissen im anderen zu suchen, uns darüber auszutauschen, das Staunen wieder zu lernen. Wie ist es, wenn wir im anderen nach unseren eigenen Geheimnissen forschen?

»Aha! Plötzlich entdeckten wir einen Schatz: das lange gemeinsam gelebte Leben. Aber auch die Bugwelle ungelebter, gemeinsamer Sehnsüchte. Immer achtsamer wurden wir miteinander und aneinander und durch einander. Was war jetzt noch wichtig? Wieder lieben zu lernen. Darum geht es uns beiden jetzt.

Wir freuen uns auf die Gespräche mit Ihnen. Die fehlen uns beiden.«

## Eine neue Einsicht

Wenn Sie in einer Beziehung leben sollten, die von der Patina der Zeit gezeichnet ist, oder von Routine geprägt, wenn die Schmetterlinge im Bauch beim Blick auf den anderen vor Langweile einzuschlafen beginnen, dann ist es eine gute Zeit, sich neu zu verlieben. Was können Sie dann verlieren? Sie können nur noch gewinnen.

Vielleicht bereiten Sie sich darauf vor, dass die Liebe wieder einziehen kann, indem Sie wieder ganz bewusst den Augenkontakt mit dem anderen suchen. Vielleicht wird Ihnen dann, irgendwann, für einen Wimpernschlag lang, ein aufregender Blick in die Seele des anderen geschenkt. Bewusst atmen Sie diesen Blick ein und genießen ebenso bewusst dieses »Geschautwerden«. Vielleicht entdecken Sie dann, dass im Genießen Schauen und Geschautwerden verschmelzen. Vielleicht spüren Sie zufällig sogar, dass wieder neue Schmetterlinge ihre Flügel im Bauch bewegen, wenn Sie bei all der Verschiedenheit und Fremdheit im anderen so wohltuend Bekanntes entdecken.

Wenn Ihnen diese Erfahrung geschenkt wurde, dann erkennen Sie sicher auch bald, woran das erste Verliebtsein krankte: Dem ersten Verlieben fehlt das Bewusstsein und die Kunst, mit der Kostbarkeit jedes Augenblicks würdevoll und weise umzugehen. Die Gier, den anderen besitzen zu wollen, der

Zwang, den vergangenen Augenblick durch einen noch schöneren ersetzen zu müssen, tötet die Schmetterlinge im Bauch.

## Exkurs: Wissen

*Durch die Zusammenarbeit von Psychologen und Hirnforschern wissen wir, dass das Ende des Verliebtseins oft das Ergebnis einer Lebenslüge ist.*
*Im Prozess des Verliebens wird ein Bündel von Wünschen, Hoffnungen und Sehnsüchten als Ideal oder als ein »Attraktor« auf die andere Person projiziert. Dieser Attraktor fördert in uns einen Prozess mit Suchtstrukturen. Nach einem »Gleichen-Muster« verlangen wir unbewusst einen immer intensiveren Kick. Bei der nächsten Begegnung genügt das Gleiche nicht mehr, sondern erzeugt Frust. So entsteht ein Frust-Perpetuum-Mobile, das oft zur Trennung, mit all den bekannten Vorspielen, führen kann. Je bewusster uns dieses Muster wird, umso kreativer und freier können wir damit umgehen.*

Es ist ein Privileg, wenn Sie älter geworden sind, dass Sie neben der Erfahrung des ersten, großen Verliebtseins noch andere Erfahrungen stellen dürfen, dass Sie sogar immer bewusster mit diesen Erfahrungen spielen dürfen. Aha, so fühlt es sich an, wenn ich das Verliebtsein mit zu großen Erwartungen töte. Aha, so fühlt es sich an, wenn ich mich auf eine Insel der Seligen zurückziehe. Aha, so fühlt es sich an, wenn ich die Insel der Glückseligkeit um den Blick in die Weite des Ozeans erweitere. Aha, ich spüre jetzt eine Sehnsucht, die unser Verliebtsein wie ein mit Schätzen beladenes Schiff in die große weite Welt bringen will. Aha, ich spüre die Angst in mir, dass unser Schiff in den Stürmen des Alltags versinken könnte. Aha, ich sehe Land! Unser Verliebtsein wandelt sich in etwas Neues! Sollte das der Himmel sein, der nach dem siebten Himmel kommt? Aha, wir sehen ein gewaltiges Tor. Noch ist es weit weg. Ist es das Tor, das direkt in den achten Himmel führt? Aha, dieses Tor verändert seine Form, seine Farben, seinen Klang, es spielt mit meinen Sinnen und ich spiele mit. Und je näher ich diesem Tor komme, umso unsichtbarer wird es.

Wenn Sie in diesem Bewusstsein sind, sind Sie einverstanden. Sie sind einverstanden, dass Sie nicht den Ausgang kennen, wie Sie auch den Eingang nicht wirklich kannten. Sie sind einverstanden, dass Verliebtsein nur eine Oase ist und nicht das ganze Paradies. Sie sind einverstanden, dass Sie im anderen nur Ihre eigenen Projektionen sehen. Sie sind einverstanden mit einer neuen Romantik, mit Ihrem Idealisieren, Sie sind einverstanden, dass nicht alles, was möglich sein könnte, auch so sein wird, dass Scheitern und Tod, Erfüllung und Enttäuschung, ja und nein, Offenheit und Begrenztheit zu diesem Zustand gehören. In diesem Bewusstsein verlassen Sie den Zustand des Verliebtseins und gehen das Wagnis ein, die Insel der Verliebten zu verlassen und sich den Ungeheuern des Alltags auszuliefern. Nicht alles, was Verliebte wollen, ist machbar, aber das Machbare zeigt sich erst im Ja auch zum Unmachbaren.

So ändert sich das Tor, das Sie aus pubertären Zeiten kennen, in ein bewusst wahrgenommenes, bewusst empfundenes Eingangstor zum Himmel der Liebe. Silbrig glänzt es, wie schüchtern geweinte Tränen, die sich nicht verstecken wollen. Weit weg, die Sichel eines untergehenden Mondes. Über einer

Landschaft im Morgennebel steht voll im unwirklichen Licht eines frühen Morgens die Sonnenscheibe und kündet von einem sonnigen freudeerfüllten Tag.

## DER SIEBTE SCHLÜSSEL ZUM ACHTEN HIMMEL

... heißt Respekt. Wer um sich, seine Grenzen, seine Projektionen und die Vergänglichkeit jedes siebten Himmels weiß, will nicht im Vorhof zum achten Himmel steckenbleiben. Es sehnt ihn danach, Schöpfer und Geschöpf einer Welt zu werden, in der er bewusst und frei lieben kann. Schon weiß er, wie es sich anfühlt, bewusst mit einem Du zu verschmelzen und zugleich auf sich zurückgeworfen zu werden. Er weiß: Ich bin Du, das gilt nur für diesen Augenblick.
Sich bewusst verlieben können bedeutet auch ja zu einem Nein zu sagen.

# KAPITEL 8

# Ich gebe Dich frei

*Jetzt, da die Krone Ihres Liebesbaumes den achten Himmel erreicht, löst sich Ihre Einsamkeit für immer in einem neuen Liebesbewusstsein auf. Ihre Konflikte und Sorgen sind zu weißen Wolken an einem unendlich blauen Sommerhimmel geworden. Sie wissen jetzt, dass Sie Schöpfer und zugleich Geschöpf Ihrer Liebeswelten sind, bereit, wieder alle und alles zu lieben.*

## Visionen der Liebe

Das Maß der Liebe ist das Übermaß.« Was ist Ihnen möglich, wenn Sie dort angekommen sind, wo der Mangel seine Bedeutung verliert? Was ist Ihnen möglich, wenn die Sehnsucht so groß geworden ist, dass es selbst Verliebte aus der Enge des Verliebtseins in die Unendlichkeit des achten Himmels zieht?

Mit diesen Fragen begann der letzte Tag eines Workshops in einer psychosomatischen Klinik, bei dem es um die »Visionen der Liebe« ging. Ich erinnere mich noch genau an die Begrüßungsworte des Klinikträgers, als er sagte, dass es seine große Klinik und die vielen anderen ähnlichen Kliniken nicht geben würde, wenn die Patienten lieben könnten. Wer lieben kann, ist geheilt. Er kann entlassen werden und sein Leben darauf ausrichten, »glücklicher« zu werden. Damit meine er nicht »glücklich«, das wäre etwas ganz anderes. Der alte Herr verneigte sich und ging fröhlich in seinen Tag. Zurück blieben Fragen.

In der Mitte unseres Raumes brannte eine Kerze und verbreitete diesen feierlichen Zauber, der Menschen still werden lässt. In dieser Stille schwang bewusst eine wahrnehmbare Dankbarkeit mit. Was war uns durch diese vergangenen Seminartage alles möglich geworden?

Wir verstanden die Sprache der alten Götter und erfuhren so, dass die Liebe eine Heimat hat und diese Heimat unser eigenes Herz ist, das sich danach sehnt, im Übermaß zu lieben. Wir verstanden, dass Vertrauen der Boden ist, auf dem die Liebe ihre Blumen am besten gedeihen lässt, und dass dieses Vertrauen bei uns selbst beginnt. Wie einfach hörte es sich an, dass die Fähigkeit zu lieben in dem Maß wächst, in dem wir uns selbst annehmen können und dass nur der, der es wagt, sich unmaskiert zu zeigen, als der geliebt werden kann, der er wirklich ist. Wir lernten hinter Masken zu schauen und Mitleid von Mitgefühl zu unterscheiden. Nicht zuletzt durch die Märchen unserer Kindheit lernten wir, dass Menschen auf Selbstverwirklichung und auf Kooperation ausgerichtete Lebewesen sind, von einer großen Sehnsucht erfüllt, zu lieben und geliebt zu werden. Wir gingen durch immer neue Zaubertore in immer neue Himmel, unterstützt durch altes und neues Wissen, um endlich bereit zu werden für das größte Geheimnis, das nach dem bewussten Verliebtsein kommt. Und heute? Von irgendwoher drangen die feierlichen Klänge eines gregorianischen Gesangs in unseren Raum. Das

Kerzenlicht gewann an Kraft, die Wunder konnten geschehen.

## Die Vision einer erotischen Liebe

Es gibt einen Augenblick in Ihrem Leben, da geschieht das, was Sie nie mehr für möglich hielten. Die große Welt hält den Atem an. In dieser atemlosen Stille beginnt es ganz langsam zu beben, kaum spürbar zuerst. Dann mit tanzender Leichtigkeit bewegt sich die Luft, Ihr Atem gleicht einem Summen. Farben, zart wie ein Frühlingsmorgen tauchen, Luftbläschen gleich, auf, um sich schüchtern und neugierig zugleich im werdenden Licht zu spiegeln. Ihre Gefühle beginnen alle in eine Richtung zu strömen. Vergessene Düfte vereinen sich ganz vorsichtig mit dem Geschmack reifer Früchte.

Und dann beginnt ein unsichtbarer Gott alles, was geschehen will, auf einen sich langsam erhellenden Raum auszurichten: dem Ort, an dem Ihre große Liebe auf Sie wartet. Wie schön Ihre Augen in der Erwartung der Liebe werden! Waren diese Augen nicht schon immer zwei verzauberte Sterne an einem dunklen Himmel, den man bis dahin Leben nannte? Waren Ihre Hände nicht schon immer zarte Saiten, auf das hohe Lied der Liebe eingestimmt? War Ihre Haut nicht schon immer der sanfte Grund, auf dem sich Ihre Liebe betten konnte, wenn ihr nach Streicheln zumute war?

Ja, es gibt eine Liebe, die ist größer als die Zeit. Es gibt eine Liebe, die kann nicht sterben, weil die Gräber der Menschen zu klein für sie sind. Es gibt eine Liebe, die lebt einfach weiter, auch wenn ein Unwissender leichtfertig schrie: »Es ist endgül-

tig aus!« Dann kommt es uns vor, als sollten wir alles noch
einmal erleben, weil der Schluss einer großen Liebe unwürdig
war. Jakob fühlte sich angesprochen, als ich so zu reden begann.

Jakob arbeitete als Arzt in einer Kinderklinik, bis er nicht
mehr konnte. Jetzt machte er ein Sabbatjahr. Wie es danach
weitergehen sollte, wusste er noch nicht. Auch die Beziehung
kriselte. Ausgerechnet in dieser krisenhaften Zeit begegnete
er zufällig seiner ersten großen Liebe. Sein Herz war so aus-
getrocknet, dass es nach Liebe schrie. Jakob stemmte sich gegen ein neues Verlieben. Er verbot es sich, diese Frau noch
einmal zu sehen. Aber sein Herz war stärker. Je mehr er sich
gegen ein Wiedersehen wehrte, umso mehr verliebte er sich.
Es wurden leidenschaftliche, ekstatische Begegnungen, die er
sich auch in seiner Ehe so sehnlich gewünscht hatte.

Dann kam der Zusammenbruch. Seine Arztkollegen rieten
ihm dringend zu einer längeren Auszeit. Nun saß er hier und
bat: »Lasst mich die Geschichte von Claire erzählen, damit ich
die Ruhe wiederfinde.« Ich nickte und reichte ihm die Hand,
damit er Sicherheit spürte in diesem aufgewühlten Meer seiner Gefühle.

## Begegnungen mit dem Licht der Liebe

»Claire Grube gibt es schon lange in meinem Leben. Erst heute Nacht habe ich wieder von ihr geträumt.« So begann Jakob,
als er von seinem Traum erzählen wollte, bei dem es um Liebe
und Tod ging.

»Warum will manche Liebe nicht sterben, auch wenn wir es so
wollen?«, fragte ich in die Runde. »Fragen wie diese schwin-

gen oft im zeitlosen Raum der Zufälle. Dann träumen wir die Antwort, aber wir verstehen sie trotzdem noch nicht.«

»Genau so geht es mir«, antwortete Jakob, um dann zuerst die Vorgeschichte einer großen Liebe zu erzählen, die damit begann, dass er eine Klassenkameradin vor dem Gespött der anderen in Schutz nahm.

Das Mädchen hieß Claire Grube und wurde von den Spöttern Klärgrube genannt. Jakob wurde verprügelt und Klärgrube auch, weil sie Jakob helfen wollte.

Jakob und Claire verliebten sich so innig, wie es vorher noch nie Menschen möglich war.

So erzählte es uns Jakob. Alles endete dann mit einem Streit, der so schlimm gewesen sein muss, dass es Jakob noch heute Tränen in die Augen drückte. In dieser Phase seiner Erzählung schob sich leise der filigrane Körper einer Frau durch die halb geöffnete Tür unseres Workshopraumes. Das rote leichte Sommerkleid wurde vom Luftzug zart bewegt. Niemand bemerkte die zarte Gestalt, die sich an die halbdunkle Wand unseres Raumes drückte. So ließ ich sie dort, um Jakobs Erzählung nicht zu stören.

Dann begann Jakob, uns seinen Traum zu erzählen. Im Traum hatte Jakob Besuch von dieser Claire. Er lebte im Traum noch in der Wohnung seiner Eltern, obwohl er in der Realität schon lange eine eigene Familie und eine eigene Wohnung hatte. An Claire schien im Traum alles zeitlos schön zu sein: die langen roten Haare, die zarte Haut, der volle geschwungene Mund und dieser weiblich erotische Körper. Selbst der Duft, der von ihr ausging, war der Duft von damals, als sie das erste Mal zusammen schliefen. Claire trug ein leichtes strahlend rotes Sommerkleid. Das allerdings kannte er noch nicht von ihr. Zwischen der Freude, sie wiederzusehen und der inneren Unruhe, entdeckt zu werden, schob sich eine dunkle Traumgestalt. Er deutet diese Gestalt als seine Mutter. Plötzlich wurde alles schwer. Kein Raum mehr für Zauber. Keine Zeit mehr für Zeitlosigkeit. Claire verabschiedete sich und Jakob brachte sie traurig zur Tür.

Plötzlich kam panikartig ein Gedanke in ihm hoch: Sollte auch diese Chance einfach vertan worden sein? Jakob rannte die Treppen der Elternwohnung hinunter und hinaus in Richtung Straße. Aber die Straße war verschwunden. Jakob sprang über die Geröllhügel, die Gräben, die Steine. Jetzt erst bemerkte ihn Claire. Sie drehte sich um, stutzte und drehte sich noch einmal um. Er, Jakob, atmete schwer, wollte ihr zurufen, aber es ging nicht mehr. Dann wachte er auf.

Jakob wollte diesen Traum im Sinne der Liebe gedeutet wissen.

## Der Liebestraum

Wenn Sie Träume, bei denen es um Lieben und Tod geht, deuten wollen, brauchen Sie vor allem Demut und Geduld. Ich erfuhr so, dass in Jakobs Familie die Rollen klar aufgeteilt waren: Die Mutter war die Autoritätsperson, Vater und Kinder hatten im Laufe der Zeit zähneknirschend gelernt, sich unterzuordnen. Dies prägte nicht nur Jakobs Bild von den Frauen, sondern auch von Beziehung. Irgendwann hatte der kleine Jakob eine Idee: Sollte er einfach mal die Rollen tauschen? Wie wäre es, wenn er den Frauen von Anfang an zeigen würde, wer der Boss ist? »Mein Wille geschehe!« Mit dieser Einstellung lernte Jakob Claire kennen. Nach dem ersten Verliebtsein lernte auch Claire diese Einstellung kennen.

Aber die Liebe will nicht, dass es in einer Liebesbeziehung einen Mächtigen und einen Ohnmächtigen gibt, und Claire wollte es auch nicht. Vor allem weil sie von ihrer Mutter gelernt hatte, dass die Frauen die Stärkeren zu sein haben. An diesem Thema scheitern große Lieben. So ein Scheitern kennt nur Verlierer.

Ich fragte Jakob, ob er den Mythos von Lilith kennen würde. Er nickte heftig und antwortete halb fragend: »Das ist doch Adams erste Frau. Wurde sie später nicht zum Teufel degradiert?«

### Der Mythos von Adams unglücklicher Liebe

*Lilith war Adams erste Frau. So berichtet es ein fünftausend Jahre alter Mythos, der nach einer langen, bewussten Unterdrückung nicht zufällig in unserer Zeit wieder an Bedeutung gewinnt.*

*Weil Gott nach Adams Erschaffung erkannte, dass es nicht gut für ihn sei, allein zu sein, schuf er Adam eine Frau. Sie war, wie Adam, aus Erde, und Gott nannte sie Lilith. Aber schon bald kam es bei den beiden zum Streit, weil sie sich nicht einigen konnten, wer beim Geschlechtsakt oben und wer unten liegen sollte. Im Streit verließ Lilith den ihr zugedachten Mann. Adam beschwerte sich bei Gott. Der ließ Lilith aufspüren und hieß ihr, unverzüglich zurückzukehren. Aber Lilith weigerte sich beharrlich. Die Strafe war fürchterlich. Seit dieser Zeit haust sie in den Tiefen des Roten Meeres. Nach und nach wurde sie zum Sinnbild alles Sündigen, zum Symbol eines lüsternen Weibes und zur Medusa, die mit ihrem verführerischen Blick das starke Geschlecht um den Verstand bringt, bis ihr schließlich alles Teuflische zugeschrieben wurde.*

*Selbst für einen Gott ist es nicht so einfach, den Männern alle Wünsche zu erfüllen. Denn auch Liliths Nachfolgerin, die mehr einem Arbeitstier als einer Frau glich, fand bei Adam keinen Gefallen. Erst beim dritten Versuch war Adam zufrieden. Ein rechtes Hausmütterchen bekam er. Eva sollte sie heißen. Sie war eine Frau, die ihrem Liebsten alle Wünsche von den Augen ablas und noch dazu aus seiner Rippe, also herzlich, war, so was will noch heute jeder Mann, der nicht um das Geheimnis echter Liebe weiß.*

Wer Angst vor einer Traumfrau hat, der träumt nur nachts im Schlaf von ihr. Für unsere Träume sind wir ja nicht verantwortlich, glauben wir, auch wenn das so nicht stimmt. Das Meer, als Symbol für alles Unbewusste, ist aber nicht tief genug für Lilith, wenn sie die Sehnsucht der Männer wecken will.

Doch heute scheint Bewegung in diesen Konflikt zu kommen, der eine Transformation möglich machen kann.

Nachdem ich der Gruppe ausführlich den Mythos von Lilith erzählt hatte, fragte ich Jakob, wie Lilith und Adam wieder ein Liebespaar werden könnten. »Wenn jeder der beiden aus der Tragödie lernen würde.« Ich bestätigte ihn, ergänzte aber zugleich, dass dies bedeuten würde, an der alten Einstellung zu arbeiten. »Das gelingt aber nur, wenn wir dem Kind, das Sie einmal waren, Respekt zollen.« Seine Leistung war es, die Einstellung der Mutter zu übernehmen, damit Jakob nicht ein Leben lang so wie der Vater leiden muss. Also übernahm er Mutters Rolle und verriet zugleich den Vater.

Frauen, die dieses Spiel nicht mitmachen wollten, verteufelte er und schickte sie zur Hölle. So kam es, dass er nur brave Hausmütterchen als Partnerinnen duldete und von den Liliths nur ein leises Ungenügen blieb. »Wenn Liebe das ist, was such ich dann?«, fragte die Sehnsucht in einsamen Augenblicken.

»Welche Einstellung würde es möglich machen, dass sich noch nicht gelebtes Liebesleben verwirklichen kann?« Jakob brauchte nicht lange zu überlegen: »Wir sind beide gleichwertig, nicht nur das, wir sind beide etwas ganz Einzigartiges, Fremdes, Liebenswertes. Voller Sehnsucht, voller Geschichten, voller Schmerz und voller Liebe, die sich endlich bekennen will, die sich erfüllen will, verschmelzen, hingeben, aufgeben, aufgehen.«

Plötzlich unterbrach er sich, stockte, staunte und rief in den nur vom Kerzenlicht erleuchteten, großen Raum hinein: »Claire, das kann nicht wahr sein, das gibt es doch nicht, die Frau da hinten an der Wand, das ist doch Claire!« Die unbekannte Frau lehnte bis zu diesem Zeitpunkt tatsächlich immer noch still, fast unsichtbar an der Wand. Erst als er ein paar Schrecksekunden später auf sie zurannte, wie versteinert stehen blieb, sprachlos, leicht zitternd, begann die Frau zu weinen. Diese Tränen flossen aus einer anderen Quelle als die Tränen der Verzweiflung.

## Und Eva will Lilith werden

Bald konnten wir erfahren, dass es tatsächlich Claire war. Auch Claire war auf ihrem Liebesweg durch viele Höllen gegangen. Mal tauchte sie als Monster auf, mal als scheinbar gefügige Eva, aber die Lilith in ihr war stärker. In langer Selbsterfahrung lernte sie dann zuerst wieder Vertrauen zu sich selbst zu entwickeln, lernte sie, die Frau anzunehmen, die sie war: ein Geheimnis mit vielen Gesichtern. Claire lernte, sich als dieses Geheimnis zu zeigen, um enttäuscht zu erfahren, dass niemand sich wirklich für dieses Geheimnis interessierte. Lieber sahen sie in ihr nur Eva, diesen braven mütterlichen, angepassten Teil und liefen erschreckt davon, als sie erkannten, dass dieser angepassten Eva plötzlich Flügel aus Freiheit und Selbstbewusstsein wuchsen. Mit jeder Hölle, aus der sie den Weg in die Freiheit wiederfand, fühlte sie immer deutlicher die Lilith in ihr, erkannte die vielen angepassten Evas um sie herum, spürte den Hass der Männer und die Angst, einer so starken Frau unterlegen zu sein.

Dann begannen die Flügel eines neuen Bewusstseins so stark zu werden, dass Claire, diese neue Lilith, bereit für einen neuen Aufbruch war. Sie wollte sich nur noch bewusst in Männer verlieben, die an Lilith Interesse fanden. In dieser Phase einer neuen Neugierde, Wachheit und einer neuen Nacktheit lernte sie Jakob kennen. »Lass uns gemeinsam ausprobieren, was aus unserem Verliebtsein werden will«, bot sie ihm an. »Vielleicht soll eine große, erotische Liebe daraus werden wollen, vielleicht eine neue tiefe Freundschaft? Oder vielleicht sollen wir in ganz neue Visionen von Liebe hineinwachsen.«

Jakob war damals noch nicht zu einer Antwort fähig. Seine Seele antwortete für ihn durch Krankheit. Erst sollte er zur Ruhe kommen, alles andere würde sich dann geben.

### Exkurs: Wissen

*Lieben macht treu. Erst nach mehreren Monaten gemeinsamen Verliebtseins setzt unser Organismus vermehrt das Hormon Oxytocin frei. Je mehr von diesem Hormon produziert wird, umso treuer sind wir. Verstärkt wird dieses Treuegefühl durch immer neue Zärtlichkeiten, die nicht nur die Produktion*

*von Oxytocin am Laufen halten, sondern noch dazu den be-*
*reits vorher beschriebenen Mix aus Nervenbotenstoffen in*
*Schwung bringen. Dadurch verringern, nach Meinung der*
*Fachleute, treue Menschen zusätzlich ihr Krankheitsrisiko.*

Wenn Sie die Antworten Ihrer Seele hören und verstehen lernen, wenn Sie der inneren Weisheit die Regie überlassen,
dann werden Sie sich nicht verlaufen, auch wenn Sie davonlaufen. Dann fühlen Sie sich in den Dienst genommen von
einer Kraft, die größer ist als Sie.

In diesem Fall wollte die große Kraft, dass nicht zuletzt durch
diese beiden ein vieltausend Jahre alter Schöpfungskrieg, der
mit einem Verrat begann, ein gutes Ende findet.

Das ahnten Jakob und Claire, als sie sich wieder bewusst in
die Augen schauten. Und sie ahnten auch, dass es an ihnen
beiden lag, den achten Himmel zu betreten.

## Exkurs: Liebe

*Die alten Griechen kannten verschiedene Ausprägungen von*
*Liebe: Eros, also die erotische Liebe, ist durch Sexualität er-*
*fahrbar. Die Verschmelzung mit einem Du ermöglicht Ihnen*
*die Erfahrung von Liebe. In Philia, der tiefen Freundschaft, er-*
*möglicht Ihnen ein Du, über sich und Ihren Eigennutz hinaus-*
*zuwachsen. Agape, die Nächstenliebe, ist in dem Maß erfahr-*
*bar, in dem Sie sich selbst lieben können. Mystiker sprechen*
*darüber hinaus noch von einer spirituellen Liebe, die Ihnen Ihr*
*Eingebundensein über die Dimension Menschsein hinaus er-*
*fahrbar macht.*

# Freundschaft oder die zweite Vision der Liebe

Der Ort im Universum, an dem Wunder geschehen, das sind Sie! Der Ort, an dem die Götter die Visionen ihrer Liebe versteckten, das sind Sie. Der Ort, an dem ab jetzt große Liebe möglich ist, das ist der Ort, an dem Sie jetzt gerade stehen.

Eine Ahnung davon, dass Sie der Ort sind, aus dem heraus die Liebe strömen will, hatten Sie, seit Sie das erste Mal diese absolute Lust auf Verschmelzung mit einem Du spürten. Aber wirklich lieben können Sie erst jetzt, da Sie kurz davor sind, das letzte große Geheimnis zu lüften, nämlich dass erst bewusstes Lieben Ihre Sehnsucht stillen kann. Wie sehr sich durch Bewusstsein Ihr Leben bereichern wird, erkennen Sie, wenn Sie sich an das Gleichnis von der Träne im Ozean erinnern. Die Träne, das ist unbewusstes Lieben. Der Ozean, das ist ab jetzt bewusstes Lieben. Lieben wird umso bewusster, je bewusster Sie bei sich selbst, also am heiligen Ort der Liebe sind.

Weil Sie selbst der Ort sind, an dem die Liebe zu Hause ist, erkennen Sie bei bewusstem Schauen, dass dieser Ort verschiedene Türen hat, die alle in das gleiche, große Mysterium hinführen, um die »Visionen der Liebe« zu erfüllen. Eine dieser Türen heißt Freundschaft. Bewusste Freundschaft zeigt sich oft erst im Scheitern. Wie dieses Scheitern erst bewusste Freundschaft möglich machte, erkennen Sie an der Geschichte des Mannes, den alle aus der Gruppe »den Künstler« nannten.

# Der vergessene Freund

Was wäre Ihnen möglich, wenn Sie zu den Liebenden gehören würden? Sie könnten nicht anders, als zu lieben. Denn Liebesfähigkeit zeigt sich nicht nur in einer neuen freien und bewussten Beziehung zur Erotik, sondern in jeder Beziehung. Als ich einen sehr erfolgreichen Künstler zu Gast hatte, erzählte er mir voller Stolz, auf welches große Netzwerk an Freunden ich durch ihn zugreifen könnte. Ich schwieg zuerst dazu, was ihn sehr verwunderte. »Wissen Sie, was es heißt, so viele Freunde zu haben?« Seine Stimme glich einem aufbrausenden Sturm. Und sogleich fuhr er fort: »Merken Sie sich: Jeder, ja jeder von denen würde für mich durchs Feuer gehen!« Trotzig schlug er mit der Faust auf den Tisch.

Einige Tage später erzählte er mir entrüstet, dass ihn einer seiner Freunde mitten in der Nach angerufen hatte, nur weil seine Mutter so plötzlich gestorben war. »Vielleicht haben Sie in dieser Nacht einen Freund verloren.« Mein Blick schien eine tiefe Sehnsucht in ihn zu berühren, die stärker war als eine alte Angst. Die Angst eines kleinen Jungen vor dem großen Tod, vor dem Schmerz und der Ohnmacht, vor Überforderung und Verzweiflung, stärker als alles Verdrängen. »Erinnern Sie sich an Ihren allerersten Freund?«, fragte ich ihn, bewusst ganz leise, damit Philia nicht erschrak. Er stutzte. Dann schloss er kurz die Augen. Ein Bild tauchte in ihm auf. Er und sein einziger, sein allerbester Freund. Sie saßen zusammen in der dunklen Höhle, ein kleines Messer in der Hand, ritzten sich leicht die Haut auf, drückten Blut an Blut und schworen sich, dass sie ab jetzt immer und zu jeder Zeit füreinander da sein würden. Ab jetzt hatte auch er einen Freund. Nie mehr würde er so allein sein wie bisher. »Wie geht es Ihrem Freund jetzt?« Erschrecken! Dann: »Seine Mutter ist gestern Nacht gestorben.«

Der Künstler stand auf und ging zur Tür. Im Spiegel sah ich, dass er weinte.

Wenn Ihnen durch diese Geschichte bewusst wurde, dass auch Sie Opfer oder Täter eines Verrats waren, dann kann Sie dieser Verrat zu einer neuen Einstellung führen und so zu einem Akt der Liebe werden. Verrat und Scheitern haben genauso ihren Platz im Himmel der Liebe wie alles, was zum Geheimnis Mensch gehört.

### Exkurs: Nächstenliebe

*»Liebe deinen Nächsten wie dich selbst« ist ein oft missverstandenes Gebot. Dieses Gebot fordert uns, nach Überzeugung der Fachleute, dazu auf, »maßvoll« zu lieben. In dem Maß, in dem wir uns selbst lieben können, sollen wir auch unseren Nächsten lieben. Weil manche Menschen sich nur sehr schwer lieben können, gehen sie den scheinbar leichteren Weg und lieben den Nächsten im Übermaß. Dadurch brennen sie aus. Das Lösungswort heißt Demut. Psychotherapeuten empfehlen ein demütiges und respektvolles Hinsehen auf sich selbst und in dem gleichen Maß auf den Nächsten.*

## Menschlichkeit oder die dritte Vision der Liebe

Das Maß, mit dem Sie andere lieben können, erkennen Sie daran, wie sehr Sie sich selbst lieben können.

Lange Zeit hatte ich nichts mehr von Jakob gehört. Durch Zufall hörte ich, dass er wieder an seinen alten Arbeitsplatz in der Kinderklinik zurückgekehrt war. Da ich ganz in der Nähe war, vereinbarten wir einen Termin. Zuerst erzählte Jakob in seiner Begeisterung über die neuesten Forschungsergebnisse der Hirnforschung. Das war sein Steckenpferd. Dann sprachen wir über seine Arbeit. In seine Augen kam eine kindliche Freude. Dann führte er mich in sein Zimmer, öffnete den Schrank und holte einen kleinen Koffer heraus. Voller Freude breitete Jakob all das vor mir aus, was einen Menschen zu einem Clown macht: Schminkfarben, rote Nasen, ein buntes Clownkostüm und vieles mehr. Nach und nach erfuhr ich, dass sich Jakob einen großen Traum erfüllte, der nicht nur ihn, sondern auch den schwerkranken Kindern das Leben leichter machen sollte. Er hörte damals auf unserem Workshop von einem Arzt, der sich als Klinikclown bezeichnete und durch die Welt reist, um schwerkranken Kindern den Klinikaufenthalt leichter zu machen. Jakob wollte zwar nicht durch die ganze Welt reisen, aber mehr Freude in von Krankheit gezeichnete Kinderaugen bringen, das wollte er in seiner Klinik versuchen.

## Wie Liebe heilt

Jakob zog sich also, wie schon so oft, sein buntes Clownskostüm an, schmierte sich genüsslich die dicke Schminke ins Gesicht, setzte sich seine rote Nase auf und ging hinaus auf den langen weiß gestrichenen Gang. Es war später Abend. Die Geschäftigkeit des Tages hatte sich aufgelöst. »Das ist die Zeit der größten Angst und Einsamkeit für die Kinder.« Es sah so aus, als würde Jakob, der Clown, mit sich selbst reden, oder genauer mit Jakob, dem Kind.

Jakob, der Clown, verschwand im ersten Zimmer. Kurz darauf hörte ich ein Lachen, ein Jauchzen, ein Rufen. Nach einiger Zeit wurde es wieder stiller. Die Tür ging auf, Jakob, der Clown, verabschiedete sich winkend und lachend. Dann ging er noch einmal in das Zimmer zurück. Ich hörte eine Kinderstimme fragen: »Kommst du noch mal, bevor ich tot bin?« Durch die weit geöffnete Tür konnte ich noch sehen, wie Jakob, der Clown, die Stirn eines Kindes küsste.

»Ja, eine Arbeit, die nicht nur mir viel gibt, auch den Kindern, aber vor allem den Eltern dieser Kinder.« Wie Jakob das so sagte, fühlte ich, dass er mit einer unendlichen Kraft verbunden war.

### Exkurs: Wissen

*Die Helferrolle wird von Psychologen als unerlöste Form von Liebe definiert, bei der Betroffene unbewusst eigene Defizite an Selbst-, Objekt- oder Du-Liebe kompensieren wollen. Da dies die eigene Bedürftigkeit verstärkt, führt diese Strategie, hinter der eine Lebenslüge oder alte Einstellung steckt, schnell in ein Burnout.*

## Die spirituelle Dimension der Liebe oder wenn Himmel verschmelzen

Jakob und ich hatten vereinbart, uns sehr kurzfristig mit Claire zu treffen. Heute war es so weit. Wie Jakob hatte sich auch Claire sehr verändert. Wollte man das Geheimnis weiblicher Ausstrahlung an einem Bild erklären, dann wäre Claire bestens dafür geeignet gewesen. Viele kleine Zeichen sprachen dafür, dass Jakob und Claire mittlerweile ein Liebespaar waren. Aber darum ging es den beiden in dieser Begegnung nicht. Claire erzählte mir zuerst, dass sie seit unserem Workshop durch den Mythos von Lilith so viel lernen konnte. Das, was jetzt mit Jakob möglich war, wurde erst durch Lilith möglich. Dass sie sich bewusst verlieben lernten, ganz bewusst der Dramaturgie von Nähe und Distanz, Autonomie und Verschmelzung folgen konnten, auch dass sie ihre eigenen Projektionen im anderen erkennen konnten, dafür wollten sie sich bei mir bedanken.

Viele Fragen, viele »unerledigte Geschäfte« lagen noch vor ihnen, das spürten beide. Vor allem wollte sich Lilith, das Prinzip des Weiblichen und Erotischen, und Eva, das Prinzip des Mütterlichen und damit des Lebendigen, mit dem männlichen Prinzip wieder gleichwertig vereinen.

»Nur so ist eine neue, ekstatische, erotische Beziehung zwischen Mann und Frau möglich.« Aha, so spricht also Claires große Sehnsucht. »Nur so«, ergänzte Jakob seine Claire, »ist eine Beziehung auf gleicher Augenhöhe möglich, bei der es keine Gewinner oder Verlierer gibt. Das sahen doch auch schon die alten Taoisten als das höchste Ziel!« Aha, so also spricht Jakobs große Sehnsucht, kam es mir in den Sinn.

### Exkurs: altes Wissen

*Die alten Taoisten sahen es als höchstes Ziel an, lange lebenswert zu leben. Dazu gehörten die Liebe und die Pflege der Sexualität. Für den Taoisten bedeutete dies, mit seiner eigenen Essenz verantwortungsbewusst umzugehen.*

*Im Liebesakt sollten sich beide Essenzen nicht vermischen, sondern potenzieren. Der Orgasmus war deshalb wichtiger als der Samenerguss, der lediglich als Essenzverlust gesehen wurde.*

*Die Liebestechniken ordneten sich dieser Vorstellung unter. Deshalb wurden viele Techniken entwickelt, um den Samenerguss möglichst lange oder ganz zurückzuhalten. Samenerguss war also nicht das Ziel einer Vereinigung, sondern Ziel war ein bewusst herbeigeführter, gemeinsamer Höhepunkt, ohne die Notwendigkeit eines Samenergusses.*

## Wenn Himmel verschmelzen

Als ich Jakob und Claire nach einer langen Reise wiedertraf, waren sie noch von der Wüstensonne gebräunt und von tiefen Erschütterungen geprägt. Am Ende ihrer Wüstenreise beschlossen sie sehr kurzfristig, noch ein paar Tage am Meer zu bleiben. Das Wasser hatte Badewannentemperatur. In der Einsamkeit eines frühen Morgens beschlossen beide zu baden. Zuerst war da diese unbekümmerte Leichtigkeit, die sie seit Kindertagen nicht mehr kannten. Ein Liebesspiel begann. Mal tauchten sie unter, mal zog es sie hoch. Waren es seine Küsse? War es die geschmeidige Weichheit ihrer Haut? Die Lust auf tiefes Verschmelzen der Körper wuchs und wuchs. Keine Grenzen mehr spürbar, nur Sehnsucht, ganz bewusst eins zu werden. Es spülte sie mit dem Wasser gen Land, es schaukelte sie mit der leichten Strömung hinaus. Sie tauchten unter, spürten den gemeinsamen Atem. Mit offenen Augen genossen sie, wie es sie spiralig mal nach oben zog, mal nach unten sog, mal schnell, mal ganz langsam. Das Wasser färbte sich im Farbenspiel der aufgehenden Sonne. Irgendwann, kaum hörbar zuerst, dieser Klang, lang und gedehnt. Immer mehr dehnte er sich aus, bis in das Nirgendwo hinein, um dann in einem hellen Singen aufzugehen, sich immer kräftiger zu steigern, sich mit Leidenschaft zu füllen. Dann dieses sich immer wiederholende lusterfüllte kurze Schreien, in den Augenblicken des Luftholens. Alles erfüllt nur von Lust, von ekstatischer Lust, die sich weitete wie ein unendlich schnell sich vergrößernder Wirbel, alle Himmel und alle Ozeane mitreißend, aufbäumend, um alle und alles mit einzusaugen, auszuatmen, aufzunehmen, um grenzenlos zu sein. Noch einmal in die still stehende Zeit hinein zuckendes Leben.

Und diese Stille, diese Raumlosigkeit und dabei gleichzeitig Raum sein für alles, was ist. Erfüllung! Freiheit! Frieden! Ja!

Am Strand angespült, freigegeben aus der Ewigkeit und doch für immer damit verbunden, so lagen die beiden auf dem nachtkühlen Sand. Ganz vorsichtig, ganz zärtlich deckte Jakob den vor Glück erschöpften, nackten Frauenkörper zu und genoss das leise Nachbeben, das durch Claires Körper ging. Es war ihm, als spürte er erstmals diese tanzenden Tränen der Freude, die aus den Augen der Liebe in die Seele der Menschen fließen, wenn sie von der heiligen Sehnsucht in den achten Himmel getragen werden.

In dieser Nacht hatte er alles im achten Himmel gefunden, auch diese lang gesuchte, heißersehnte Zwillingsseele. So schlief auch er irgendwann ein.

Als die beiden aufwachten, neigte sich ein von blinzelnden Sternen glänzender, blauschwarzer Nachthimmel über das Glück. Und das Schweigen überdauerte die Nacht.

## Will Ihr Gott wieder eine Frau?

Wenn Sie wie Jakob und Claire durch tiefe Prozesse des Zweifelns, Scheiterns, von Schuld, von Zwängen und Ängsten gingen, wenn Sie in schlaflosen Nächten in den dunklen Nachthimmel mit seinen vielen Sternenbildern schauten und in jedem dieser Sternbilder eine jahrtausendealte Geschichte lesen lernten, in der es, wie heute, um Liebe, Tod, Verrat, Einsamkeit und all unsere großen Gefühle geht, dann kann es sein, dass Sie auf den Gedanken kommen, dass all dies auch mit dem Schöpfer dieser Spezies Mensch zu tun haben könnte.

Es könnte sein, dass Sie die alte Überlieferung »Und Gott schuf den Menschen nach seinem Bilde. Nach dem Bilde Gottes schuf er ihn, männlich und weiblich schuf er sie« so deuten wollen, dass auch in Ihrem Gott beides vereinigt ist: das Weibliche und das Männliche.

Dann kämen Sie vielleicht auf die Idee, dass dieses Weibliche in Ihrem Gottesbild zu kurz gekommen sein könnte und dass Sie Ihr Gottesbild um das weibliche Prinzip erweitern möchten, um der Liebe willen und um der Freude an einer glücklichen Beziehung willen.

### Exkurs: Wissen

*Es war nicht immer so, dass der Gott unseres Kulturkreises ein Single war, auch wenn dieses Bild in Ihnen fest verankert sein sollte. Spätestens seit Archäologen in Jerusalem bei Ausgrabungen 2700 Jahre alte Göttinnenfiguren fanden, sind Wissenschaftler überzeugt, dass es lange Zeit eine weiblich geprägte Ergänzung zum männlich geprägten Gott gab, um da-*

*mit einem tiefen menschlichen Anliegen gerecht zu werden, nämlich Rückbindung an einen männlichen und weiblichen Gott. Nur so schien den Menschen vollständig gelebte Spiritualität möglich.*

*Wissenschaftler zitieren gerne den Kirchenvater Augustinus, der kein Problem damit hatte, sich Gott als Vater und Mutter vorzustellen.*

*Die Verehrung Marias ist in diesem Kontext eine Begründung dieser Behauptung.*

## Ich bin Wir

Jede neue Erkenntnis, jede neue Liebeserfahrung, jedes Aha, machen Sie für sich selbst, für ein Du und für ein Wir. Alles dient uns allen! In diesem neuen Bewusstsein werden Sie ab jetzt anders lieben.

Sie werden den Liebesprozess mal als Schöpfer, mal als Geschöpf, mal als Schüler, mal als Lehrer erleben. Sie werden immer bewusster erfahren, dass alles Beziehung ist, auch oder gerade Spiritualität. Sie werden erfahren, dass Grenzen immer Ihre persönlichen Grenzen sind, weil Sie sonst die große Freiheit, die in der Liebe ist, nicht verkraften könnten.

In diesem Bewusstsein werden Sie eine noch nie erlebte Sehnsucht spüren, größer als jede Sehnsucht davor. Manche Menschen nennen sie die heilige Sehnsucht, weil sie so unendlich groß ist.

Es ist die Sehnsucht, die über den achten Himmel hinausreicht und gleichzeitig dort zu Hause ist. Durch diese Sehnsucht werden Sie alles, was in Beziehungen geschieht oder durch Beziehungen möglich ist, in einem erweiterten Bewusstsein sehen. Dieses spirituelle Bewusstsein reicht weit über die eigene Seele und die eigene Erfahrung von Liebe hinaus und ist doch untrennbarer, selbst erfahrbarer Teil davon. So wie Sie beim Blick in die Unendlichkeit des Nachthimmels mit allem, was Sie ausmacht, selbst erfahren können und zugleich diese Erfahrung durch Ihr »Sosein« bestimmt wird, bis es geschieht: Grenzen erweitern sich, Sie erkennen, dass Sehnsucht die Kraft ist, die Ihrem Leben Richtung gibt. Sie werden fragen: »Sehnsucht, wohin ziehst du mich?« Und es wird ihnen antworten: »Weit über dich hinaus, bis an den Rand des großen Schleiers, der dich vom tiefsten aller Geheimnisse trennt. Zum Ende aller Fragen.« Noch eine letzte Angst?

Vielleicht hilft Ihnen diese letzte Angst, die Geschichten zu lesen, die als Sternzeichen in den Himmel geschrieben sind. Vielleicht werden Sie in den Geschichten erkennen, wie Liebe, Freiheit, Frieden und Weisheit möglich sind, auch wenn es gleichzeitig um Sie herum und in Ihnen all die Schatten der Menschheitsgeschichte gibt.

Vielleicht geht es Ihnen bald wie den Alchimisten vergangener Zeiten, die sich der Liebe so verbunden fühlen, dass sie nur noch Blei in Gold verwandeln wollten. Dazu brauchten diese Alchimisten nicht mehr, als Sie jetzt brauchen: die ewige Sehnsucht nach Transformation Ihrer Schatten, also dem, was die Alchimisten Blei nannten. Sie brauchen eine Form, in der die Transformation stattfinden kann. Diese Form, das ist Ihr Körper. Sie brauchen »Ingredienzen«, also das, was wir Lebenserfahrung nennen, und dann noch das Geheimnis, nämlich das rechte Bewusstsein. Dann wird aus allem Blei der Welt das Gold des Lebens.

Dieses Bewusstsein nenne ich das Liebesbewusstsein oder Ihren achten Himmel.

Der Weg dorthin ist gelebte Spiritualität, also bewusst gelebte Liebe.

Wenn Sie in diesem Bewusstsein am letzten Tor Ihrer großen Reise stehen, wenn Sie hinein in diesen achten Himmel schauen, dann ist alles so einfach. Sie selbst sind das, was Sie im achten Himmel suchten: Die Einheit, in der andere Einheiten enthalten sind, und zugleich sind Sie mit Ihren Erfahrungen eines langen Weges in den anderen enthalten. Ihre Liebesbeziehung ist ein Teil einer großen Liebesbeziehung, die wiederum einer noch größeren Liebesbeziehung dient. Mit Ihren Erfahrungen bereichern und entwickeln Sie dieses Größere. Auch Ihr System Mensch mit seinen Knochen, Nervenzellen und all den chemischen Prozessen ist Teil eines größeren Prozesses, den wir Familie, Gesellschaft, Menschheit, Erde oder Kosmos nennen.

Das Tor erkennen Sie jetzt als die letzte Fata Morgana. Der Himmel war immer der gleiche Himmel. Nur Ihr Bewusstsein hat sich weiterentwickelt. Die Kraft, die diese Entwicklung umschließt, durchströmt und fördert, diese Kraft nennen wir Menschen Liebe. Das und noch viel mehr ist jetzt so selbstverständlich für Sie wie die Stille und die Freiheit, die durch diesen achten Himmel möglich wird. »Ich gebe dich frei!«, schallt es aus Ihnen heraus, ruft es aus unzähligen Lebewesen, aus unendlichen Weiten. Ist es die Liebe, die so ruft? Ist es die Sehnsucht? Ist dies noch wichtig, wenn sich alles mit Ihnen und in Ihnen in diesem Rufen eingebunden, getragen, umhüllt und einverstanden fühlt? Das Licht, das sind Sie.

... heißt Bewusstheit. Wenn Sie mit dem letzten Schlüssel das Tor zum achten Himmel öffnen, werden Sie erstaunt feststellen, dass es all diese unterschiedlichen Vorstellungen von Türen und Himmel nur in Ihrer Fantasie gab. Ihr neues Liebesbewusstsein braucht solche Fantasiebilder nicht mehr.

Sagen Sie ab jetzt immer, wenn Fantasien von Getrenntsein und Angst aufkommen: Ich bin wir.

# Der Quantensprung in der Liebe

*Der neue Mensch wird ein bewusst Liebender sein, oder er wird nicht mehr sein. Wenn Ihnen der Quantensprung zum bewusst Liebenden im Denken, Fühlen und Handeln geglückt ist, dann sind Sie bereit für neue Wirklichkeiten.*

## Der liebende Mensch

Wenn das Maß der Liebe die Maßlosigkeit ist, was bedeutet diese Maßlosigkeit dann für einen liebenden Menschen, vor allem für sein Denken, sein Fühlen und sein Handeln? Einem dieser Menschen begegnete ich im Rahmen eines Kongresses, bei dem es um neues Denken ging. Der Mann war nach eigener Aussage zuerst ein Träumer und erst dann ein Wissenschaftler. Vielleicht war er deshalb als Wissenschaftler so erfolgreich, weil Träumer keine Grenzen kennen. »Wovon träumt ein liebender Wissenschaftler?«, fragte ich diesen Menschen, als er mich eines Tages besuchte. Es sah so aus, als hätte der träumende Wissenschaftler meine Frage überhört. Aber für ihn war der rechte Zeitpunkt für eine Antwort einfach noch nicht gekommen. Stattdessen tauchten neue Fragen in ihm auf:

Was wäre möglich, wenn Psychologen und Psychotherapeuten mit Neurobiologen, Sozialwissenschaftlern, Philosophen, Medizinern und Quantenphysikern zusammenarbeiten würden, um zum Beispiel die verschränkten Zusammenhänge zwischen Bewusstsein und Liebe besser zu verstehen? Welche Antworten bekämen wir, wenn wir fragen würden, wie Gehirne sich verstehen oder wie unser Bewusstsein ein Bewusstsein sieht? Wo es keine Antwort gibt, ist schweigen das rechte Maß.

Wir spazierten immer weiter in die sternenklare Nacht hinein, bis der träumende Wissenschaftler unvermittelt stehen blieb und in den dunklen, klaren Nachthimmel hineinschaute. Über ihn unendlich viele blitzende und funkelnde Sterne. »Es gibt Kollegen aus der Wissenschaft, die sind überzeugt, dass der Urknall, durch den unser Universum entstanden sein soll, nur eines von vielen analogen Ereignissen in der Unendlichkeit war. So entstanden nach deren Überzeugung bis heute bereits viele parallele, sich in die Unendlichkeit hinein ausdehnende Universen wie Inseln in einem Meer von Möglichkeiten.«

Ich horchte auf und begann, halb staunend, halb bejahend, den Nachthimmel in diesem Augenblick neu sehen zu lernen. »Das erinnert mich an die Menschen, die sich auf den Weg machen, lieben zu lernen«, antwortete ich. »Jeder dieser Menschen ist ein sich in die Unendlichkeit hinein ausdehnendes Universum. Nur begrenzt durch die Gesetzmäßigkeiten dieses seines eigenen Universums. Die Kraft, die dies möglich macht, bezeichne ich als Liebe.«

Der träumende Wissenschaftler sah mal auf mich, mal auf den Sternenhimmel, dann nahm er meinen Faden in seiner Tonart auf: »Dieses unendliche Multiversum, in dem alles gleichzeitig geschieht, hat die Möglichkeit in sich, dass auch Gleiches gleichzeitig geschieht. Also gibt's jeden von uns gleichzeitig in mehreren Universen. Alles folgt Naturgesetzen, die wir nicht kennen oder von denen wir nicht wissen, dass wir sie kennen und wer ihr Schöpfer ist.«

Dann wieder dieses Schweigen und die Nacht schwieg mit. »Wenn es diesen Parallelmenschen geben würde, irgendwo und irgendwie, was könnte dann sein?« Das fragte ich mehr mich als ihn.

Er nahm den zarten Denkfaden auf und gab mir seine Antwort: »Dann könnte es sein, dass dieser liebende Mensch hier auf dem Raumschiff Erde irgendwo in diesem Multiversum so etwas wie eine geheimnisvolle Matrix hat, einem Masterplan vergleichbar, nach dem sich der liebende Mensch hier auf unserer Erde unbewusst richtet, um vollständig zu werden.«

Ich schwang leicht mäandernd in seinen Gedanken mit. »Dann wäre der Laserstrahl, der diese Matrix abtastet, um vollständig werden zu können, unsere Sehnsucht«, fragte ich ihn.

»Aha«, hörte ich den träumenden Wissenschaftler meine Gedanken weiterentwickeln, »interessant weitergedacht. Und das unendliche Kontinuum in diesem ewigen Werden mit seinem Inflationieren, Transformieren und Transzendieren wäre in der Sehnsuchtssprache dann ...« Er legte eine bewusste Pause ein, um mir Gelegenheit zu geben, das Zauberwort in die Freiheit zu entlassen. »... das wäre dann die Liebe.« Er nickte, schaute zum Himmel und fuhr fort: »Aber der Preis wäre ein Verlust an Einzigartigkeit ...«

In diesem Moment rutschte er aus. Er hatte einen großen, breiten Kuhfladen übersehen und lag in der vollen Länge ausgestreckt am Boden. »Ist Ihnen etwas passiert?, fragte ich aus meiner Schrecksekunde heraus.

»Mir nicht«, antwortete der Träumer, »aber vielleicht meinen Doppelgängern. Denn wenn unsere Theorie stimmt, passiert das jetzt gleichzeitig im Multiversum.«

*H.Kreis@imaco.de*

# Danksagung

Mein herzliches Dankeschön für die fachliche und liebe-
volle Unterstützung all den vielen Freunden, Klienten
und Fachleuten. Mein besonderer Dank gilt Dr. Godehard
Stadtmüller, Lara und Albert Pietzko, Professor Dr. Joachim
Bauer, Dr. Hans Birkel, Rita und Dr. Vinzenz Mansmann,
Dr. Jürgen Arent, Dr. Joachim Galuska, Professor Dr. Wilfried
Belschner sowie unseren Imaco-Visionscoaches. Stellvertre-
tend für Euch alle seien genannt: Petra, Anita, Ilona, Stephan,
Josef und Inge.
Für die freundliche und wohlwollende Begleitung danke ich
Dr. Hans Christian Meiser, Otto Lapp und natürlich Euch, mei-
ner lieben Familie.

# Hans Kreis

# Die Kraft
# der Lebensvision

## In neun Schritten zum Glück

Oftmals werden die persönlichen Träume ein Leben lang den Vorstellungen anderer untergeordnet. Ein Schlüssel, wieder Freude ins Leben zu bringen, heißt Visionen. Sie sind viel mehr als Ideen, Wünsche oder Ziele. Visionen heilen und stiften Sinn.

Dieses Buch ist ein konkreter, praxisorientierter Wegweiser für all jene, die sich über eine berufliche und private Neuausrichtung Gedanken machen möchten.

Knaur
MensSana

Hans Kreis

# Lebenskrisen als Chance zum Neubeginn

## Entdecken Sie die Kraft, die in der Veränderung steckt

In Krisensituationen sehnt man sich oft danach, dem Leben eine neue Richtung zu geben. Meistens ist jedoch die Angst davor, das Neue zu wagen, groß, und man hält sich lieber an alten Mustern, Gewohnheiten und Beziehungen fest. Hans Kreis zeigt in diesem einfühlsamen und mit großer Lebenserfahrung geschriebenen Buch, wie man Schritt für Schritt den Weg der Heilung aus der Krise heraus in Richtung eines Neubeginns gehen kann.

Knaur
MensSana

Thomas Schäfer

# Wie aus Leiden wieder Liebe wird

## Mann und Frau aus Sicht des Familienstellens

Thomas Schäfer wendet sich mit diesem Buch zentralen Fragen der Beziehung zwischen Mann und Frau zu und zeigt, wo die seelischen Ursachen von Paarkonflikten liegen. Was hilft weiter bei ständigen Streitereien, oder wenn es im Bett nicht mehr richtig klappt? Wie können Patchworkfamilien gelingen? Oftmals beruhen solche Konflikte auf Übertragungen der Herkunftsfamilie, die mit Hilfe des Familienstellens erkannt und aufgelöst werden können.

Knaur
MensSana

# Sabine Standenat

# Lerne, dich selbst zu lieben, dann liebt dich das Leben

Sabine Standenat zeigt, wie Frauen ihr Leben zum Besseren hin verändern können, indem sie anfangen, ihre Bedürfnisse ernst zu nehmen, vernünftige Grenzen zu setzen und sich liebevoll selbst zu umsorgen. Ein lebensnaher Wegweiser durch den Dschungel verwirrender Gefühle, persönlicher Krisen und spiritueller Irrwege, der negative Gedankenmuster aufdeckt, Tipps für den Akutfall gibt und zugleich dabei hilft, unliebsame Gewohnheiten abzuschütteln.

Knaur
MensSana

Joan Anderson

# Wind in den Segeln

## Drei Tage,
## die Ihr Leben verändern

Joan Anderson hat ein 3-Tage-Programm mit Selbst-
erfahrungsübungen für Frauen entwickelt, das eine
Auszeit von den alltäglichen Verpflichtungen und
somit eine Rückbesinnung auf die ureigensten Bedürfnisse und Wünsche ermöglicht. Im Einklang mit
der Natur und anhand unterschiedlicher Übungen
und Checklisten gewinnt frau aufschlussreiche Ein-
blicke in ihr innerstes Befinden, das im stressigen
Alltag von ihr und ihrem Umfeld kaum wahrgenommen und reflektiert werden kann.

Knaur
MensSana